Meine
Gerd Peters

seemännischen
Fehler

und andere Geschichten

HINSTORFF

VORWORT

Lange habe ich mit mir gerungen, ob hier überhaupt ein Vorwort stehen soll. Schließlich, wer liest schon ein Vorwort? Hat einem ein Buch gefallen, dann liest man vielleicht ein Nachwort. Aber mit Vorworten ist es so eine Sache. Hinzu kommt dieser unmögliche Titel. Lediglich meine Frau war sofort begeistert, als ich ihr von der Idee erzählte, über meine seemännischen Fehler zu schreiben. Und dann meinte sie noch: Na ja, da du dich auf diese Art Fehler beschränken willst, kommst du mit einem Band vielleicht gerade so hin. Wenn Du allerdings vorhättest, deine sonstigen Fehler zu beschreiben, dann würde es ein Werk von zwei bis drei Bänden werden …

Was soll man dazu sagen?

Also wollte ich eigentlich schon auf ein Vorwort verzichten, aber dann erschien es mir doch fair, dem ahnungslosen Leser eine Warnung zukommen zu lassen vor dem, was ihn erwartet. Wenn sich unser berufliches Leben allmählich dem Ende nähert, haben viele von uns das Bedürfnis, so etwas wie Memoiren, Erinnerungen, Lebensberichte oder Biografien zu schreiben. Ganz egal, wo die berufliche Laufbahn verlief, ob in Wirtschaft, Politik, Verwaltung, Militärwesen, Seefahrt, Fliegerei, Wissenschaft oder Kunst, der Aufstieg und die Lebensleistung stehen in solchen Büchern verständlicherweise im Vordergrund. Mediziner schildern ihre erfolgreichsten Operationen, Juristen lassen uns wissen, wie sie wichtige Prozesse gewonnen haben, Generale verbreiten sich über gewonnene Schlachten, Seeleute erinnern sich an überstandene Stürme und kühne Abenteuer in fremden Ländern, Industriemanager erzählen, wie sie eine ganze Branche vor dem Zusammenbruch gerettet haben und Politiker versuchen, ihre Leser glauben zu machen, was sie hätten Gutes bewirken können, wenn nicht die Opposition oder die eigenwilligen Wähler sie daran gehindert hätten.

Demgegenüber wollte ich etwas anderes.

Irgendjemand muss doch auch einmal zugeben, was ihm in seinem Berufsleben misslungen ist. Ein solches Geständnis finden Sie auf den kommenden Seiten.

Gegenüber manchen Lebensbeichten und Biografien haben diese Geschichten den Vorzug, sogar wirklich erlebt zu sein und wahrheitsgetreu dargelegt zu werden. Natürlich wird sich der kritische Leser die Frage vorlegen, wie denn ein Seemann, der eine solche Kette von Pleiten, Pech und Pannen vorlegt, es überhaupt zum Kapitän bringen konnte, wo er doch schon ganz offensichtlich mit der Führung eines Dingis überfordert war?

Es kommt eben auf das Verhältnis von falschen und richtigen Handlungen und Entschlüssen an. Immerhin liegen zwischen den misslungenen Ereignissen für gewöhnlich einige Monate oder auch Jahre, in denen mir manches gelang. Zugegeben, das Glück spielt auch eine Rolle. Gelegentlich gelang es mir auch, einen Fehler nicht auffallen zu lassen.

INHALT

Illegaler Landgang

Mit dem Begehen von seemännischen Fehlern konnte ich nicht früh genug anfangen. Im Frühjahr 1939, ich war gerade fünf Jahre alt geworden, verkaufte mein Vater unsere weiße Wanderjolle und erwarb einen 17-qm-Jollenkreuzer. Das Boot hatte einen geklinkerten Rumpf aus Eiche, der Kajütenaufbau war nicht übermäßig gelungen, aber immerhin war das neue Schiff gegenüber der Jolle ein wesentlicher Fortschritt. Als Ausgleicher vermessen, führte das Boot die Segel-Nr. C 665.

An einem Sonnabend waren meine Eltern mit mir erst am späten Nachmittag auf dem Clubgelände erschienen und deshalb nicht mehr in das Wochenende gesegelt. Wir lagen also am Steg des kleinen Segelclubs. Nach dem Abendessen, das wir im gemütlichen Cockpit eingenommen hatten, hatte ich gegen 19.30 Uhr in meiner im Vorschiff gelegenen Koje zu verschwinden. Meine Mutter machte mir die Schlafstätte bereit, stopfte mir die Decke zurecht, damit sie nicht verrutschte, wünschte mir eine gute Nacht und schloss die dünne

Unser geklinkerter Familienjollenkreuzer GERD, am Ufer der Großen Krampe mit Vorleine und Heckanker festgemacht, Sommer 1939

9

Holztür zwischen dem Vorschiff und dem Salon. Dann setzte sie sich wieder ins Cockpit zu meinem Vater, der in der Abendstille gedankenverloren seine Verdauungszigarette rauchte.

Ich hörte noch eine kleine Weile zu, wie meine Eltern sich leise unterhielten, dann schlief ich ein. Spät in der Nacht – als Kind hat man ja kein genaues Zeitgefühl – wurde ich aus irgendeinem Grunde wach. Vielleicht hatte mich die Sirene eines Dampfschleppers geweckt, denn das Boot bewegte sich unruhig in den Leinen und kleine Wellen klatschten sanft gegen die Bordwand. Ich horchte in die Kajüte, dort war alles still. Ich versuchte vorsichtig, die Holztür zum Salon zu öffnen, was mir aber nicht gelang. Meine Mutter hatte einen Vorreiber vorgeschoben. Das Gescheiteste wäre nun gewesen, sich wieder hinzulegen und weiterzuschlafen. Aber genau das tat ich nicht. Stattdessen rüttelte ich so lange an der Tür, bis das verhältnismäßig dünne Blech des Vorreibers nachgab und ich in den Salon blicken konnte. Die Kojen meiner Eltern waren aufgedeckt, aber niemand war an Bord. Das Bewusstsein, auf dem Boot in der Nacht allein zu sein, ängstigte mich. Ich kletterte ins Cockpit, aber auch da war niemand. Auf den Nachbarbooten war ebenfalls alles still und dunkel. Mir wurde unheimlich zumute. Ich musste meine Eltern finden. Also tapste ich, so wie ich war, im Schlafanzug und barfuß an Deck, erreichte das Vorschiff und schaffte es irgendwie, auf den Steg zu gelangen, dessen Konturen im schwachen Schein einiger weit entfernter Lampen gerade noch zu erkennen waren. Als ich das feste Ufer erreicht hatte, merkte ich, dass ich fror. Einerseits wegen der Nachtkühle, andererseits vor Einsamkeit. Ich lief den breiten Weg des Grundstückes weiter in Richtung Clubhaus. Clubhaus war eigentlich zu viel gesagt. Im Grunde gab es nur einen langgestreckten Bootsschuppen, an dessen zur Straße gerichteter Schmalseite man einige kleine Räume zur Aufstellung von Kleiderspinden, zur Aufbewahrung von Bootsinventar und als Sitzungsraum abgeteilt hatte. Dort angekommen sah ich: auch hier war alles dunkel und still. Auf dem ganzen Grundstück zeigte sich keine lebende Seele, nur die Bäume rauschten in der leichten Nachtbrise. Ziellos tapste ich weiter. Schließlich erreichte ich die an der Straßenpforte gelegene Villa des Grundstücksbesitzers, der auf dem Gelände in einem anderen Gebäude auch eine kleine Fabrik betrieb. Er wohnte mit seiner

Familie im ersten Stock, aber auch dort war alles dunkel. Nur in der Kellerwohnung brannte Licht. Ich stolperte die Steintreppe herunter und rief nach meinen Eltern. Nach einigen zunächst vergeblichen Rufen musste mich wohl jemand gehört haben, denn die Tür öffnete sich und ich sah im Flurlicht das im Keller der Villa wohnende Ehepaar. Ich kannte die Leute, denn mit ihren Kindern hatte ich auf dem Grundstück schon einige Male zusammen gespielt. „Du suchst deine Eltern?", fragte mich die Familienmutter. Ich konnte nur noch nicken. „Komm erst mal rein!" Sie griff mich, setzte mich im Wohnzimmer aufs Sofa, wickelte mich in eine Decke, eine Tasse Milch zum Aufwärmen war schnell bereitet. Während ihrer geschäftigen Hantierungen hörte ich, wie sie zu ihrem Mann sagte: „Vater, komm mal, der Junge gehört zu den Seglern. Die sitzen bestimmt nebenan in der Kneipe. Geh doch mal hin und sag dort Bescheid."

Sie hatte es zwar nur halblaut gesagt, aber bekanntlich hören Kinder vor allem das, was eigentlich nicht für ihre Ohren bestimmt ist. Dabei wusste ich, dass sie Recht hatte. Ich kannte die Kneipe. Meine Eltern hatten mich schon manchmal dorthin mitgenommen, wenn sie am Sonntagabend dort noch „zwei bis drei Straßenbahnen abwarteten", um im Kreise der anderen Sportkameraden ein Bier zu trinken. Für mich gab es dann jedes Mal ein Getränk, das sehr entfernt nach Apfelsaft schmeckte und als „Sprudel" bezeichnet wurde. Der Wirt, Herr Kürbis, war ein großer kräftiger Mann, der hinter der Theke zum weißen kragenlosen Hemd stets eine schwarze Weste trug und pausenlos Zigarren rauchte, während er die Biergläser spülte und wieder füllte.

Ich hatte meine Tasse Milch noch nicht ausgetrunken, da erschien bereits meine Mutter schreckensbleich in der Tür, sichtlich erleichtert, mich so munter und warm zugedeckt auf dem Sofa zu sehen. Ihr war der Schreck mächtig in die Glieder gefahren und vermutlich hatte sie sich längst ausgemalt, was mir hätte alles zustoßen können. Sie war noch dabei, sich bei den Eheleuten zu bedanken, als mein Vater erschien. Dann zogen wir zu dritt los, zurück zum Boot. Mein Vater trug mich. Meine Mutter wusch mir noch schnell die schmutzigen Füße, dann wurde ich wieder ins Bett gesteckt. Ich hörte noch, wie mein Vater in der Kajüte knurrte: „Das Türschloss hat er verbogen und den Lack verschrammt." Dann hörte ich nur noch meine Mutter.

Sie sprach leise, aber sehr energisch, ich verstand nur Bruchstücke. „Sei bloß still, der Junge hätte über Bord fallen und ertrinken können, was würdest du dann sagen. Mir war die Idee ja gleich nicht geheuer, ich war schon die ganze Zeit oben bei Kürbis so unruhig … gerade noch mal gut gegangen …" Und dann hatte mich der Schlaf wieder übermannt.

Am Sonntagmorgen war von meinem nächtlichen Abenteuer nicht mehr die Rede. Erst beim Mittagessen sagte mein Vater: „Mutti und ich finden, dass du bald schwimmen lernen solltest. Wenn das Wasser ein bisschen wärmer wird, fangen wir an zu üben." Ich nickte nur, wusste ich doch, bis ich schwimmen konnte, würden meine Eltern mich nicht mehr allein an Bord lassen. Das war mal sicher.

Kleine Sünden werden sofort bestraft

Manchmal, nach einem schönen Segelwochenende, hatten meine Eltern am Sonntagabend keine rechte Lust, nach Hause zu fahren. Das Grundstück, auf dem der kleine Segelverein sein Domizil hatte, lag in Berlin-Wendenschloss. Der Heimweg in unsere Berliner Stadtwohnung im Bezirk Neukölln war ziemlich umständlich. Erst musste man mit der Straßenbahnlinie 83 bis Köpenick, Lindenstraße, fahren, um dann in die Linie 95 umzusteigen. Erst am Hermannplatz konnten wir aussteigen. Wenn wir bis Montag früh an Bord schliefen, war das für meinen Vater sogar günstiger. Er arbeitete damals als Konstrukteur in einem großen Elektrobetrieb in Berlin-Niederschöneweide. Meine Mutter konnte sich ihre Zeit selbst einteilen, da sie zwar als Näherin beschäftigt war, aber ihren Pflichten in Heimarbeit nachging und ich noch kein Schulkind war. Eines Montagmorgens – mein Vater war schon eine ganze Weile von Bord – waren meine Mutter und ich im Begriff, das Boot zu verlassen. Mein Vater hatte die Persenning schon so weit nach achtern gezogen und festgemacht, dass nur noch das letzte Stück des Cockpits frei war. Meine Mutter hatte sich für die Stadt angezogen, ihre Handtasche war gepackt und mir hatte sie für den Heimweg meinen blauen Matrosenanzug angezogen. Er bestand aus langer blauer Hose, Matrosenblu-

Auf dem Steg des Vereins SFG, Segelfreunde Grünau, Sommer 1939

13

se mit blau-weiß gestreiftem Exerzierkragen, darüber eine kurze Matrosenjacke mit goldfarbenen Ankerknöpfen und den Rangabzeichen eines Steuermannsmaaten, auf die ich beim Einkauf bestanden hatte. Dazu gehörte eine blaue Matrosenmütze mit schwarzen Bändern. Und weil der Jollenkreuzer meinen Vornamen als Bootsnamen trug, hatte der Clubvorsitzende (der von Beruf Druckermeister war) für mich ein Mützenband präpariert mit der Aufschrift „S.F.G. – Kreuzer Gerd". S.F.G. bedeutete übrigens „Segelfreunde Grünau". Diese Anzüge waren schon zu Kaisers Zeiten Bestandteil der Kindermode geworden, seitdem die kaiserlichen Prinzen sie trugen. Auch für Mädchen gab es die entsprechende Ausstattung, sie trugen gewöhnlich blaue Faltenröcke zur weißen Bluse. Ich liebte meinen Matrosenanzug über alles und trug ihn gern. Leider zwang mich meine Mutter immer, die Mütze weit nach hinten geschoben auf dem Kopf zu tragen, damit die Haare vorn zu sehen waren. Das gefiel mir nicht. Lieber hätte ich die Mütze vorschriftsmäßig getragen, so wie es in der Marine üblich war: einen Fingerbreit über der rechten Augenbraue, zwei Fingerbreit über der linken Augenbraue. Aber das ließ meine Mutter nicht zu.

Ich war also fertig angezogen, einschließlich der schwarzen Lackschuhe, als sie zu mir sagte: „So, nun warte noch einem Moment im Cockpit, ich bringe meine Tasche auf den Steg, dann komme ich wieder, mache die Persenning richtig zu und dann gehen wir beide vom Boot." Sie ergriff ihre Wochenendprovianttasche, die zwar nicht mehr ganz so schwer war wie am Sonnabendmittag, aber doch noch einiges wog und ging vorsichtig – möglichst weit nach außen auf die Plane tretend – langsam an der Kajüte vorbei bis zum Vorschiff. Angetan mit dem schicken Matrosenanzug und ein wenig übermütig, wartete ich ihre Rückkehr nicht ab, sondern folgte ihr unbemerkt an Deck. Der Jollenkreuzer legte sich natürlich ein bisschen auf die Seite, vielleicht kam auch noch eine zufällige Welle hinzu oder ich hatte nicht genau aufgepasst, wo ich hintrat, jedenfalls rutschte ich von der Plane ab und mit einem kräftigen Platsch lag ich im Wasser. Glücklicherweise war ich auf dem Rücken gelandet und deswegen nicht so tief eingetaucht. Der Schreck war mir aber dennoch kräftig in die Glieder gefahren und als ich dicht neben der Bordwand wieder an die Oberfläche kam, gelang es mir mit Ach und Krach mich mit beiden Hände an der über die Bordwand herabhängenden Persenning festzukrallen. Hochziehen konnte ich mich natürlich nicht und schwimmen konnte ich auch noch nicht. Meine Mutter hatte es klatschen gehört, ließ ihre Tasche fallen – sie fiel übrigens an der Steuerbordseite ins Wasser – und war mit drei langen Schritten bei mir an der Backbordseite. Dort kniete sie sich an Deck hin, hielt sich mit der linken Hand an der Griffleiste auf dem Kajütendach fest, ergriff mit der rechten Hand mein Handgelenk und versuchte, mich aus dem Wasser zu ziehen. Doch meine nasse Kleidung und die vollgesogenen Schuhe standen dem entgegen. Glücklicherweise bekam sie schnell Hilfe. Einige Liegeplätze am Steg entfernt lag die 20-qm-Rennkielyacht CARMEN von Herrn Walter Bärwald, dessen Sohn Werner, genannt Bubi zufällig an Deck saß und noch beim Frühstück war. Er hatte das Klatschen und Rumoren gehört, war herbeigeeilt, sprang zu uns an Bord und zog mich an Deck. Anschließend fischte er Mutters Tasche aus dem Wasser und brachte sie zu uns ins Cockpit. Bekanntlich beherrschen Mütter die Kunst, viele Dinge gleichzeitig tun zu können: Während ich rechts und links einige hinter die Ohren bekam – mehr als Nachwirkung des Schrecks denn als pädagogische Maßnahme – bedankte sie sich bei Bubi für seine Hilfe und hatte gleichzeitig mit prüfendem Blick festgestellt, dass der Tascheninhalt allem Anschein nach noch vollständig vorhanden war.

Der Rest ist schnell erzählt. Sie zog mir das nasse Zeug aus und versah mich mit trockenen Sachen. Im Klubhaus trieb sie ein Bügeleisen auf, um meinen schönen Matrosenanzug trockenzubügeln. Das klappte auch irgendwie, aber er war doch ein wenig eingelaufen. Zum Ende des Sommers war es deutlich sichtbar geworden, dass er mir nicht mehr passte. Die Einsicht kostete mich einige Tränen. Meine Mutter versuchte, mich zu trösten: Zum nächsten Frühjahr kaufen wir dir einen neuen, denn aus diesem wärst du bis dahin sowieso herausgewachsen. Aber ich bekam keinen neuen Matrosenanzug. Im September 1939 begann der Krieg. Den nächsten Matrosenanzug bekam ich erst 1954, aber dafür war es dann ein echter.

Am Ruder

Der folgende Segelsommer sah mich an Bord einer kleinen Kielyacht. Meine Eltern hatten sich im Frühjahr eine knapp acht Meter lange, weiß lackierte Gaffelslup gekauft. Das Boot entsprach etwa dem Typ des nationalen 30-qm-Seefahrtskreuzers, war aber aus irgendeinem Grunde als Ausgleichskreuzer vermessen und trug in roter Farbe die Segelnummer IV 270 des DSV-Yachtregisters.

Für das etwa Anfang der 30er Jahre gebaute Boot bezahlten meine Eltern damals 1500,00 Reichsmark, was ich durch Gespräche aus der Nachkriegszeit noch weiß. Das Boot hieß MONIKA, der vorherige Eigner hatte es so getauft. Es war küstentüchtig, besaß eine wasserdichte Plicht und einen langgestreckten Kiel mit 1,20 m Tiefgang. Das war ein bisschen viel für den Langen See, die Dahme und den Seddin-See am östlichen Stadtrand von Groß-Berlin, die damals unser Segelrevier waren. Mit diesem Tiefgang kam man längst nicht überall ans Ufer heran und so gehörte ein kleines weiß lackiertes Ruderdingi als Beiboot mit dazu und wurde gewöhnlich achtern an einer Schleppleine mitgeführt. Später baute mein Vater einen kleinen klappbaren Landungssteg, eine sogenannte Hühnerleiter, die vom Steven zum Ufer führte. Als sie fertig war, wurde das Beiboot nur noch zu längeren Wochenendtörns und auf Urlaubsfahrten mitgenommen.

Eines Sonntagnachmittags hatten meine Eltern – wie gewöhnlich – von unserem Liegeplatz am Waldrand des Ufers der Kleinen Krampe abgelegt. Meine Mutter hatte die Vorleine losgeworfen. Mein Vater zog uns mit der Heckankertrosse langsam achteraus, bis etwa in die Mitte der kleinen Bucht. Dort machte er die Trosse wieder fest, um die Segel zu setzen. Dann übernahm meine Mutter den Platz am Ruder und als die Segel gesetzt waren – bei dem großen Gaffelsegel erforderte das einigen Kraftaufwand – lichtete mein Vater den Anker, verstaute ihn in der Vorluke und kam nach achtern. Nachdem wir bei der leichten südöstlichen Brise aus der Bucht herausgekreuzt waren, steckte mein Vater sich am Ruder eine Zigarette an, meine Mutter verteilte die letzten Wochenendbonbons und in heiterer-zufriedener

Grundstimmung den späten sonnigen Segelnachmittag genießend, machten wir uns auf die Heimfahrt Richtung Wendenschloss. Nach einer halben Stunde, die kleine und große Rohrwallinsel waren schon passiert, glitt die MONIKA bei leichter Brise inmitten einer Anzahl anderer Segelboote auf die Bammelecke zu. Plötzlich hatte mein Vater eine Idee. Er sah mich an und sagte: „Weißt du, eigentlich könntest du jetzt mal das Ruder übernehmen! Komm, setz dich mal zu mir." Ach du meine Güte, dachte ich, das hatte mir noch gefehlt. Ich hatte es mir mit dem Rücken an die Kajüte gelehnt an Deck so schön gemütlich gemacht und kaute Sahnebonbons. Aber es half nun nichts. Ich erhob mich und ließ mich von ihm ans Ruder setzen. In die rechte Hand drückte er mir die Großschot, das Ruder nahm ich in die linke. Er erklärte mir, worauf es ankäme, und mahnte mich, einen schönen geraden Kurs zu halten. „Siehst du da ungefähr 100 m voraus die Yacht?", fragte er. Ja, ich konnte sie gut sehen. Ein älterer, ebenfalls gaffelgetakelter Seefahrtskreuzer steuerte auf gleichem Kurs vor uns nach Hause. Die Yacht hatte ein Plattgattheck, in ihrem Kielwasser schaukelte ein Beiboot. „Also", sagte mein Vater, „dieses Boot musst du nun erst mal überholen. Das kann dir nicht schwerfallen, wir haben unser Beiboot nicht dabei, müssen also schneller sein. Es kommt nur noch auf dich an." Da saß ich nun, zum ersten Mal am Ruder eines Segelbootes und sollte unter freundlich-strenger Anleitung auch noch eine Aufgabe erfüllen. Ich fühlte mich sehr unglücklich. Das Boot machte mit mir, was es wollte. Wenn die Brise zunahm, luvte die Yacht an, ließ die Brise nach, fiel sie wieder vom Wind ab. Es gelang mir nicht, einen geraden Kurs zu steuern. Mein Vater war unzufrieden mit mir und ließ mich dies auch sofort wissen. „Guck mal nach achtern" sagte er „das ist kein Kielwasser, was wir dort haben, sondern eine Blindschleiche in den letzten Zuckungen. Du musst dir vorne am Seeufer am Waldrand einen festen Punkt suchen und den am Vorstag vorbei ansteuern", sagte er nun wieder mit geduldiger Stimme. Ich versuchte mein Bestes, um ihn zufriedenzustellen, aber das Ergebnis war doch einigermaßen kläglich. Ich wusste einfach nicht genau, worauf es ankam, und hatte natürlich auch kein Gefühl für das Boot und für die Wirkung des Ruders. Das Boot hatte ein Einsehen mit mir. Unbeschwert überholte die MONIKA den vor ihr segelnden Seefahrtskreuzer, der durch sein geschlepptes Beiboot

Premiere: Erstmals sitze ich am Ruder unserer Familien-Yacht, des 30 m²-Seefahrtskreuzers MONIKA, auf der Sonntagnachmittags-Heimfahrt vom Langen See nach Köpenick.

natürlich etwas gebremst wurde. Ich tat noch eine Weile so als ob, aber bei meiner Steuerei kam nicht viel raus. Ich hatte weder Geduld noch Konzentration und im Grunde auch gar keine richtige Lust. Noch vor dem Erreichen der Bammelecke löste mein Vater mich am Ruder wieder ab und verzichtete auf jeden Kommentar. Still nahm ich in meiner Ecke wieder Platz. Der heitere Sonntagabend erschien mir mit einem Male nicht mehr ganz so schön zu sein. Mein Vater steckte sich eine neue Zigarette an, meine Mutter verteilte eine neue

Runde Sahnebonbons mit der Bemerkung: „Lass man, beim nächsten mal wird's schon besser gehen."

In jenem Segelsommer gab es kein nächstes Mal. Aber im darauf folgenden Winter versah mein Vater unser Beiboot mit einem kleinen Schwertkasten für ein Steckschwert und rüstete das Dingi mit einem Segel aus. Er dachte sich wohl, dass man an Bord keinen Rang überspringen kann. Wie so oft im Leben muss man auch beim Segeln ganz klein anfangen.

Der unklare Anker

Segler und Seeleute kennen den Begriff des „unklaren Ankers". Auf den Messingknöpfen maritimer Uniformen und Clubjacken und im goldgestickten Mützeneichenlaub renommierter Reedereien und staatlicher Behörden findet man ihn in stilisierter Form, gewöhnlich als Stockanker. Um Schaft und Flunken windet sich „unklar" ein Stückchen Ankertrosse. In gewisser Weise ist es eine Ironie der Marinegeschichte, dass eine der traditionsreichsten Kriegsflotten der Welt, die britische Royal Navy, den „unklaren Anker" seit Ende des 18. Jahrhunderts nicht nur auf den Uniformknöpfen führt, sondern auch im Wappen der Admiralität. Das ist in der Welt der Schifffahrt, des Marinewesens und des Segelsports eine so große Selbstverständlichkeit, dass kaum jemand über die Absurdität des unklaren Ankers als derartiges Symbol nachdenkt. Am allerwenigsten die Praktiker. Obwohl gerade sie die Notwendigkeit des stets „klaren Ankers" besser kennen als die hohen Herren in Marinestäben, Reedereikontoren und Clubvorständen. Mancherlei böse Überraschungen harren ihrer, wenn sie auf dem Wasser einen unklaren Anker mitführen oder das Klarsein nicht rechtzeitig prüfen. Auf Segelscheinlehrgängen und Kadettenschulen lernt man das frühzeitig.

Mir hat es mein Vater beigebracht!

Damals war ich sieben Jahre alt. Ende der 30er Jahre waren meine Eltern Mitglied der Sportgemeinschaft „Segelfreunde Grünau e.V.". Dieser kleine Segelclub ging 1945 ein und wurde auch als Betriebssportgemeinschaft nicht wieder belebt. Seine Steganlage befand sich auf dem Gelände der Fa. Georg Ziege in Berlin-Wendenschloss am Ufer der Dahme.

Sonnabendnachmittags pflegten meine Eltern Richtung Schmöckwitz ins Wochenende zu segeln. Gewöhnlich machten sie in der Kleinen Krampe am Ufer fest. Sonntags, nach dem Kaffeetrinken, wurden die Segel gesetzt, und die gaffelgetakelte kleine weiße Yacht kreuzte in der Nachmittagsbrise zurück.

Eines Sonntags entschlossen sich meine Eltern bereits nach dem Mittagessen zur Rückfahrt. Dunkle Wolken waren am Himmel erschienen, der Wind kam böig um die Uferecken gepfiffen und kaum hatten wir die Enge zwischen Seddin- und Langem See passiert, erwischte uns ein fürchterliches Gewitter. Böen heulten heran. Plötzlich goss es wie aus Kannen. Und mein Vater hatte mächtig zu tun, das hart auf der Seite liegende Kielboot mit aufgefiertem Großsegel und in Luv steifgesetzten Pardunen halbwegs auf Kurs zu halten. Nach zwei, drei heftigen „Drückern" entschied er sich, abzufallen, um zunächst in der Großen Krampe in einer Bucht Schutz zu suchen. Er wollte vor Anker gehen, schnell die Segel bergen und so das Gewitter gewissermaßen abwettern. Er beorderte meine Mutter ans Ruder, sprang mit drei Sätzen aufs Vorschiff, löste die Reihleine des Großsegels und rief meiner Mutter zu:

„Dreh in den Wind!" Mit der einen Hand legte meine Mutter die Pinne über, mit der anderen kämpfte sie, um das Umfallen der ewig störrischen Baumschere zu verhindern. Mein Vater fierte schnell das Klau- und annähernd gleichzeitig das Piekfall, schlagend kam die Leinwand herunter, kaum zu bändigen. Mit einigen weiteren Handgriffen riss er die Fock herunter, dann öffnete er die Vorluke, um den Anker herauszuholen, denn wir trieben nunmehr quer zum Wind bei schnell aufgebauter Welle Richtung Schilfgürtel. Mein Vater starrte in die Luke und glaubte seinen Augen nicht zu trauen. Die verzinkte Ankerkette, die sonst ordentlich und lose in ihrem Kasten lag, hing im ganzen Vorschiff kreuz und quer von back- nach steuerbord, vom Kiel zum Maststuhl und wieder zu den Decksbalken geführt an den Haken, die eigentlich zum Aufhängen der Seesäcke und des Ölzeugs gedacht waren. Unklarer konnte ein Anker kaum sein. Fluchend sprang mein Vater in die Luke und versuchte in rasender Eile mit wilden Bewegungen die Kette von den Haken, Klampen und Vorreibern loszubekommen. Indessen trieben wir immer weiter ans Ufer. Als er es schließlich geschafft hatte, waren wir etwa fünf Meter von der Schilfkante mit unserem Tiefgang von 1,20 m auf Grund gestoßen Jede Welle schob uns ein bisschen weiter fest. Wir hatten insofern Glück im Unglück, als der Grund in diesen Gewässern häufig aus weichem Sand besteht, die Gewitterböen inzwischen aus einer anderen Richtung kamen und uns die hohen Bäume am Ufer halbwegs schützten. Nur der Regen trommelte auf Deck und Dach, als wir schließlich zu dritt auf den Kajütpolstern saßen. Mein Vater sagte kein Wort! Das ließ mich Schreckliches ahnen. Ich versuchte schluchzend, ihm zu erklären, dass ich am Abend vorher im Vorschiff auf meiner Klappkoje liegend nicht einschlafen konnte und mich damit vergnügt hatte, die Ankerkette vorne in meiner Reichweite kreuz und quer aufzuhängen. Am Sonntagmorgen hatte ich natürlich vergessen, das Durcheinander wieder aufzuklaren. Mein Vater hörte nicht zu. Ihn beschäftigte wohl der Gedanke, was mit seinem Schiff geschehen wäre, wenn der Grund unter dem Kiel nicht aus Sand, sondern aus Klamotten bestanden hätte …

Zwei Stunden später war die Welt wieder in Ordnung. Das Gewitter war weitergezogen, der Regen hatte aufgehört, der Wind abgeflaut. Ein vorbeikommendes Motorboot hatte uns freigeschleppt, friedlich segelten wir inmitten vieler anderer Wochenendausflügler zurück nach Wendenschloss.

Nachdem das Boot für die kommende Woche sicher vertäut und mit der Plane zugedeckt war, packte mein Vater mich auf dem Steg im Genick und schob mich vor sich her in den Bootsschuppen. Dort legte er mich übers Knie und verpasste mir mit seiner harten rechten Hand eine „nachdrückliche Belehrung" über die Notwendigkeit der steten Einsatzbereitschaft des Ankergeschirrs. Vielleicht war das nicht der Gipfel moderner pädagogischer Weisheit. Seine Wirkung indessen hat es nicht verfehlt. Ob in der Marine, an Bord von Frachtern oder auf meinen Segelbooten, mein Anker war seitdem immer „klar"!

Wirklich, einen anderen Zustand sollte man nur auf Knöpfen, Clubstandern und am Schornstein dulden.

Mein erster Bergelohn

Im Sommer 1943 konnten meine Eltern mit mir nicht wie üblich in den Urlaub segeln. Der Krieg hatte erstmals auch nach unserer Familie gegriffen. Wenige Tage nach meinem 9. Geburtstag im Januar, die letzten Einheiten der 6. Armee verteidigten sich in Stalingrad noch mit dem Mut der Verzweiflung, wurde mein Vater zur Wehrmacht eingezogen. In der Panzerjäger-Ersatzabteilung 43 wurde er als Panzerschütze an einer Kanone auf Selbstfahrlafette (einem panzerartigen Untersatz) ausgebildet. Anfang März, zum sogenannten Tag der Wehrmacht, durften meine Mutter und ich ihn in seiner Spremberger Kaserne zum ersten Mal besuchen. Meine Mutter war sehr aufgeregt wegen des Wiedersehens und ich wegen des üblichen militärischen Propagandarummels. Wir Kinder konnten auf offenen Panzern an einer kurzen Geländefahrt teilnehmen, Übungsmunition verschießen und auf der Stube meines Vaters nahm ich sein Gewehr gründlich in Augenschein. Währenddessen besprachen meine Eltern, was in diesem Jahr mit dem Boot passieren sollte. Sie waren sich klar darüber, die MONIKA musste im Schuppen des Segelvereins stehen bleiben. Darüber waren wir alle drei traurig. Schweren Herzens, natürlich nicht nur wegen des ausfallenden Segelsommers, trennten wir uns und meine Mutter fuhr mit mir am Abend mit dem Eilzug nach Berlin zurück. Mein Vater hatte uns außerdem erzählt, dass seine Panzerjägerabteilung zu einer neu aufgestellten 6. Armee gehören würde, denn die ursprüngliche war zwischenzeitlich in Stalingrad untergegangen. Zu Ostern 1943 konnten wir den Besuch in Spremberg, diesmal über drei Tage, wiederholen. Mein Vater hatte uns Hotelzimmer besorgt und bekam auch „Ausgang" bis zum Wecken. Nach dem Mittagessen durfte er schon wieder bei uns sein. Wir genossen unsere Gemeinsamkeit, machten kleinere Wanderungen in die schöne Umgebung des Städtchens und waren ungewiss, ob sich ein solches Ereignis noch einmal wiederholen würde. Den Soldaten war bekannt gegeben worden, dass nach Abschluss der Ausbildung im Mai die Abteilung an die Ostfront verlegt werden würde. Verständlich, dass meinen Eltern die Trennung schwerfiel.

Die MONIKA am Ufer der Großen Krampe. Achtern weht die damals von allen deutschen Segelbooten zu führende „Reichswassersportflagge". Im Vordergrund das Dingi MOSES, um das ich mich zu kümmern hatte.

Kurz vor dem Ende der Ausbildung schrieb mein Vater plötzlich nach Hause, dass er Zivilkleidung geschickt haben mochte. Meine Mutter staunte, erfüllte seinen Wunsch aber natürlich schnellstens. Wenige Tage später stand er plötzlich vor der Wohnungstür, schwenkte fröhlich seinen Entlassungsschein und schloss uns in die Arme. So erfuhren wir, dass es im Ersatzheer der Wehrmacht eine allgemeine Entlassungswelle für wissenschaftlich-technisches Personal, Spezialisten und Facharbeiter gegeben hatte. In der Reichsführung hatte man offenbar bemerkt, dass der Krieg ohne eine funktionierende Industrie nicht länger zu führen war. So war denn auch mein Vater durch die Firma Telefunken als Spezialist für Kunstpressstoffe erfolgreich reklamiert worden. Nachdem sich die erste große Freude gelegt hatte, ging es nun wieder um das Boot. Alle anderen Sportskameraden meines Vaters hatten natürlich ihre Boote längst überholt und im Wasser, soweit die Männer nicht eingezogen waren. Aber nun – Mitte Mai – waren Lacke und Farben kriegsbedingt längst ausverkauft, so dass mein Vater sich entschließen musste, zum ersten Mal in seinem Seglerleben das Boot ohne neuen Unterwasser- und Überwasseranstrich zu Wasser zu bringen. Nach wenigen Tagen war die kleine hölzerne Yacht dicht gezogen, das eingedrungene Wasser entfernt, waren Mast und Stagen aufgetakelt. Am Wochenende konnte wieder gesegelt werden. Sonnabendnachmittags machten wir wie üblich am linken Ufer der Kleinen Krampe gegenüber von Schmöckwitz fest und blieben dort über Nacht liegen. Manchmal, wenn nachts Fliegeralarm gegeben wurde, hörten wir die Sirenen, das Grummeln der Flugzeugmotoren und von weitem das Salvenfeuer der Flakbatterien, fühlten uns jedoch am bewaldeten Seeufer an Bord recht sicher. Lohnende industrielle Ziele für die Bomber gab es hier am grünen Stadtrand von Berlin weit und breit nicht. Als die Urlaubszeit herannahte, hatten meine Eltern Probleme. Mein Vater erhielt im Juli 1943 mit Ach und Krach 14 Tage Urlaub, meine Mutter aber, die als Handnäherin in Heimarbeit Militärmäntel mit Schulterpolstern und Futterstoff zu versehen hatte, bekam von ihrem Zwischenmeister keinen Urlaub zugebilligt. Infolgedessen beschlossen meine Eltern, mit dem Boot in die Große Krampe zu segeln, eine langgestreckte, im weiteren Verlauf immer schmaler werdende Bucht, die beim Ortsteil Müggelheim endete. Dort machten wir am Steuerborddufer fest. Mein Vater und ich blieben einige Tage allein an Bord. Meine Mutter fuhr mit der Buslinie 27 von Müggelheim, die Endhaltestelle konnte sie vom Bootsliegeplatz auf einem Waldweg am Ufer in zehn Minuten erreichen, nach Hause. Dort arbeitete sie drei Tage von morgens um fünf bis abends um zehn, schaffte auf diese Art und Weise ihr Pflichtpensum und konnte dann von Donnerstagmittag bis Montagfrüh wieder bei uns an Bord sein. Mein Vater und ich kamen auch allein an Bord zurecht. Wenn es regnete, lagen wir in der Kajüte auf unseren Kojen und lasen Bücher. Bei schönem Wetter spielte mein Vater mit mir am sandigen Ufer oder wir gingen spazieren, wenn er nicht am Boot irgendetwas zu basteln oder zu reparieren fand. Außerdem war ja noch das Dingi da, mit dem ich von Zeit zu Zeit kleine Rundfahrten unternahm. Dabei musste ich immer im Sichtbereich meines Vaters bleiben, obgleich ich inzwischen längst schwimmen konnte.

Eines sonnigen Nachmittags, ich war gerade von einer solchen Ruderpartie mit dem MOSES, so hieß unser Dingi, zurückgekommen und zog es auf den flachen Ufersand, als ich bemerkte, dass eine ältere Frau, an der Hand hatte sie ein kleines Mädchen von etwa fünf oder sechs Jahren, aufgeregt auf meinen Vater einsprach. Es stellte sich heraus, dass sie bei einem Bootsverleih in Müggelheim für sich und ihre Enkelin ein kleines Ruderboot gemietet hatte und damit in der Großen Krampe eine kleine Strecke am Ufer entlanggerudert war. Als die Kleine eine schöne Badestelle entdeckte, bat sie darum, dort anzulegen. Der Wunsch wurde erfüllt, man steuerte zum Ufer, zog das Boot ein wenig auf den Sand und dann lagerte man auf einer Decke. Das Kind ging baden. Nach einem Imbiss gingen beide noch einige Schritte spazieren und bemerkten nicht, dass ein kleines Ausflugsmotorboot die Große Krampe heraufgekommen war und dabei etwas Wellenschlag verursachte. Durch die Wellen in Verbindung mit einer leichten ablandigen Brise war das Mietruderboot abgetrieben. Als die beiden von ihrem Spaziergang zurückkamen, sahen sie es bereits im tiefen Wasser treiben, wo sie es nicht mehr erreichen konnten. Hilfesuchend hatten sie in der Ferne unser Boot entdeckt und baten nun darum, ihnen beim Wiedereinfangen des ihren behilflich zu sein. Mein Vater lächelte ein bisschen, dann sah er mich an und sagte: „Siehst du das Ruderboot da draußen?" Und als ich nickte, fuhr er fort: „Fahr mal schnell hin und hol es her." Ich schob das Dingi zurück ins Wasser, kletterte hinein, nahm auf der Ducht Platz, ruderte eilig hinaus zu dem in der Nachmittagsbrise langsam treibenden Mietboot. Als ich es erreicht hatte und längsseits ging, stellte ich fest, dass die Riemen und das Ruderblatt sowie das sonstige Inventar komplett vorhanden waren, aber das Boot besaß keine Vorleine mehr. Die musste irgendwann ausgerauscht sein. Und bei dieser Feststellung wurde mir bewusst, dass ich achtern an unserem Dingi keine Schleppleine hatte. Unser Dingi besaß nur eine Vorleine, die etwas über der Wasserlinie an einem Ring eingespleißt war, denn für gewöhnlich schleppten wir das Dingi beim Segeln immer nur hinterher. Guter Rat war teuer. Irgendwie musste ich das Ruderboot abschleppen; längsseits liegen und paddeln bzw. rudern und dabei das andere Boot festhalten, das war nicht machbar. Aber abgeschleppt musste das Boot ja nun irgendwie werden. Also entschloss ich mich, meine Vorleine am Bug des Ruderbootes festzumachen und dann rückwärts rudernd – völlig unseemännisch – den „Havaristen" in Richtung unseres Liegeplatzes abzuschleppen. Das war etwas anstrengender als beim Vorwärtsrudern, aber es klappte. Am Ufer angekommen, konnte ich der Dame und ihrer Enkelin ihr Boot zurückgeben und beide waren natürlich glücklich. Die Oma kramte in ihrer Handtasche und holte einen 10-Reichsmark-Schein heraus, den sie mir mit vielen Dankesworten in die Hand drückte. Es war mir ein bisschen peinlich, denn ich selbst fand meine Hilfeleistung nicht so fürchterlich wertvoll, aber sie weigerte sich, das Geld zurückzunehmen und meinte nur: „Das hast du dir verdient, denn ich musste ja beim Bootsverleiher ein Pfand hinterlassen und das Geld wäre jetzt verfallen gewesen." Die beiden stiegen ein, ich schob sie noch ein bisschen ab und mein Vater und ich konnten zusehen, wie sie langsam und ungleichmäßig mit den Riemen arbeitend Richtung Müggelheim davonruderten.

Ich sah meinen Vater an: „Papa, was mache ich nun mit dem Geld?" Er grinste ein bisschen: „Tja, damit hast du zum ersten Mal in deinem Leben richtig Geld verdient. Und außerdem war es gleich ein Bergelohn." Ich nickte. Wusste ich doch, was ein Bergelohn war, denn mein Vater und ich lasen gerade in dem Buch „Kapitäne erzählen" von Kapitän Fred Schmidt. In diesem Schmöker war mehrfach von Schiffsbergungen die Rede. „Also", sagte mein Vater, „behalte das Geld ruhig. Geld kann man immer gebrauchen." Mangels Gelegenheit es auszugeben, denn Spielzeug gab es im dritten Kriegsjahr kaum noch zu kaufen, gab ich es meiner Mutter zur Verwahrung und sie hat mir dann von Zeit zu Zeit ein damals übliches „Wassereis" spendiert. Trotz der gelungenen Bergung lag mir mein plumpes Schleppmanöver auf der Seele. Ich befestigte an unserem Dingi noch eine Achterleine „für alle Fälle". Sie wurde aber nie gebraucht.

Die Segelscheinprüfung

Im Sommer 1951 organisierten die Berliner Seesegler ihre erste Ost-
seereise nach dem Zweiten Weltkrieg. Von unserem Verein, Tourensegler Grünau, nahmen Hans Roßdeutscher mit seinem Vertenskreu-
zer TAKU, Segel-Nr. Karo 19, und Alfred Wyschinski mit seinem
nationalen 45er-Kreuzer STÜRMER mit der Segel-Nummer P 11
an diesem Schleppzug teil. Ich war als 17-jähriger Schiffbauerlehrling
als Moses auf dem 45er von Skipper Alfred und seiner Frau angeheuert worden. Ein Schlepper brachte uns von der Köpenicker Brücke
durch die Stadtschleuse zum Tegeler See (damals ging das noch), weiter zur Schleuse Lehnitz zum Schiffshebewerk Niederfinow und zur
Oder, dann über Stettin und das Kleine Haff bis zum Brückenhafen
von Karnin. Dort wurden die Masten gestellt und es ging durch das
Achterwasser bis Wolgast, peeneabwärts bis zum Greifswalder Bodden und nach Stralsund. Eigentlich wollten wir alle an der 1. Warnemünder Woche teilnehmen. Aber ein kräftiger Westsüdweststurm

*Im Oderhafen Garz, einem unserer Übernachtungsplätze. Während der
Liegezeit hat sich ein kleiner Hund mit mir angefreundet.*

*rechts: Messingputzen während der Schleppfahrt. Binnenyachten kann-
ten damals noch keine Seereling, also hieß es, sich immer gut festzuhalten.*

hielt unser Geschwader in Stralsund fest. Die Stralsunder Segler organisierten auf die Schnelle eine Art Ersatzregatta, in der die Berliner Boote fast ausnahmslos vordere Plätze belegten. Schließlich wurden noch 14 Tage ausgenutzt, um Hiddensee, Lauterbach und andere Häfen an der DDR-Ostseeküste anzusteuern, bis es wieder zurückging nach Karnin. Dort wartete bereits der Schlepper MUNGO aus Aken/Elbe, der alle Boote auf den Haken nahm und zurück nach Berlin schleppte. Für mich war es die erste Begegnung mit der offenen See, mit der Küste, den Küstengewässern und zum ersten Mal sah ich auch Minenräumboote der gerade gegründeten Seepolizei im Hafen von Wolgast. Bei den abendlichen Gesprächen der Segler von Bord zu Bord erlag übrigens keiner der Illusion, dass die Seepolizei – wie der offizielle Name lautete – lediglich Polizeiaufgaben zu erfüllen haben würde. Allen war klar, dass es sich hier um eine Vorstufe für die zukünftige Marine der DDR handelte. Aber das nur nebenbei. Jedenfalls waren es interessante Wochen voller seemännischer und seglerischer Erfahrungen in den Küstengewässern. Im Januar 1952 organisierte die Sektion Segeln der Deutschen Demokratischen Republik, wie es damals offiziell hieß, in den Regattahäusern am Müggelsee den ersten einwöchigen Lehrgang zum Erwerb des Befähigungsnachweises zur Führung von Sportsegelbooten für den Bereich der „ortsnahen Küstenfahrt". Mein Segelclub hatte mich dahin delegiert. Mein Lehrherr, der Inhaber der Boots- und Yachtwerft Karl Mathan, Berlin-Köpenick, hatte mich für eine Woche freigestellt. Mit meinen nun 18 Jahren war ich der jüngste von ca. 20 Teilnehmern des Lehrgangs. Den Unterricht gaben der Vorsitzende der Kommission Seesegeln, Sportsfreund Kurt Rohr, und ein Kapitän auf großer Fahrt mit dem Patent A 6, der als Werftkapitän auf der Yachtwerft Berlin die Probefahrten mit den dort gebauten Fischkuttern und den späteren sogenannten Seekuttern der Seepolizei auf dem Müggelsee und anderen Gewässern durchführte. Wir strengten uns mächtig an, es machte viel Spaß, unsere Ausbilder verstanden es, Theorie und Praxis gut miteinander zu verbinden. Ich büffelte fleißig und nicht ohne Erfolg. Immerhin wurde mir aufgrund meiner schriftlichen Prüfungsergebnisse die Teilnahme an der mündlichen Prüfung erlassen. Am 24. Februar 1952 erhielt ich den vom Generalsekretär der Sektion Segeln, Walter Kraft, unterschriebenen Befähigungsnachweis mit der laufenden Nummer 38. Ich besitze ihn heute noch und habe allen Versuchungen, ihn gegen ein neuzeitlicheres Befähigungszeugnis umzutauschen, hartnäckig widerstanden. Nach den damaligen Bestimmungen war ein Inhaber des Segelscheines B berechtigt, Prüfungen für den Segelschein A, Binnenfahrt, abzunehmen. So erreichte mich denn im Juni 1952 über meinen Vater, der Mitglied in der Sektion Segeln der Betriebssportgemeinschaft Chemie, Berlin Schmöckwitz, war (vormals und heute wieder Dahme-Yacht-Club), die Bitte, bei einigen jungen Clubmitgliedern die praktische Prüfung für den A-Schein abzunehmen. Natürlich sagte ich zu. Eines schönen Sonntags sollten dann neun junge Leute in drei Gruppen geprüft werden. Dafür stand eine sogenannte Küstenjolle zur Verfügung. Es war eine aus Eiche gebaute Wanderjolle von der Größe einer 15-qm-H-Jolle mit etwas höherem Freibord, gebaut auf der Jugendwerft, dem Lehrbetrieb der damaligen Yachtwerft Berlin. Die Jolle hatte knapp 20 qm Segelfläche, segelte damit sehr rank und bei böigem Wind war man gut beraten, beizeiten das Großsegel zu reffen. An jenem Vormittag herrschte eine schöne Brise, die Sonne schien und die Prüfungsabnahme für die ersten beiden Dreiergruppen verlief ohne besondere Vorkommnisse. Pünktlich konnte ich die dritte Gruppe an Bord kommen lassen, zwei Mädchen von etwa 17 Jahren und ein etwa 19-jähriger junger Mann. Wir segelten hinaus auf den Seddinsee und ich ließ der Reihe nach die vorgeschriebenen Manöver durchführen. Vorgeführt werden mussten von jedem Prüfling jeweils eine Wende, eine Halse, das Auffischen eines über Bord gegangenen Seglers, markiert durch einen Rettungsring, das Herangehen an eine vor Anker liegende Boje und die praktische Anwendung von Ausweichmanövern bei der Begegnung mit anderen Segelbooten. Die beiden Mädchen machten ihre Sache ganz gut, natürlich gab es einige Unsicherheiten und man merkte auch eine gewisse Prüfungsnervosität. Zuletzt kam der junge Mann an die Reihe. Zunächst sollte er eine Wende durchführen, also mit dem Boot durch den Wind gehen und auf dem neuen Kurs die Fahrt fortsetzen. Das klappte ganz zufriedenstellend, dann ordnete ich eine Halse an. Jeder Segler weiß: Eine Halse bei einer schönen Brise mit einer Jolle muss umsichtig durchgeführt werden. Der spannende Augenblick ist das Überholen des Großbaumes, denn dabei wird die gesamte Segelfläche des Großsegels von der Steuer- zur Backbordseite herübergebracht und man muss zugleich mit dem Ruder gegensteuern, vorher aber rechtzeitig die Großschot dicht holen, das Boot dann mit dem Heck durch den Wind laufen lassen und die Großschot ganz langsam und vorsichtig fieren, damit das Großsegel auf der neuen Seite wieder nach vorne gleitet und das Boot die flotte Fahrt vor dem Wind fortsetzt. Der junge Mann ging das Manöver sehr forsch an, er rief vorschriftsmäßig „Klar zur Halse!", doch anstatt das Großsegel zunächst Hand über Hand dicht zu holen, griff er in die Schot, um das Großsegel mit der Hand in einem Zug von Steuerbord nach Backbord zu bewegen. Als der Wind das Segel kräftig packte, konnte er die Schot nicht halten, mit einem Ruck ging das Segel nach Backbord, dadurch entstand eine starke Krängung nach dieser Seite und das Boot lief nach Steuerbord aus dem Ruder. Anstatt nun gegenzusteuern, ließ er vor Aufregung das Ruder los. Die Jolle luvte kräftig an, legte sich dabei blitzschnell auf die Backbordseite und viel schneller, als das hier erzählt werden kann, geriet das Deck samt Mast und Großbaum unter Wasser, nur die Steuerbordseite guckte noch heraus. Wir waren nach allen Regeln der Kunst gekentert.

Als wir vier uns wiederfanden, sah ich, dass die beiden Mädchen sich vorne am Bug festhalten konnten, der junge Mann und ich saßen auf der Steuerbordaußenhaut mit noch trockenem Oberkörper, aber mit den Beinen bis zur Hüfte im Wasser. Gefahr bestand nicht. Die Sonne schien, das Wasser war warm, wie es Binnenseen im Hochsommer gewöhnlich sind. Niemand war unter das Segel gekommen. Als wir beide so saßen und auf Hilfe warteten, sah ich den jungen Sportsfreund an und sagte zu ihm: „Dass du durch die Prüfung durchgefallen bist, ist dir doch wohl hoffentlich klar?" „Nö", antwortete er mir, „wieso denn?" Ich war nicht in der Stimmung, jetzt eine Diskussion darüber zu führen. Da wir nicht allzu weit vom Ufer entfernt waren, ließen wir uns ins Wasser gleiten, hielten uns am Boot fest und versuchten, uns mit den Füßen abstoßend samt dem Boot langsam Richtung Ufer zu bewegen. Das war ziemlich mühselig, denn der Mast und die Segel im Wasser wirkten bremsend. Nach einer kleinen Weile kam uns ein Motorboot zu Hilfe und brachte uns mit einer Schleppleine bis zum sandigen Strand in eine Schilflücke. Mit vereinten Kräften richteten wird das Boot auf und schoben es so weit auf den Strand, dass kein neues Wasser nachfließen konnte. Dann begannen wir, mit Hilfe einer Pütz das Wasser aus dem Boot herauszuoesen. Zum Glück war kein Inventar, wie etwa Paddel oder Bodenbretter, abgetrieben. Nachdem das Wasser entfernt war, das Boot wieder aufschwamm und wir uns selbst alle einigermaßen trockengearbeitet hatten, stiegen wir ein und segelten das Boot zum Club zurück. Bekanntlich braucht der, der den Schaden hat, für den Spott nicht zu sorgen und Letzterer wurde uns reichlich zuteil. Natürlich hatte der junge Mann seine Prüfung zu Recht nicht bestanden. Aber ich musste mir doch sagen, dass mich eine gewisse Mitschuld traf. Mein seemännischer Fehler bestand darin, mich darauf eingelassen zu haben, für eine Prüfung ein Fahrzeug zu akzeptieren, dass zur Bedienung einen erfahrenen Segler verlangte. Nach kurzer Diskussion beschloss die Clubleitung, die Prüfung für meine drei Leidensgenossen am nächsten Sonntag zu wiederholen, aber dann nicht an Bord einer Jolle. Ein Vorstandsmitglied stellte hierfür seine kentersichere Kielyacht zur Verfügung.

Das verunglückte Barkassenmanöver

Sommer 1954. Seit etwa zehn Monaten arbeitete ich als Instrukteur für Seesport in der Kreisleitung Berlin-Mitte der Gesellschaft für Sport und Technik. In jenen Jahren war der Betrieb jener 1952 gegründeten Jugendorganisation noch ziemlich zivil, obwohl bereits eine gewisse Kleiderordnung existierte. Der Zentralvorstand machte keinen Hehl daraus, dass neben der Ausbildungtätigkeit die jungen Leute in erster Linie für den Dienst in der Kasernierten Volkspolizei, der späteren Nationalen Volksarmee, vorbereitet werden sollten. Aber wer dazu keine Lust hatte, der Dienst in den Streitkräften war damals freiwillig, der konnte eben auch die erworbenen Kenntnisse, beispielsweise im Motorsport, dazu benutzen, um im Sommer mit dem Motorrad, einem Zelt und der Freundin schöne Urlaubstage zu verbringen. Gleiches galt sinngemäß für die Möglichkeit, an Bord von Segelkuttern und Segelfahrzeugen im Binnenland oder an der Küste Wanderfahrten zu unternehmen, das Land und seine Gewässer kennenzulernen und darin auch eine gewisse körperliche Betätigung bzw. Erholung zu finden. Die GST-Kreisleitung Berlin-Mitte hatte ihren Sitz in der Klosterstraße. Meine Aufgabe war es, junge Leute für den Seesport zu begeistern. Dazu musste man sich

Als Instrukteur für Seesport der Kreisleitung Berlin-Mitte der Gesellschaft für Sport und Technik, kurz vor meinem Eintritt in die DDR-Seestreitkräfte, August 1954

33

an Institutionen wenden, in denen Jugendliche und Studenten in möglichst großer Zahl vorhanden waren. Das war in erster Linie die Humboldt-Universität mit ihren vielen Studenten. Es gab noch einige andere Hochschulen und Fachschulen im Stadtzentrum und das Gymnasium im Grauen Kloster, das insgeheim darauf stolz war, schon Bismarck zu seinen Schülern gezählt zu haben, sowie andere Oberschulen. Hinzu kamen junge Leute in den Industriebetrieben und nicht zuletzt die vielen jungen Mitarbeiter, die in den Ministerien, staatlichen Verwaltungen, bei Banken, Sparkassen, der Post usw. beschäftigt waren. Darüber wäre viel zu erzählen, aber ich beschränke mich auf die Feststellung, dass, als ich meine Tätigkeit aufnahm, der Seesport in Berlin-Mitte ziemlich am Boden lag. Es gelang mir, bereits im Sommer 1954 so viele Interessenten für das Segeln zu begeistern, dass ich immerhin eine eigene Kreismeisterschaft organisieren konnte, an der auf dem Müggelsee an einem langen Wochenende sieben Kuttermannschaften teilnahmen. Aber das nur nebenbei. Inzwischen besaß der Bezirksvorstand Berlin der GST in Berlin-Grünau einen eigenen Seesportstützpunkt. Das Grundstück hatte früher dem Berliner Yachtclub gehört, einem der, man darf wohl sagen vornehmsten und angesehensten Segelvereine in Deutschland, der schon zu Kaisers Zeiten gegründet worden war. Aber das Clubhaus war im Krieg niedergebrannt. Das Bootsmaterial hatten die sowjetischen Besatzungstruppen beschlagnahmt und Richtung Osten verladen. Nun war die GST dabei, ein Clubhaus und einen Bootsschuppen aufzubauen.

Dort waren eine Anzahl von Segelkuttern, -jollen und im Sommer 1954 auch einige etwa fünf Meter lange stählerne Schlepp-Barkassen stationiert. Diese Boote besaßen einen kräftigen Dieselmotor und waren zum Bugsieren und Schleppen von Dienstfahrzeugen der GST konstruiert und gebaut worden. Eines Tages hieß es, dass die Berliner Instrukteure für Seesport sich mit den Manövriereigenschaften und Einsatzbedingungen dieser Boote vertraut machen sollten, da die Barkassen auch als Sicherungs- und Begleitboote für Regatten und andere Wettkämpfe genutzt werden sollten.

Ich begrüßte diese Entscheidung des Bezirksvorstandes, denn nach meiner Einschätzung besaß ich ausreichende Erfahrungen im Rudern und Segeln und in der Handhabung von Jollen, Jollenkreuzern und Kielyachten. Aber mir fehlte jegliche Erfahrung im Umgang mit Motorbooten.

Eines schönen Sonntags hatte ich mich für eine Fahrt mit einer dieser Barkassen eintragen lassen, erschien im Laufe des Vormittags im Stützpunkt, bekam den Bootsmotorenschlüssel und eine kurze Einweisung, ging an Bord der Barkasse, ließ den Motor an und nach einigen Minuten, als der Motor warmgelaufen war, warf ich die Festmacherleinen los und legte ab. Ich saß vergnügt im Fahrstand, hielt das Boot auf Kurs und schipperte gemütlich den Langen See Richtung Dahme in der Mitte des Fahrwassers entlang. Der Motor lief gleichmäßig und zuverlässig, das Boot machte etwa sechs Knoten (11 km/h), das war für ein Motorboot nicht allzu schnell. Diese Barkassen hatten nämlich eine sogenannte Schleppschraube d.h. sie waren nicht auf Schnelligkeit eingestellt, sondern auf eine möglichst günstige Zugkraft zum Abschleppen von Motor- und Segelfahrzeugen. Das Wetter war schön, der Wind schwach, hin und wieder kam eine leichte Brise. Lässig fuhr ich in meiner blauen Dienstkleidung mit weißer Mütze an den ganz langsam vor sich hin dümpelnden Segelbooten vorbei Richtung Schmöckwitz.

Da die Mittagszeit herannahte und ich einigen Appetit verspürte, entschloss ich mich, meine Eltern zu besuchen, die das Wochenende wie immer in ihrem Segelclub verbrachten. Weil mir die Manövriereigenschaften meines Fahrzeugs noch nicht so richtig bekannt waren, führte ich mein Anlegemanöver durch wie bei einem Segelboot. Ich lief also nicht in eine Box ein, wie man das sonst machen würde, sondern nahm in ausreichendem Abstand die Fahrt aus dem Boot und ließ mich mit dem restlichen Schwung langsam an das Stegende treiben, was mir mit vorsichtigem Gasgeben und schnell wieder Stoppen auch zufriedenstellend gelang. Dann machte ich fest, um an Land zu gehen. Aber jetzt fiel mir auf, dass ich mir nicht hatte erklären lassen, wie der Motor abgestellt wird. Ich versuchte alles Mögliche, aber der Diesel tuckerte im Leerlauf weiter munter vor sich hin. Es blieb mir nichts anderes übrig, als ihn laufen zu lassen, ich dachte mir, na ja, mit einem Trecker oder LKW wird das ja auch so gemacht, und ging an Land, um zu sehen, ob meine Mutter für mich einige Kartoffeln mehr schälen konnte. Das klappte natürlich. Während sie die letzten Vorbereitungen für das Mittagessen traf, kam mein Vater mit mir runter zum Steg, um sich die Barkasse anzusehen. Aber auch er wusste nicht, wie ein Dieselmotor zum Stehen gebracht wird. Wir ließen also den Motor vor sich hin nageln, gingen wieder an Bord von Vaters 30er-Seefahrtskreuzer und aßen gemütlich zu Mittag. Dann verabschiedete ich mich von meinen Eltern, ging an Bord der Barkasse, legte ab und setzte meine Fahrt durch die Schmöckwitzer Brücke in den Zeuthener See fort. Ich war guter Dinge, wusste ich doch, dass die kurze Mittagspause keinen großen Verbrauch an Treibstoff hervorgerufen haben konnte, und bei der Abfahrt war mir ausdrücklich gesagt worden, dass der Tank voll sei. Auch auf dem Zeuthener See war wenig los, die Sonne schien, eine leichte Brise wehte. Allerdings kam mir ein Dampfschlepper mit einigen Lastkähnen im Schlepp aus Richtung Königswusterhausen entgegen, der Richtung Berlin-Innenstadt fuhr. Ich musste also rechtzeitig ausweichen, dabei auf einige Schwimmer Rücksicht nehmen, die sich ziemlich weit hinausgewagt hatten, und einen davon sah ich erst im vorletzten Augenblick.

Es war nichts passiert, aber ein in der Nähe befindliches Kontrollboot der Wasserschutzpolizei hatte den Vorgang beobachtet, kam herbei und mit der Flüstertüte rief mir ein Wachtmeister zu, sie würden jetzt stoppen und ich sollte längsseits kommen. Das etwa zehn Meter lange Polizeiboot stoppte die Fahrt auf und wie immer in solchen Fällen legte es sich gewissermaßen automatisch quer zum Wind. Ich bemühte mich, mit ganz langsamer Fahrt von der Lee-Seite das Motorboot anzusteuern, war dabei aber ungeheuer vorsichtig, weil ich ja keinen Zusammenstoß wollte. Deswegen nahm ich die Fahrt zu früh aus meiner Barkasse, so dass ich nicht längsseits kam, das Polizeiboot nicht erreichte und stattdessen abtrieb. Beim nächsten Versuch hatte ich zu viel Fahrt drauf, schoss über das Ziel hinaus und konnte mit Mühe und Not einen Zusammenstoß verhindern. Mir wurde schnell klar, dass ich das Boot nicht beherrschte, insbesondere, da ich nicht wusste, ob der Propeller auf voraus rechts drehte oder linksdrehend war. Und der Einfluss des Propellers auf das Ruder war mir theoretisch auch nicht klar. Hinzu kam das Gefühl, mich blamiert zu haben und dabei wird man keineswegs ruhiger. Als ich so eine ganze Weile hin und her manövriert hatte, reichte es den Wasserpolizeiwachtmeistern auf dem Kontrollboot und sie riefen mir mit der Flüstertüte zu: „Gehen Sie auf Stopp und bleiben Sie liegen, wir kommen längsseits!"

Damit war die Blamage offenkundig. Ich stoppte also die Maschine, ließ mich treiben und wartete, bis das Polizeiboot bei mir längsseits gekommen war. Die beiden Wasserschutzpolizisten machten mir erst einmal Vorwürfe, dem Schleppzug nicht früh genug ausgewichen zu sein und empfahlen mir, unverzüglich und ohne weitere Umwege das Boot zum Stützpunkt zurückzufahren und dort ordentlich festzumachen. Auch sollte ich erst nach einer gründlichen Einweisung und entsprechender praktischer Erfahrung wieder die selbständige Führung einer Motorbarkasse übernehmen. Sie gaben mir taktvoll, aber unmissverständlich zu verstehen, dass sie mir eine sichere Führung des Bootes nicht zutrauten. Hochroten Kopfes musste ich ihnen Recht geben. Dann legten sie wieder ab und beobachteten aus sicherer Entfernung, wie ich das Motorboot wieder in Fahrt setzte, auf Gegenkurs ging und die Rückfahrt antrat. Ohne weitere Zwischenfälle kam ich zurück nach Grünau.

Im weiteren Verlauf des Sommers hatte ich keine Gelegenheit mehr, die Führung eines Motorbootes praktisch zu üben. Ab 1. August 1954 kam ich zur Offiziersschule der Volkspolizei See, der „Schwedenschanze" in Stralsund. Es war das Gelände der 11. Schiffsstammabteilung der einstigen Kriegsmarine. Als ich im Hörsaal saß und unser Hauptfachlehrer für Seemannschaft, der damalige Oberleutnant zur See Döppleb, die Wirkung von Ruder und Schraube bei Ein- und Zwei-Schrauben-Schiffen erläuterte, wurde mir mein Fehler an Bord der Schleppbarkasse so richtig klar. An der Seeoffiziersschule gab es auch praktische Übungen an Bord von drei Schul-Barkassen. Mit diesen Booten wurden das An- und Ablegen und die praktische Auswirkung von Ruder- und Schraubenmanövern gründlich geübt. Später, als junger Kommandant an Bord von Minenräumbooten, hatte ich es mit Zwei-Schrauben-Schiffen zu tun und konnte feststellen, dass sich Boote und Schiffe mit zwei Schrauben nicht etwa schwieriger, sondern leichter handhaben lassen als Ein-Schrauben-Schiffe. Das hinderte mich aber nicht daran, auch an Bord solcher Boote noch diesen oder jenen Fehler zu machen.

Kollision mit der Ziegelgrabenbrücke

Im Oktober 1958 beendete der 7. Seeoffizierslehrgang, dem ich angehörte, eine vierjährige Ausbildung an der Seeoffizierslehranstalt Stralsund. Da ich bei sonst guten Leistungen die Prüfung im Geräteturnen des Faches Dienstsport nicht bestanden hatte, wurde ich nicht zum Offizier ernannt, sondern erhielt den Dienstgrad Obermeister (Oberfeldwebel).

Nach einem nicht allzu langen Heimaturlaub erfolgte – wie von mir gewünscht – meine Versetzung zur 1. Flottille der damaligen Seestreitkräfte. Unser Stützpunkt war der Hafen Peenemünde. Da die Minenleg- und -räumschiffe, darunter auch das Schiff, auf dem ich zukünftig Dienst tun sollte, in der Peenewerft Wolgast zu Reparaturarbeiten lagen, wurde ich zunächst der Personalreserve der 1. Flottille zugeteilt. Nach einer Wartezeit von etwa 14 Tagen ergaben sich durch die Herbstversetzungen von Offizieren in der Räumbootabteilung der 1. Flottille einige Fehlstellen bei den Kommandanten und so erreichte mich der Befehl, das Minenräumboot 655 als Kommandant zu übernehmen. Ich freute mich sehr. Als 24-jähriger Absolvent der Seeoffiziersausbildung konnte es nichts Schöneres für die künftige Laufbahn geben als die selbständige Führung eines kleinen Kriegsschiffes. Dabei waren die R-Boote, offiziell als Kriegsschiff 4. Klasse im Unterricht bezeichnet, keine großartigen Fahrzeuge. Sie waren 28,7 m lang, 4,4 m breit und hatten einen Tiefgang von 1,13 m. Sie wurden auf der Yachtwerft Berlin gebaut. Es waren Doppelschraubenboote, die durch zwei 150-PS-Dieselmotoren angetrieben wurden und eine Marschgeschwindigkeit von etwa elf Knoten erreichten. Mit dem Räumgerät im Schlepp waren es dann allerdings nur zehn Knoten. Die einzige Waffe an Bord war eine 2,5-cm-Flak in Doppelaffette. Die Besatzung bestand aus dem Kommandanten, drei Unteroffizieren und neun Mannschaftsdienstgraden. Der Typ „Schwalbe", so war die offizielle Bezeichnung des Projektes mit der Nummer 8, war die zweite Bauausführung einer Serie von 48 Booten, die jeweils 83 Tonnen verdrängten. Sechs Boote bildeten die 3. Räumgruppe der ersten R-Abteilung. Gruppenchef war der da-

Als Obermeister der Seestreitkräfte und Kommandant des Minenräum-bootes 655, Dezember 1959

Das Minenräumboot 655 vom Typ „Schwalbe"

malige Unterleutnant zur See Böhland. Er war noch ein sehr junger, aber vom Wesen her ruhiger, sachlicher und ausgeglichener Vorgesetzter, der seinen sechs Kommandanten die notwendige Freiheit ließ, den inneren Bordbetrieb selbst auf der Grundlage der Dienstvorschriften zu gestalten, und dem es sehr bald gelang, eine erfolgreiche Einzel- und Gruppenausbildung der Boote zu organisieren. Ich habe ihn kaum jemals heiteren Sinnes gesehen, er lächelte selten, und wenn er uns kritisierte, geschah das immer mit Rücksicht auf unsere bescheidene praktische Erfahrung in ruhigem Tonfall und mit sehr sachlichen Argumenten. Zwischen ihm und den Kommandanten der Gruppe herrschte ein unausgesprochenes, stetiges Vertrauensverhältnis.

Als wir im Frühjahr 1959 die Einzel- und Gruppenausbildung mit guten Ergebnissen abgeschlossen hatten, erhielt die 3. Räumgruppe den Befehl, sich in den Hafen Wiek am Wieker Bodden im Norden von Rügen zu verlegen. Wir sollten von dort aus das Seegebiet nördlich vom Dornbusch, Hiddensees Nordspitze, von Grundminen räumen, die britische Bomber im Zweiten Weltkrieg abgeworfen hatten. Die Wassertiefe in diesen Gewässern war nicht groß. Zwar sollten die mittels eines Hohlstabfernräumgerätes herbeigeführten Detonationen jeweils hinter unserem Boot erfolgen, aber 14 Jahre nach Kriegsende konnte man keinesfalls sicher sein, ob die Mine sich auch an diese Vorgabe halten würde. Um es gleich zu sagen, die Aufgabe beschäftigte uns den ganzen Sommer bis in den Herbst hinein. Aber wir hatten Glück. Entweder lagen in diesem Seegebiet keine Minen oder aber sie sprachen auf unser Räumgerät nicht mehr an. Jedenfalls erfolgte keine einzige Detonation.

40

Eines Tages erschien in Wiek der damalige Abteilungschef, Kapitänleutnant Bleyl, unter uns im Abteilungsjargon nur bei seinem Spitznamen „Charlie" genannt, der einige Räumeinsätze mitfuhr, um sich vom Leistungsstand seiner 3. Räumgruppe zu überzeugen.

Da zum Minenräumen immer nur vier Boote benötigt wurden, lag das fünfte Boot in der Bucht Libben im Schutze der Insel Hiddensee als Reserve vor Anker. Das sechste Boot der Gruppe konnte im Hafen von Wiek verbleiben und hatte Zeit, sich mit der Pflege seiner technischen Anlagen zu beschäftigen.

Eines Tages erhielt Kapitänleutnant Bleyl den Befehl, zur Teilnahme an einer Dienstbesprechung beim Flottillenchef nach Peenemünde zurückzukehren. Auf dem Schienenweg hätte dies von Wiek auf Rügen die Benutzung der Kleinbahn bis Bergen, dann die Weiterfahrt mit der Eisenbahn bis Stralsund, das Umsteigen Richtung Züssow und die Weiterfahrt mit Umsteigen in Wolgast notwendig gemacht, weshalb der Abteilungschef es vorzog, als Transportmittel ein Boot zu benutzen. So erhielt ich den Befehl, ihn eines Abends, nachdem er vom Räumeinsatz nach Wiek zurückgekehrt war, an Bord zu nehmen, seeklar zu machen und als einzeln fahrendes Boot nach Peenemünde zu fahren. Wir legten ab, liefen ziemlich eilig mit beiden Maschinen große Fahrt Richtung Stralsund. Es war gerade noch so viel Tageslicht, dass man die Tonnen in dem engen Fahrwasser erkennen konnte. Nur wenige waren beleuchtet, so dass scharfer Ausguck gehalten werden musste. Als wir Stralsund erreichten, war es schon dunkel. Ich hatte beabsichtigt, mich so einzurichten, dass ich die gegen Mitternacht fällige Brückenöffnungszeit der Rügendammbrücke nutzen konnte. Wir waren auch pünktlich einige Minuten vorher im Stralsunder Hafen, die Brücke machte jedoch keine Anstalten, die Öffnungszeit einzuhalten. Das Brückensignal zeigte unentwegt ein rotes Licht mit der Bedeutung „Brücke ist geschlossen". Ich glaubte zunächst an eine Verspätung eines wichtigen Eisenbahnzuges, denn die Eisenbahn benutzte diese Brückenverbindung vom Festland zur Insel Rügen und weiter nach Saßnitz, wo die Fährschiffslinie zum schwedischen Hafen Trelleborg begann. Doch nichts geschah. So entschloss ich mich, vorsichtig an zwei Dalben festzumachen.

Während Charlie in meiner Kammer lag und schlief, um für den nächsten Tag frisch zu sein, begann nun der Leitende Maschinist,

Die Stralsunder Ziegelgrabenbrücke, von der Hafenseite aus gesehen, im geöffneten Zustand. Zu DDR-Zeiten war es üblich, das Brückenjoch zu durchsegeln. Nicht selten – wie auch auf diesem Bild erkennbar – nahm die Berufsschifffahrt darauf Rücksicht.

Obermeister Hinze, mit einem Obermatrosen mit den technischen Vorbereitungen zum Legen des Mastes. Das war noch nie probiert worden, aber technisch möglich. Mit gelegtem Mast würde das Boot unter der geschlossenen Brücke durchfahren können. Das Problem waren die Kabelverbindungen für die zahlreichen Laternen und Signaleinrichtungen am Mast und das Lösen vieler Schraubenverbindungen, die schon oft mit einem Anstrich übermalt worden waren. Während die beiden Männer arbeiteten, beobachtete ich die Brücke, aber es wurden keine Anstalten gemacht, die großen Brückenklappen zu öffnen. Lediglich aus Richtung der Reparaturwerft kamen irgendwelche Motorengeräusche, die mir zeigten, dass dort zu dieser nachtschlafenden Zeit noch gearbeitet wurde, aber Näheres war nicht zu erkennen.

Als der Mast langsam und vorsichtig nach vorne weggeklappt und abgestützt war, legten wir von den Dalben ab, und ich ließ das

Boot mit beiden Maschinen ganz langsam Richtung Brückendurchfahrt steuern. Die Beleuchtung in Brückennähe war äußerst mäßig, die Nacht war dunkel, aber klar. In der Ferne konnte man Lichter erkennen und es schien mir, als wäre die Durchfahrt frei. Mit langsamer Fahrt näherten wir uns immer weiter der Brückendurchfahrt. Bei einem Abstand von etwa 50 m zur Brücke sah ich, dass an der Steuerbordseite in der Nähe der Dalben, die vor der Brücke standen, ein Bugsierschlepper so festgemacht war, dass sein Heck im Winkel von 90 Grad zur Durchfahrtsrichtung der Brücke zeigte. Ich hörte auch, dass seine Maschine lief, glaubte aber zu erkennen, dass er noch beim Anlegemanöver war. Jedenfalls nahm ich weiter keine Notiz von diesem Schlepper. Erst als unser Bug querab vom Schlepperheck war, der Abstand mag etwa 20 m betragen haben, bemerkte ich, dass sein Propeller konstant lief, denn auf dem Schlepper machte man eine sogenannte Maschinenstandprobe. Dabei wurde ein erheblicher Schraubenstrom quer zu meiner Fahrtrichtung erzeugt. Aber es war nichts mehr zu machen. Unser Steven wurde unwiderstehlich nach Backbord gedrückt. Natürlich kommandierte ich sofort „hart steuerbord", aber bei der engen Durchfahrt der Brücke kam das Manöver nicht zum Tragen und der Schraubenstrom des Schleppers drückte unser Boot gegen die Holzbalken im Brückenjoch. Es gab einen ziemlichen Bums, das Schiff machte mehrere Ruckbewegungen. Ich stoppte die Maschine. Wir kamen auch sofort zum Stehen. Natürlich war Charlie durch das Gepolter wach geworden und kam mit eiligen Schritten auf die Brücke. Gemeinsam kontrollierten wir unsere Scheuerleisten, die glücklicherweise mit einer kräftigen Stahlschiene versehen waren. Außer einigen Farbabschürfungen hatte das Boot zu meiner großen Erleichterung keinen Schaden davongetragen. Ich legte vorsichtig ab, ging nochmal einige Meter achteraus, und unter Berücksichtigung der von Steuerbordseite einfallenden Strömung ließ ich vorsichtig gegensteuern und bekam das Boot langsam durch die Brückendurchfahrt ohne irgendwo anzustoßen. Nachdem dies geglückt war, steuerten wir mit langsamer Fahrt zunächst weiter, damit meine beiden Techniker den Mast wieder vorschriftsmäßig aufrichten konnten. Unser Chef begab sich wieder zur Ruhe, als er sah, dass alles seinen geregelten Gang lief. Und nachdem der Mast stand und wir auch das vorgeschriebene weiße Topplicht führten, gingen wir wieder mit beiden Maschinen auf große Fahrt, steuerten weiter nach den beleuchteten Tonnen des Strelasunds, der Ostansteuerung von Stralsund, durch den Greifswalder Bodden nach Peenemünde. Nach meiner Erinnerung erreichten wir unseren dortigen Liegeplatz morgens gegen sechs Uhr, alle Mann rechtschaffen müde. Nachdem wir festgemacht hatten, verabschiedete ich unseren Chef mit dem vorschriftsmäßigen „Seite-Pfiff". Als er die Stelling verließ, drehte er sich noch einmal um und sagte mehr beiläufig als dienstlich: „Ach, übrigens Kommandant, was ich noch sagen wollte, ihr seid ja heute Nacht durchgefahren und habt kein Auge zugemacht. Also, die Besatzung kann jetzt schlafen gehen bis zum Mittagessen. Danach Dienst wie immer. Und eine Einlaufmeldung beim diensthabenden Offizier der Operationsabteilung ist auch nicht erforderlich, das erledige ich gleich selbst." Dann drehte er sich um und entfernte sich Richtung Stabsgebäude.

Über den Vorfall an der Rügendammbrücke verlor er kein Wort mehr, kam auch nie wieder darauf zurück. Er war sich wohl sicher, dass der Kommandant des Bootes 655 die notwendigen seemännischen Schlussfolgerungen gezogen hatte und um eine Erfahrung reicher geworden war.

Das Luftsackschießen

Da die Minenräumboote für den Ernstfall als Eigenschutz auch ein 25-mm-Flak-Geschütz in Doppellaffetten, d.h. mit zwei Geschützrohren, an Bord hatten, mussten im Rahmen der Einzelboots- und Verbandsausbildung natürlich auch die Handhabung des Geschützes und das Schießen auf See- und Luftziele geübt werden. Das kleine Geschütz war ziemlich modern und konnte von einem Mann bedient werden. Die Steuerungsfunktionen, also das Richten nach der Höhe und der Seite, erfolgte hydraulisch. Der Artilleriegast konnte von einem Sitz aus, umgeben von einem Schutzschild, sein Geschütz selbständig richten und abfeuern. Lediglich die Munition musste ihm zugereicht werden. Rollenmäßig hatte diese Aufgabe im Gefecht der Koch, an Bord nur Smutje oder Schmut genannt. Beim normalen Geschützexerzieren gab der Kommandant von der Brücke aus mit lauter Stimme seine Befehle, die vom „Schießer", so nannte man den Matrosen der Artillerielaufbahn, der Reihe nach ausgeführt wurden. Lediglich nach dem Befehl „Feuererlaubnis" geschah in der Regel nichts, da normalerweise bei der Ausbildung keine Flakgranate im Rohr steckte, sondern der Geschützführer rief dann laut: Schuss, Schuss, Schuss. Das war natürlich unbefriedigend. Aber schließlich kann man nicht ohne entsprechende Sicherungsvorkehrungen und ohne Schießscheibe sinnlos in der Gegend herumknallen.

Im Verlaufe der Schießausbildung hatten die Boote das Seezielschießen einzeln auf eine geschleppte Scheibe durchzuführen. Das war keine große Sache. Im Schießgebiet wartete ein Seeschlepper der Marine und hatte etwa 150 Meter hinter sich eine schwimmende Schießscheibe im Schlepp. Mit seiner normalen Schleppgeschwindigkeit von zehn Knoten zog er die Scheibe hinter sich her. Die Boote liefen einzeln im befohlenen Abstand zur Scheibe parallel zum Kurs des Schleppers, sozusagen zum „laufenden Gefecht" vorbei, der Kommandant gab seine Zielanweisung und der Geschützführer feuerte dann wie befohlen in kurzen Feuerstößen seine ihm zur Verfügung gestellten Schüsse auf die Scheibe ab. Wenn das geschehen war, fuhr ein Sicherungsboot an die Scheibe heran, zwei Mann

Blick auf das Vorschiff mit der 25-mm-Flak in Doppellafette in Bereitschaftsstellung

stiegen über und zählten die erreichten Treffer. Die Löcher wurden zugeklebt, die Männer kehrten zurück und der Kommandant des Sicherungsbootes gab per Winkspruch an das schießende Schiff die erzielte Trefferzahl bekannt. Da gab es keine Auslegungsmöglichkeiten, entweder man hatte getroffen oder aber nicht. Natürlich erfolgte das Schießen möglichst bei gutem Wetter und bei wenig Seegang.

Auf diese Weise wurden die Ausbildungsaufgaben fast immer erfüllt. Der Munitionsverbrauch hielt sich dabei in engen Grenzen.

Viel schwieriger war die Aufgabe des Schießens auf Luftziele. Die hohen Geschwindigkeiten moderner Kampfflugzeuge setzten einen wesentlich größeren Vorhaltewinkel voraus. Außerdem konnte die Zielbewegung sowohl von rechts nach links als auch von links nach rechts erfolgen. Geschossen wurde auf einen sogenannten Luftsack, also auf einen kleinen länglichen Ballon. Dieser wurde an einer 150 Meter langen Schleppleine von einem leichten Bomber der sowjetischen Luftstreitkräfte in einigen hundert Metern Höhe hinter sich her gezogen. Wenn ich mich richtig erinnere, war es eine Maschine vom Typ IL 28. Natürlich war allen Geschützführern eingeschärft worden, auf keinen Fall auf das Flugzeug selbst zu zielen. Aber in der Aufregung des Schießens kam es schon mal vor, dass die Flakgranaten verdächtig nahe am Flugzeug explodierten. Aus dieser Erfahrung heraus – so hatte man uns informiert – saß am Steuer der jeweiligen sowjetischen Maschine stets ein im Zweiten Weltkrieg kampferprobter Pilot mit viel Gefechtserfahrung, ein Held der Sowjetunion. Wenn die Granaten allzu nahe an sein Flugzeug herankamen, dann konnte man bemerken, wie er geschickte Ausweichmanöver flog, entweder zog die Maschine sofort um einige Meter höher oder ging einige Meter tiefer. Jedenfalls wurde er meines Wissens nie direkt getroffen. Die Schleppleine zwischen Flugzeug und Luftsack war eine dünne Drahtleine, die weder mit dem bloßen Auge noch mit dem Fernglas zu erkennen war. Es hieß zwar, dass ein Geschützführer mal das Glück hatte, diese Schleppleine durchzuschießen, was aber nur ein Zufallsergebnis sein konnte. Er soll angeblich drei Tage Sonderurlaub bekommen haben, wie man uns erzählte. Es war schon schwierig genug, überhaupt den Luftsack zu treffen. Die IL 28 donnerte mit großer Geschwindigkeit vorüber und für das Schießen jedes einzelnen Bootes standen nur wenige Sekunden zur Verfügung. Man musste feuern, wenn das Ziel nahezu querab war. Eröffnete man das Feuer zu früh, lief man Gefahr, das Flugzeug zu treffen. Hinterherzuschießen war nur Munitionsverschwendung, weil der Vorhaltewinkel dann unendlich groß hätte sein müssen. Die Artilleriefachoffiziere in den Seestreitkräften rechneten ohnehin nicht damit, dass die Geschützführer der Räumboote und anderen Kleinfahrzeugen den

Luftsack jemals treffen würden. Deswegen galt die Regel: Ein Treffer ist erzielt, wenn der Kommandant des jeweiligen Bootes durch sein Fernglas während der Feuerbeobachtung feststellen konnte, dass sein Geschützführer in unmittelbare Nähe des Luftsacks gekommen war. Die Ferngläser der Kommandanten hatten eine gewisse Gradeinteilung und wenn die Granaten innerhalb der vorgeschriebenen Gradeinteilung vom Kommandanten explodierend gesichtet wurden, galt dies als ein Treffer. Die Feststellung der Schießergebnisse war infolgedessen nicht ganz so exakt wie beim Seezielschießen auf eine geschleppte Scheibe.

Eines frühen Sommertages im Jahre 1959 war unsere Bootsgruppe mit dem Luftsackschießen an der Reihe. Das Schießgebiet war die Tromper Wiek an der Nordseite der Insel Rügen, gelegen zwischen Arkona und dem Königsstuhl. Die Bucht ist ziemlich groß, hat bewaldete Ufer und bot genügend Manövrierraum sowohl für die Boote als auch für das schleppende Flugzeug. Überhaupt wurde die Tromper Wiek in damaligen Zeiten sehr oft als „Spielwiese" der Seestreitkräfte genutzt. Schließlich ging es los. Die sechs Boote unserer Gruppe lagen weit auseinandergezogen auf Kurs und liefen langsame Fahrt, der sowjetische Starpilot steuerte seine Maschine im befohlenen Abstand und in entsprechender Höhe parallel zu unserem Verbandskurs in einigen hundert Metern an der Räumbootsabteilung vorbei. Wie so oft hatte ich im Verband die taktische Nummer fünf und da das Flugzeug von achtern auflief, war mein Geschützführer als zweiter mit dem Schießen an der Reihe. Als mein Hintermann schoss, versuchte ich, mit dem Glas die Trefferwirkung zu beobachten, konnte aber keine Explosionswölkchen in der Nähe des Luftsacks erkennen. Wenige Sekunden später waren wir an der Reihe. Ich kommandierte „Luftsack steuerbord 30° hoch 40, Zielbewegung von rechts nach links, kurze Feuerstöße, Feuererlaubnis!" Alles Übrige war nun Sache des Geschützführers. Er knallte auch prompt los und gab seine befohlenen zwölf Schüsse in kurzen Feuerstößen zu je drei oder vier Schüssen ab. Ich konnte lediglich die Explosionswolke eines einzigen Schusses erkennen – und das keineswegs innerhalb des angenommenen Treffer-Richtwertes in meinem Fernglas. Als es vorbei war, meldet der Schießer: „An Kommandant, Schießen beendet, kurze Feuerstöße abgegeben!" Nun war es an mir, das Urteil zu fällen.

25-mm-Geschütz eines Minenräumbootes in Feuerbereitschaft

Inzwischen knallte die taktische Nummer vier bereits einige Feuerstöße in die Luft. Ich konnte mir nicht vorstellen, dass die anderen Geschützführer der Gruppe viel besser oder viel schlechter wären als meiner, also verkündete ich meinem jungen Seemann im Brustton der Überzeugung: „Ziel wurde gut aufgefasst. Zwei Schuss in unmittelbarer Nähe des Luftsacks erkannt. Die Geschützbedienung erhält die Note Gut." Ich ließ das Ergebnis ins Bootstagebuch eintragen, zeichnete den Vermerk ab. Damit war der Fall erledigt. Anschließend lief die Gruppe in Saßnitz ein.

Nach dem Anlegen trafen sich die Kommandanten wie üblich auf dem Kai beim Gruppenchef, der mit dem Führerbootskommandanten zusammen schon wartete. Neben ihm stand der Abteilungsartillerieoffizier, der das Schießen vom Führerboot aus ebenfalls beobachtet hatte. Wir machten unsere Einlaufmeldung und es stellte sich heraus, dass alle sechs Kommandanten der Boote ihren Geschützführern für die Schießleistung die Note zwei zuerkannt hatten. Die Note eins anzugeben, hatte keiner gewagt, aber schlechter wollte auch keiner dastehen. Unser Gruppenchef, Unterleutnant zur See Böhland, verzog bei diesem Ergebnis keine Miene, meinte dann aber doch, dass ein so gleichmäßiger Ausbildungsstand ein wenig unwahrscheinlich sei. Könnte es nicht sein, dass einer der Kommandanten etwas zu großzügig bei der Bewertung vorgegangen wäre? Einer von uns, ich weiß heute nicht mehr wer, meinte: „Ja, es könnte schon sein, dass meine Beobachtung nicht genau genug gewesen ist und es vielleicht nur zu einer drei reichen würde." Der Gruppenchef blickte zum Abteilungsartillerieoffizier und dieser meinte dann auch lapidar: „Dieses Ergebnis, fünfmal gut und einmal befriedigend kann ich akzeptieren. Ich werde dem Abteilungschef in diesem Sinne Bericht erstatten." Unser Gruppenchef legte daraufhin die Hand an die Mütze: „Genossen Kommandanten, das wäre alles. Sie können mit ihren Besatzungen das Schießergebnis auswerten. Danke." Wir grüßten zurück und gingen wieder an Bord unserer Boote. Vorne im Mannschaftswohnraum war man schon beim Abendessen. Als ich den Kopf durch das Schott steckte, unterbrachen die Männer ihr Gespräch und sahen mich erwartungsvoll an. „Jungs", sagte ich, „ihr könnt dem Schießer gratulieren. Die Note zwei für seine Schießleistung wurde vom Abteilungsartillerieoffizier bestätigt." Seine Kumpels hauten ihm anerkennend auf die Schulter. Den einzigen Kommentar gab unser Minenfachmann, der Sperrgast: „Na, der nächste Landgang wird für dich ein teures Vergnügen. Ist doch klar, dass du auf deinen Erfolg kräftig einen ausgeben musst!"

Nachdenklich zog ich mich in meine kleine Kammer zurück, in der ein winziger Schreibtisch gleichzeitig als Esstisch diente. Mir war schon auf der Rückfahrt vom Übungsgebiet nach Saßnitz klar geworden, dass unser Schießergebnis der rauen Wirklichkeit eines Krieges nicht standhalten würde. Ich tröstete mich mit dem Gedanken, dass bessere Resultate nur durch ein entsprechendes Training mit höherem Munitionsverbrauch möglich wären. Sich darüber den Kopf zu zerbrechen, war eine Aufgabe für höhere Offiziersdienstgrade. Solche Entscheidungen konnte nur ein Admiral fällen.

Im Zusammenhang mit den einzelbootsweise durchzuführenden Schießaufgaben kann hier gleich eine weitere Episode erzählt werden. Einige Tage nach dem Luftsackschießen, die Gruppe war immer noch in See, hatten wir im Übungsgebiet die Aufgabe „Abschießen einer treibenden Mine bei Tage" zu erfüllen. Das war nicht sehr schwierig und konnte einzelbootsweise durchaus erfüllt werden. Dazu lief die Bootsgruppe in die Tromper Wiek ein, die Boote verteilten sich in der Bucht. Jedes Boot hatte mehrere Ballons an Bord bekommen. Sie waren etwa dreimal so groß wie ein Kinderluftballon und mit Pressluft aufzublasen. Ins Wasser geworfen trieben sie leicht auf den Wellen dahin, um schließlich mit der Flak abgeschossen zu werden. Wieder sollten drei bis vier Feuerstöße genügen, um das Ziel zur Strecke zu bringen. Auch diesmal waren die Kommandanten der Boote allein abnahmeberechtigt. Das Ganze bot keine Schwierigkeiten. Wir bliesen die „Mine" auf, setzten sie ins Wasser, fuhren einen großen Drehkreis und bei schönem, ruhigem Wetter trieb der Ballon auch auf eine Entfernung von 150 Metern noch gut sichtbar langsam auf der Wasseroberfläche. Für unseren Geschützführer war es kein großes Kunststück, den Ballon zum Platzen zu bringen. In Übereinstimmung mit der Ausbildungsrichtlinie war dieselbe Aufgabe noch einmal im Dunkeln zu erfüllen. Wir liefen also abends zurück in den Greifswalder Bodden und ankerten in Lee der Insel Vilm. Um Mitternacht gingen wir Anker auf und liefen zurück ins Schießgebiet. Das „Abschießen einer treibenden Mine bei Nacht" erfolgte wiederum einzelbootsweise. Inzwischen hatte aber der Wind erheblich aufgefrischt und selbst in der Tromper Wiek die Stärke fünf aus Nordost. Ich ahnte Schwierigkeiten. Denn mir war klar, dass die „treibende Mine" sich bei dem Wind und dem damit verbundenen Wellengang schnell und unberechenbar bewegen würde. Dennoch mussten wir unseren kleinen Ballon wieder aufblasen, ließen ihn ins Wasser gleiten, fuhren einen Drehkreis, um den befohlenen Abstand von ca. 100 Metern einzuhalten und während das Boot drehte, griff ich mir unseren Signalgasten, der das Ziel mit dem Scheinwerfer zu finden und dann solange anzustrahlen hatte, bis es vernichtet war. „Pass auf, Seemann", sagte ich zu ihm, „spätestens nach dem vierten Einzelschuss verlierst du mit dem Scheinwerfer die Mine und findest sie nicht wieder. Ist das klar?" Er murmelte nur „Jawoll, Kommandant", hatte also begriffen. Schließlich waren wir ungefähr in Höhe des Ziels, ich kommandierte: „Scheinwerfer leuchten!" Nach wenigen Augenblicken hatte der Signalgast mit unserem Brückenscheinwerfer die Mine aufgefasst, ich machte meine Zielansprache und gab Feuererlaubnis. In der steifen Brise hatte die Mine, die ja nur ein ganz leichter Ballon war, eine erhebliche Treibgeschwindigkeit an der Wasseroberfläche und tanzte munter auf den Wellen. Unser Boot bewegte sich auch mit der Fahrtstufe halbe voraus, also etwa mit acht Knoten und wir schlingerten und rollten in der schräg und seitlich anlaufenden Welle, so dass unser Geschützführer es nicht leicht hatte, auf die Mine zu zielen. Auch der Scheinwerferstrahl erfasste die Mine nicht konstant, sondern durch die Eigenbewegung des Bootes musste der Signalgast den Scheinwerfer pausenlos neu einrichten, zwischendurch lag die Mine im Dunkeln. Aber unser Geschützführer gab wacker jedes Mal beim Aufblitzen des Ballons im Scheinwerferlicht seine Einzelschüsse ab und nach dem vierten Schuss – der Signäler hatte genau mitgezählt – verlor er die Mine aus dem Scheinwerferkegel. Ich kommandierte: „Batterie halt, Scheinwerfer weitersuchen!" Der Befehl wurde ausgeführt. Das Geschütz schwieg. Aber der Signalgast betätigte den Scheinwerfer, scheinbar noch wild suchend auf der Wasseroberfläche. Nach einer kleinen Weile sagte er leise zu mir „Kommandant, jetzt muss ich aber aufhören dürfen zu leuchten, ich habe keine Ahnung mehr, wo das Ding ist … womöglich finde ich sie noch aus Versehen!" Er hatte Recht, auch ich hatte keine Ahnung, wo man den Ballon jetzt noch finden könnte. Zum Glück rauschten die Wellen an der Bordwand vorbei, die Brise pfiff in den Signalleinen und aus den geöffneten Skylights des Maschinenraumes kamen die Motorengeräusche, so dass unsere kleine Unterhaltung auch vom Rudergänger nicht mitgehört werden konnte. Laut kommandierte ich „An Geschützführer: alles auf Null. Schießen beendet. Aufgabe erfüllt! An Signalgast: Scheinwerfer aus! Bezug wieder überdecken!" Ich ließ den Kurs Richtung Glowe ändern, um unseren Treffpunkt mit den anderen Booten anzusteuern und ließ den Ballon Ballon sein.

Als wir den Treffpunkt erreichten, waren vier Boote unserer Gruppe schon eingetroffen. Kurz nach mir kam noch ein weiteres. Ich ließ zum Führerboot mit der Wartalampe den Blinkspruch senden: „Aufgabe erfüllt". Das Führerboot ließ uns wieder in die Kiellinie laufen und dann ging es nach Saßnitz zurück, wo wir morgens um drei noch vor Sonnenaufgang festmachten. Nach dem Einlaufen nahm unser Gruppenchef die Meldungen der Kommandanten entgegen. Der Abteilungssperrwaffenoffizier war zur Abnahme dieser Aufgabe nicht mit ausgelaufen. So gab es keine weitere Bewertung.

Als ich schon in der Koje lag, fiel mir wieder ein, wie ich im Fachgebiet „Minen legen" an der Seeoffiziersschule einmal dumm aufgefallen war. Wir hatten das Thema „Die Handhabung der Signale und ihre Anwendung beim Minenlegen und Minenräumen nach dem nationalen Signalbuch" behandelt. Ich erinnerte mich, dass im Abschnitt „Abschießen einer treibenden Mine" zusätzlich zur Erklärung im Text eine Fußnote existierte: „Bei Nacht: Anleuchten der Mine bis zur Vernichtung". An diesem Unterrichtstag muss mich irgendwie der Hafer gestochen haben. Jedenfalls stellte ich zwar streng dienstlich, aber innerlich übermütig, unserem Fachlehrer für Sperrwaffen die Frage: „Genosse Oberleutnant, wie lange muss in der Nacht eine Mine angeleuchtet werden, bis sie als vernichtet gelten kann?" Er blickte mich nur ärgerlich an. Dann hieß es: „Genosse Offiziersschüler, Sie haben wohl heute ihren witzigen Tag? Damit Sie sich merken, dass man in meinem Unterricht über den Inhalt des nationalen Signalbuches nicht spottet, raus, eine Runde ums Lehrgebäude." Also erhob ich mich, polterte die Treppen runter bis auf den Hof, lief im Laufschritt eine Runde um das ziemlich große Lehrgebäude, natürlich nur auf den Wegen und nicht etwa den Rasen benutzend, kam nach einigen Minuten die Treppen hochgekeucht und meldete mich wieder, fast atemlos, zurück. Er sagte nur: „Setzen!" Damit war für ihn der Fall erledigt. Damals ahnte ich nicht, dass es für mich zu diesem Thema eine Duplizität der Ereignisse geben würde …

Unter falscher Flagge

Im ersten Halbjahr 1959 ging es bei uns im Dienst an Bord um die Ausbildung einzelbootsweise und in der Gruppe. Zur Gruppenausbildung gehörte u.a. auch das sogenannte Verbandsfahren. Das bedeutete, dass unsere sechs Boote, d.h. die Kommandanten und Rudergänger, lernen mussten, aus der Kiellinie, man könnte auch sagen, aus dem „Gänsemarsch", in eine neue Formation nebeneinander überzugehen, in eine sogenannten Dwarslinie. Auch der Übergang zu einer „Staffel Steuerbord", also gewissermaßen einer schrägen Linie oder auch das Gegenstück, die „Staffel Backbord", mussten geübt werden. Dabei kam es darauf an, die neue Formation schnell und mit wenigen Maschinenmanövern zu bilden und sofort den vorgeschriebenen Abstand sowie die Seitenrichtung nebst Peilung zum Führerboot befehlsgemäß einzuhalten. Das sichere Manövrieren im Verband durch Kommandant, Rudergänger und Maschinenpersonal ist besonders für Minensucher sehr wichtig. Denn das Minensuchen erfolgt fast immer in einer Gruppe von vier Booten. Auch das Ankern und Ankeraufgehen im Verband wurden geübt, ferner das Ankern des

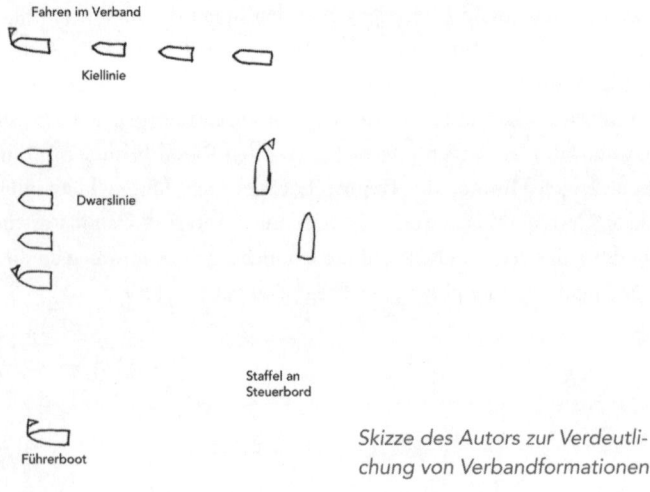

Fahren im Verband

Kiellinie

Dwarslinie

Staffel an
Steuerbord

Führerboot

Skizze des Autors zur Verdeutlichung von Verbandformationen

Boote der Räumgruppe bei der Einnahme der Position „Dwarslinie"

Führerbootes und das Längsseitskommen aller Boote am ankernden Führerboot, um ein sogenanntes Päckchen zu bilden. Daneben waren noch mancherlei andere Variationen zu trainieren.

Zur Gruppenaufgabe gehörte auch das Tarnen eines Bootes. Darunter verstand man, den äußerlichen Anblick für ein aus größerer Entfernung in Sicht kommendes anderes Schiff soweit unkenntlich zu machen, dass dessen Besatzung möglichst lange im Unklaren darüber bleibt, mit welchem Schiffstyp, welcher Nationalität und Bewaffnung man es zu tun hat. Durch das Tarnen wird auch eine Veränderung der Perspektive angestrebt, um dem Gegner einen anderen Kurswinkel und vielleicht auch durch eine künstlich aufgemalte Bugwelle eine andere Geschwindigkeit vorzutäuschen und ihm den Waffeneinsatz zu erschweren. So viel als Vorbemerkung.

Eines Tages waren wir auf dem Greifswalder Bodden und übten planmäßig das Verbandsfahren im eingangs erwähnten Stil. Die Befehle wurden mittels Signalflaggen gegeben und beim Niederholen des Signales auf dem Führerboot musste die neue Formation zur Ausführung kommen. Das klappte am Anfang nicht so schön wie auf den Zeichnungen in der Gefechtsvorschrift. Aber mit der Zeit fuchsten wir uns alle ein. Als das Übungspensum für diesen Tag im Verbandsfahren so gut wie geschafft war und alle sechs Boote in Dwarslinie nebeneinander fuhren, kam plötzlich vom Führerboot per Winkspruch der Befehl durch die Linie: „An alle Kommandanten, anfangen mit dem Tarnen der Boote." Offenbar wollte unser Gruppenchef sehen, was wir uns nun auf die Schnelle einfallen lassen würden. Viele Variationsmöglichkeiten gab es nicht und Zeit, um außenbords irgendwelche Tarnfarbenanstriche aufzubringen, gab es während der Fahrt natürlich auch nicht. Ich befahl alle Mann an Deck, jedenfalls die Seeleute, wir versammelten uns auf der kleinen Kommandobrücke. Ich wollte erst einmal hören, welche Vorschläge meine Männer machen konnten. Der Schießer meinte: „Ich könnte den Bezug von unserem vorderen Geschütz nach achtern bringen, über die Räumwinde legen und mit zwei schräg aufgestellten Besenstielen das Vorhandensein einer achteren Flak vortäuschen." „Ja, das ist eine gute Idee. Los, fang mal an." Das Sperrpersonal (meine beiden Minenmänner) begannen eifrig, die an Deck festgezurrten Scherdrachen und Tragebojen mit einer Persenning abzudecken, um die Erkennung unseres Schiffstyps als Minenräumfahrzeug zu erschweren. Die beiden Achterkante Brücke aufgestapelten Schlauchboote hatten wir Steuerbord und Backbord seitwärts hochkant auf ihrer Unterlage festgezurrt und ebenfalls eine Persenning darüber gedeckt, so dass die charakteristische Silhouette unseres Bootes von der Seite ganz anders aussah. Mehr Möglichkeiten hatten wir kaum. Denn an den festen Einbauten lassen sich natürlich keine Veränderungen vornehmen. Während meine Männer noch arbeiteten, drehte ich mich auf der Kommandobrücke nach den anderen Booten um und linste, was die sich wohl für Tricks einfallen ließen. Aber im Grunde hatten sie keine besseren Ideen. Auch dort wurde überall versucht, achtern ein zweites Flakgeschütz vorzutäuschen und auch sonst allerhand Mimikry an Deck zu machen mit Persenning und veränderten Schlauchbootpositionen usw. Plötzlich hatte ich eine Idee. Was mir jetzt einschoss, darauf würde so schnell keiner kommen. An der Gaffel unseres kleinen Signalmastes wehte immer noch munter die Dienstflagge der Seestreitkräfte der DDR. Zu jener Zeit war sie liegend gestreift schwarz-rot-gold mit dem Staatswappen in der Mitte und um das Staatswappen herum war ein Kreis von Eichenblättern angeordnet. Ich überlegte nun, ob wir nicht vielleicht eine andere Flagge an Bord hätten, um mit deren Hilfe die Tarnung zu vollenden. Ich fragte unseren Signäler danach, einen pfiffigen Burschen, der übrigens nach seiner Dienstzeit Forstwesen studierte, ob er in seinem Flaggenschapp neben den Signalflaggen nicht noch irgendeine ausländische Nationalflagge hätte. „Nein, Kommandant" sagte er, „wir haben nur unser nationales Flaggenstell, dazu den Seenotwimpel blau und den Stander eines Gruppenchefs für den Fall, dass wir mal Führerboot sein würden. Mehr Flaggenausrüstung ist nicht vorhanden", meldete er mir. Natürlich hatte er Recht. Zum Signaldienst benutzten wir damals noch die Signalflaggen des alten deutschen Signalbuches der Kriegsmarine in unveränderter Form. Das wurde erst später nach sowjetischem Vorbild geändert. Ich stieg zu ihm auf den Signalstand und gemeinsam musterten wir die vorhandenen Flaggen. Plötzlich fiel mir die Flagge „Karl" in die Hände, eine weiße Flagge mit einem blauen Kreuz. Zusammen mit der Signalflagge „I" (wie Ida), also als Signalgruppe KI bedeutete sie: Einnehmen der Kiellinie. Übrigens entsprach sie im Aussehen der Flagge X wie „Xanthippe" des internationalen Signalsystems. Nun hatte ich die Lösung. „Die Flagge „Karl" nehmen wir", sagte ich zum Signäler. „Wir tarnen uns als finnisches Minenräumboot. Los, nimm unsere Flagge runter, und steck die Flagge „Karl" an. Dann sind wir fertig mit dem Tarnen, aber los, schnell, bevor ein anderer auf die Idee kommt." Der Signalgast war sich wohl der Bedeutung einer Dienstflagge bewusst und blickte mich zweifelnd von der Seite an: „Kommandant, soll ich das wirklich machen? Gibt es da nicht hinterher Ärger?" „Ach was", sagte ich, „Tarnung ist befohlen, also wird jetzt getarnt! Nun mal los dafür!" Und so geschah es. Die Dienstflagge der Seestreitkräfte ging nieder, mit einem Handgriff hatte er die nunmehrige finnische Nationalflagge angesteckt und vorgeheißt. Auf den Nachbarbooten nahm man das zur Kenntnis, wie ich aus den Gesten der anderen Signäler und den forschenden Blicken der Kommandanten feststellte, die plötzlich aus ihren kleinen Kommandobrücken rausguckten. Aber auf dem Führerboot reagierte man nicht. Also fuhren wir noch eine knappe Viertelstunde in Dwarslinie nebeneinander her. Offenbar wartete der Gruppenchef, Unterleutnant zur See Böhland, ob uns noch irgendwelche weiteren Tarnvarianten einfielen. Aber das war nicht der Fall. Wir hatten unsere Möglichkeiten erschöpft. Nach einer kleinen Weile kam dann auch der erwartete Befehl: „Tarnaufgabe ist been-

Die Räumboote in Kiellinie unterwegs, Blick von der taktischen Nummer 2 auf das Führerboot

det. Alle Boote Normalzustand wieder herstellen." Na ja, wir bauten alles wieder ab, räumten unser Deck auf, die finnische Flagge ging nieder und wir setzten wieder vorschriftsmäßig unsere Dienstflagge. Schließlich setzte das Führerboot, wie erwartet, das Signal Karl Ida, Emil 1, also E 1 mit der Bedeutung Kiellinie, Abstand 100 Meter. Und nachdem wir diese Formation eingenommen hatten, lief die 3. Räumgruppe mit rauschender Fahrt zurück in den Hafen Peenemünde. Als unser Päckchen von sechs Booten einträchtig nebeneinander am Kai lag und alle Kommandanten dem Gruppenchef ihre Meldung abgegeben hatten, wertete unser Gruppenchef das Ergebnis der Tagesausbildung aus. Wie immer machte er nicht viele Worte. Sinngemäß hieß es: Das Verbandsfahren hat ziemlich gut geklappt, Einiges ist zwar noch zu verbessern, aber man merkte, dass alle Boote sich Mühe gaben, die befohlene Verbandsposition schnellstens zu erreichen und einzuhalten. Die Tarnaufgabe können wir ebenfalls als erfüllt abrechnen.

Dann blickte er mich an. Aha, dachte ich, jetzt kriege ich mein Fett wegen unerlaubten Niederholens der Dienstflagge und Vorheißens einer Staatsflagge eines kapitalistischen, wenn auch neutralen Auslands … Dann sagte der Gruppenchef: „Obermeister Peters hatte zum Tarnen seines Bootes eine sehr schöne Idee. Aber es war doch gut, dass wir weit und breit alleine auf dem Seegebiet waren. Denn für so ein konsequentes Tarnen hat vielleicht nicht jeder Vorgesetzte das notwendige Verständnis. Im Übrigen sollte im Ernstfall das Fahren unter falscher Flagge nur auf Befehl eines Vorgesetzten erfolgen. Noch irgendwelche Fragen? Das ist nicht der Fall", schloss er seine Betrachtung ab. „Das wäre dann alles." Er legte die Hand an die Mütze und entließ seine sechs Kommandanten in den wohlverdienten Feierabend. Unser Signäler hatte, während er seinen Signalstand aufräumte, unsere kleine Kommandantenbesprechung auf dem Kai beobachtet. Als ich an Bord zurückkehrte, grinste er mich an: „Na, Kommandant, wer kriegt nun einen reingewürgt, Sie oder ich?" Ich grinste zurück. „Weder Sie noch ich", antwortete ich ihm. „Unser Gruppenchef hat unsere konsequente Tarnung als gute Idee bezeichnet. Er gab uns aber den Rat, einen Flaggenwechsel in Zukunft nur auf Befehl eines Vorgesetzten vorzunehmen." Unser Signalgast seufzte hörbar auf.

„Lassen Sie's gut sein", sagte ich zu ihm. „Unser Gruppenchef sieht die Sache schon richtig. Im Übrigen werde ich im nächsten Politunterricht auf das Problem des Fahrens eines Kriegsschiffes unter falscher Flagge aus Sicht der deutschen und internationalen Seekriegsgeschichte noch besonders eingehen. Wir sind nicht die Ersten und werden nicht die Letzten sein, die solche Tricks benutzen." Damit trennten wir uns, denn unser Schmut hatte inzwischen das Abendessen fertig.

Grundberührung I

Wir lagen in Peenemünde. In der Annahme, dass wir am Nachmittag nach der Besprechung der Abteilungs-Chefs beim Flottillenchef unseren Kapitänleutnant Bleyl wieder an Bord nehmen sollten, um ihn nach Wiek zurückzubringen, rüsteten wir nach dem Mittagessen unser Boot neu aus mit Proviant, Trinkwasser und verschiedenen Reserveteilen. Für meine Besatzung ergab sich die Gelegenheit, einige Einkäufe zu tätigen; der eine oder andere musste auch noch schnell zum Frisör. Aber erst am folgenden Tag gegen Mittag kam ein Läufer vom Abteilungsstab und überbrachte mir den Befehl des Chefs, ohne

Auf der kleinen Kommandobrücke meines Bootes unterhalte ich mich mit dem Signalgast. In solchen Fällen stand ich mit den Füßen auf dem Klappsitz innerhalb der kleinen Brücke, wegen des Überblicks. Der Signäler steht auf dem Signalstand hinter dem Mast.

ihn nach Wiek zurückzulaufen. Also ließ ich seeklar machen, meldete mich beim Op.-Dienst ab und das Boot 665 begab sich in Alleinfahrt auf den Rückmarsch nach Wiek. Es war ein schöner sonniger Sommertag. Draußen auf dem Bodden wehte nur eine leichte Brise, wir liefen mit großer Fahrt den Tonnenweg nach Stralsund auf der Ostansteuerung Stralsunds entlang. Die beiden Diesel grummelten vor sich hin, ich saß auf meinem Klappsitz auf der Steuerbordseite der Brücke und konnte durch die Luke im Brückendach nach allen Seiten hinausblicken. Hinter mir im Signalstand hockte der Signalgast und sonnte sich in der Mittagssonne. Denn nachdem wir uns bei der Signalstelle in Peenemünde abgemeldet hatten, war für ihn außer Ausguck nichts weiter zu tun. Am Ruder stand ein sehr zuverlässiger Obermatrose, der Funker hing unten in seinem Schapp am Gerät und hatte die Flotteninformationswelle geschaltet. Und aus dem Wohndeck unten kamen die klappernden Geräusche, die unser Schmut beim Abwasch und Reinschiff in der Kombüse machte. An sich waren alle Funktionen an Bord nur jeweils einmal vertreten. Aber der Rudergänger konnte sich mit dem Artilleriegasten, der normalerweise für die 25-mm-Doppellaffette des Flakgeschützes zuständig war, ablösen und die vier Mann in der Maschine konnten auch jeweils zu zweit Wache gehen und sich somit ablösen. Der Koch hatte ohnehin nur geteilten Dienst, morgens, mittags und nachmittags bzw. abends, der Signäler trat nur in Aktion, wenn es irgendetwas zu melden gab. So war ich der Einzige, der an Bord immer im Dienst war. Mein Stellvertreter, der die Funktion eines Steuermanns auszuüben hatte, war zwar ein erfahrener Stabsmatrose, hatte aber keinen Maatenlehrgang im Fachgebiet Navigation besucht. Infolgedessen konnte ich ihm die Schiffsführung nicht überlassen. Bei normalen Überfahrten oder wenn wir am Tage nur Ausbildung in See machten und abends wieder einliefen, dann war das kein Problem. Wenn wir aber bei Manövern oder bei Navigationsbelehrungsfahrten oder bei längeren Gefechtsübungen tagelang ununterbrochen in See waren und auch nachts durchfuhren, dann war der Kommandant auf einem so kleinen Boot spätestens nach 48 Stunden derjenige von der gesamten Besatzung, der das größte Schlafdefizit hatte. Eigentlich war für die Kommandanten die Planstelle Oberleutnant zur See vorgesehen und die Reservekoje in der Kommandantenkammer sollte mit einem weiteren Offizier – zumindest mit einem Unterleutnant – besetzt sein. Aber der damalige Offiziersmangel ließ eine solche Stellenbesetzung nicht zu. Doch dies nur nebenbei. Wir alle – auch ich natürlich – hatten in der letzten Nacht eine sogenannte Bauernnacht einlegen können, d.h. wir hatten durchgeschlafen und waren ausgeruht.

Am späten Nachmittag liefen wir zur gewöhnlichen Brückenzeit durch die Ziegelgrabenbrücke, passierten den Stralsunder Hafen und setzten unsere Fahrt Richtung Hiddensee fort. Das Fahrwasser nach Hiddensee war schon immer relativ flach und ziemlich schmal. Man musste aufmerksam sein, zeitweise langsam fahren, denn im Sommer herrschte hier immer reger Verkehr durch Segelyachten, Motorboote und Sportfischerei. Hinzu kamen die Fahrgastschiffe der Weißen Flotte Stralsund, die den Verkehr zwischen dem Stralsunder Stadthafen und den Hiddenseer Häfen Vitte und Kloster abwickelten, immer voll besetzt mit braungebrannten und fröhlich winkenden Urlaubern. Schließlich kamen wir an Neuendorf vorbei und liefen durch das sehr schmale Fahrwasser in Höhe der Fährinsel weiter Richtung Rassower Strom. Dort erreichten wir eine Stelle, wo sich das Fahrwasser teilt. Nach einer Backbordkursänderung kann man Richtung Libben weiterfahren und erreicht dann die offene See. Nach Steuerbord zu bleibt man im Rassower Strom und läuft in den Wieker Bodden ein.

Als wir uns dieser Fahrwassertrennung näherten, sah ich mich auf ziemlich engem Raum mindestens sechs Tonnen gegenüber, die den tiefen Teil des Fahrwassers gegenüber dem Flachwassergebiet abgrenzten. Kurz vor dem Eindrehen in Richtung Wiek überfiel mich plötzlich eine gewisse Unsicherheit, ob die an der Steuerbordseite liegende Tonne tatsächlich die Steuerbordbegrenzungstonne wäre oder ob ich sie nicht mit meiner Backbordseite passieren müsste. Viel Zeit zum Überlegen blieb nicht, geschweige denn Zeit, um in der Seekarte nachzugucken. Ich beorderte beide Maschinen auf ganz langsame Fahrt voraus und befahl dem Rudergänger, nach Steuerbord anzudrehen und die Tonne ganz knapp an unserer Backbordseite zu passieren. Ich hatte dabei die stille Hoffnung, wenn es schon die falsche Fahrwasserseite sein sollte, dann könnte ich trotzdem noch Glück haben und so ohne Grundberührung an der Tonne vorbeikommen. Das Boot drehte an, der Rudergänger steuerte befehlsgemäß ganz dicht an der Tonne vorbei, so dass sie an der Backbordseite passiert

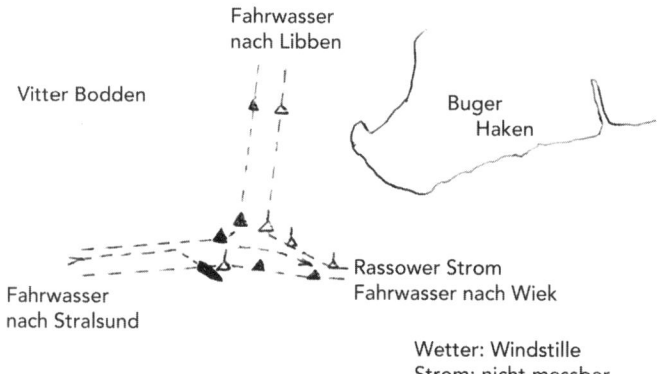

Autorenskizze zur Fahrwassertrennung am Rassower Strom

werden würde. Aber nachdem etwa ein Drittel der Bootslänge an der Tonne vorbei war, gab es einen sanften Ruck, der Bug hob sich etwas an, wir standen. Schnell kommandierte ich „Beide Maschinen stopp und beide Maschinen voll zurück!" Im Maschinenraum spurte man sofort. Schnellstens wurden die Motoren, die jeweils durch ein Getriebe mit den Propellern verbunden waren, gestoppt und auf zurück umgestellt. Beide Motoren liefen mit äußerster Kraft zurück, aber es geschah nichts, wir waren doch noch mit etwas zu viel Schwung regelrecht „aufgebrummt". Ich ließ die Maschinen stoppen, damit der durch die Propeller aufgewühlte Sand, und um solchen handelte es sich in diesem Seegebiet, nicht von den Kühlwasserpumpen in die Maschinen gesaugt würde. Dann ließ ich an beiden Seiten die Wassertiefe mittels des Handlotes bestimmen. Es stellte sich heraus, achtern hatten wir unter den Propellern noch etwa einen Meter Wasser, aber das Vorschiff lag vom Bug bis in Höhe der Kommandobrücke auf Sand. Irgendwie mussten wir nun freikommen. Ich befahl alle Mann an Deck. Der Leitende Maschinist, Obermeister Hinz, ließ die Motoren wieder an und sie liefen mit äußerster Kraft zurück, dabei bewegten sich die Seeleute an Deck von Backbord schnell nach Steuerbord und zurück, um das Boot zu krängen und so vom Grund loszukommen. Das musste nach einigen Minuten als erfolglos auf-

63

gegeben werden. Also brauchten wir Schlepperhilfe. Weit und breit war aber kein Fahrzeug in Sicht, das uns mit Hilfe eines kräftigen Motors hätte freischleppen können. Das war mal wieder typisch: Immer, wenn man andere Fahrzeuge im engen Fahrwasser nicht brauchen kann, dann kommen sie einem entgegen oder überholen einen, aber wenn man Hilfe braucht, ist keiner in Sicht. Trotz des schönen warmen Sommerabends verdüsterte sich meine Stimmung. Bevor ich einen Funkspruch an die Flottille mit der Bitte um offizielle Schlepperhilfe abgeben ließ, wollte ich noch etwas warten.

Das nächste Fahrzeug, das aus Richtung Stralsund nahte, war nach etwa einer halben Stunde das alte Fahrgastschiff SWANTI. Wir kannten es alle. Morgens fuhr es sehr zeitig von Wiek ab und nahm alle Wieker Hausfrauen und Urlauber mit, die Stralsund besuchen oder Einkäufe tätigen wollten, und gegen Abend kam es zurück und machte im Allgemeinen gegen 19.30 Uhr im Wieker Hafen fest. Die SWANTI war mit ihrem weißen Rumpf stets gut zu erkennen, mit ihrer stets sorgfältig lackierten hölzernen Kommandobrücke und einem länglichen Schornstein. Sie hatte vorne viel Freidecksfläche, um das umfangreiche Gepäck der Fahrgäste verstauen zu können. Natürlich würde der Kapitän der SWANTI unsere Lage schon von weitem sehen und der Gedanke daran war mir nicht angenehm. Vermutlich würde sich die Geschichte unseres Missgeschickes noch vor unserer Ankunft längst im Dorf verbreitet haben. Aber im Abstand einiger Kabellängen erkannte ich, dass seine Bugwelle plötzlich größer wurde und noch mehr Dieselabgase aus seinem Schornstein herauskamen. Offenbar lief er nun äußerste Kraft, um, wie ich zunächst dachte, schnell bei uns vorbeizukommen. Aber als er etwa 200 Meter entfernt war, gab er einen langen Ton ab mit seinem Typhon und als ich das hörte, schoss mir blitzartig ein, was das zu bedeuten hatte. Ich rief wieder alle Mann an Deck, befahl, die Maschinen wieder anzulassen, was augenblicklich erfolgte. Meine Männer nahmen ihre Krängungsversuche wieder auf, die Maschinen liefen volle Fahrt zurück, während die SWANTI uns mit großer Bugwelle und etwas Hecksee passierte. Als die Wellen der SWANTI unter uns durchliefen, hob sich unser Boot ein klein wenig an und der Zug, den die beiden rückwärts laufenden Propeller ausübten, bewirkte, dass das Schiff achteraus ganz langsam in Fahrt kam. Kaum war die SWANTI bei uns vorbeigelaufen, wurde uns nach wenigen Metern klar, dass wir wieder frei waren. Das Boot war auch vorne voll aufgeschwommen und glitt schräg achteraus wieder in das Fahrwasser zurück. Es war nun eine Kleinigkeit, es wieder Mitte Fahrwasser zu positionieren, die Maschinen umzusteuern auf langsam voraus und mit unserer neu gewonnenen „Fahrwasserkenntnis" sowie der vorauslaufenden SWANTI war es nun wirklich nicht schwer, ordnungsgemäß in das Fahrwasser des Wieker Boddens einzusteuern. In einem Abstand von 200 Metern folgten wir dem Schiff und machten schließlich wohlbehalten im Hafen von Wiek fest. Nachdem ich mich beim Gruppenchef zurückgemeldet und ihm von meiner Grundberührung berichtet hatte, konnte meine Besatzung noch an Land gehen und in der Dorfgaststätte ein kühles Bier trinken. Ich jedoch musste mich in meine Kajüte verfügen, mir die Seekarte, das Schiffstagebuch und ein Formular mit dem schönen Titel „Havariebericht" zur Hand nehmen, um die vorschriftsmäßige schriftliche Meldung zu verfassen.

Es gab nichts drum herumzureden: Offensichtlich lag die Alleinschuld beim Kommandanten. Die Besatzungsmitglieder hatten ordnungsgemäß meine Befehle ausgeführt. Das Wetter war gut, die Sicht hervorragend und das alles schrieb ich auch unumwunden in den Bericht. Ein kleine Skizze vom „Tatort" verdeutlichte das Ganze. Der Bericht wurde abgegeben und einige Wochen hörte ich nichts davon. Das war mir ein bisschen unheimlich, denn ich kannte den Dienstweg und wusste, dass möglicherweise unter Leitung des Stabschefs der Flottille eine Havariekommission zusammentreten würde, um gegen mich ein Verfahren einzuleiten.

Nach einigen Wochen informierte mich unser Gruppenchef, Unterleutnant zur See Böhland, beiläufig, dass die Flottille entschieden hätte, kein Verfahren einzuleiten, da die „erzieherische Wirkung" bereits im Bericht des Kommandanten zum Ausdruck gekommen wäre.

Im nächsten Frühjahr sah man einen Tonnenleger des Seehydrografischen Dienstes der DDR (der den Seestreitkräften unterstand), der an besagter Fahrwasserteilung neue und etwas größere, beleuchtete Tonnen auslegte. Offenbar hatte man im Kommando der Volksmarine gedacht, wenn sich *ein* Kommandant irrt, können an dieser Stelle noch mehrere dem gleichen Irrtum unterliegen. Das wäre einige Jahre später fatal geworden, denn man hatte die Absicht, was wir damals noch nicht wussten, auf der Halbinsel Bug eine ganze Schnellbootbrigade zu stationieren und zu diesem Zweck den ehemaligen Seefliegerhorst der Luftwaffe völlig neu auszubauen. Aber ich war jedenfalls froh, „noch einmal davongekommen" zu sein.

Das Feuerwerk

Die 3. Räumbootsgruppe der 1. R-Abteilung blieb bis Anfang Oktober fleißig im Räumeinsatz. Im ersten morgendlichen Dämmerlicht war auf allen sechs Booten Wecken angesagt, Frühsport fiel aus, die Besatzung musste sich schnellstens fertig machen, noch in aller Eile frühstücken, denn eine halbe Stunde später war Seeklarmachen angesetzt. Dann liefen wir aus Wiek aus. Eine Barkasse brachte die Hohlstäbe, ca. 13 Meter lange zigarrenähnliche Schwimmkörper, mit einem Elektrokabel versehen, mit dem man im Wasser hinter den R-Booten ein elektromagnetisches Feld erzeugen kann. Danach formierten wir uns draußen im Fahrwasser zur Kiellinie und steuerten hinaus in das Seegebiet zwischen Nordspitze Hiddensee und Nordwestecke Rügen. Während unseres ganzen Einsatzes detonierte keine einzige der dort gegen Ende des Zweiten Weltkrieges angeblich abgeworfenen Minen, auch nicht bei 21 vorgeschriebenen Überläufen, so dass man davon ausgehen konnte, dass die Minen entweder von

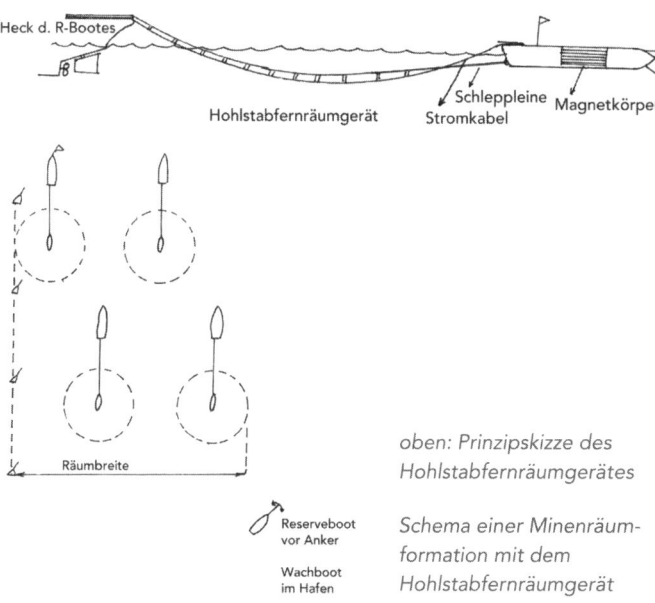

oben: Prinzipskizze des Hohlstabfernräumgerätes

Schema einer Minenräumformation mit dem Hohlstabfernräumgerät

selbst unscharf geworden oder aber die in den alliierten Minenkarten angegebenen Positionen falsch waren. Gewöhnlich fuhren wir mit eingeschaltetem Gerät zehn Stunden und kehrten erst kurz vor Einbruch der Dunkelheit wieder zurück nach Wiek. Das waren anstrengende Wochen und Monate. Aber die Stimmung an Bord war gut. Man kam zwar nur selten an Land. Das bedeutete aber auch, dass man wenig Gelegenheit hatte, Geld auszugeben. Und für die Mannschaftsmitglieder, mal ganz abgesehen von den Unteroffizieren und Kommandanten, machte sich die Sache bezahlt. Grundbezüge plus Bordzulage, plus Seezulage, plus Räumzulage nach Stunden berechnet, da kam am Ende des Monats doch ein stattliches Sümmchen für jeden zusammen.

Wenige Tage nach dem 1. Oktober 1959 erhielt unser Gruppenchef, Unterleutnant zur See Böhland, den Befehl, mit fünf Booten nach Peenemünde zurückzukehren. Man wünschte, zum 7. Oktober 1959, dem 10. Jahrestag der Gründung der DDR, alle Einheiten im Flottillenhafen zu haben. Geplant waren anlässlich des Jubiläums unter anderem eine große Musterung, eine Ansprache des Flottillenchefs, das Aussprechen von Beförderungen, die Überreichung von Auszeichnungen, ein Kulturprogramm im Klubhaus und dergleichen. Allerdings besagte der Befehl, dass mein Boot, die Nummer 655, als Wachboot für unser am Hafen aufgebautes Zelt mit den Ersatzteilen für die Minenräumgeräte, das Kfz, die Nachrichtenstelle, die Barkasse und die Hohlstäbe in Wiek zurückbleiben sollte. Das war mir ganz recht so, denn ich hatte keine Sehnsucht nach dem militärischen Feiertagsrummel in Peenemünde und war nicht traurig, als die anderen fünf Boote am nächsten Morgen den Wieker Hafen verließen. Wir verholten unser Boot in jene Ecke des Hafens, die unserem Zelt und unseren Materialien am dichtesten zugewandt war, machten gründlich Reinschiff und danach bestand die wichtigste Aufgabe der Besatzung nur noch darin, rund um die Uhr Boot und Zelt durch einen Posten mit Gewehr befehlsgemäß zu bewachen. Der Posten wurde alle zwei Stunden abgelöst und bei acht Mannschaftsdienstgraden an Bord kamen meine Männer nur alle 16 Stunden an die Reihe.

Es waren bei sonnigem Herbstwetter ruhige Tage. Wir hatten Zeit und Gelegenheit unser Schlafdefizit aufzuholen, an Land Besorgungen zu machen, soweit das in Wiek möglich war, und außer der

Minenräumboot 655 am 7. Oktober 1959 als „Wachboot" im Hafen von Wiek auf Rügen

morgendlichen und abendlichen Flaggenparade gab es keine herausragenden Ereignisse.

Einige Tage vor dem 7. Oktober kam mir der Gedanke, dass der 10. Jahrestag der DDR auch an Wiek und seiner Bevölkerung nicht spurlos vorübergehen würde. Der Rat der Gemeinde hätte sicher auch irgendetwas zu veranlassen und ich hielt es für meine Pflicht, mich in der Ortsverwaltung zu erkundigen, ob wir als einzige im Hafen liegende Einheit der Seestreitkräfte irgendetwas zur Unterstützung beitragen könnten. Als ich eines Vormittags im Gemeindehaus erschien und mich bei der Sekretärin anmeldete, sagte diese: „Das passt ja gut, der Gemeinderat sitzt nebenan beim Vorsitzenden, gehen Sie mal gleich hinein, das Thema wird gerade beraten." Drinnen saßen die lokalen Honoratioren einträchtig beisammen. Gemeindevorsteher, Sekretär der Ortsparteileitung, Ortsvorsitzender der Bauernpartei, Vorsitzender der Nationalen Front, der Vorsitzende der Landwirtschaftlichen Produktionsgenossenschaft „Windland", je ein Vertreter der örtlichen Jugendgruppe und der Jungen Pioniere, der Ortspolizist, damals Abschnittsbevollmächtigter genannt, sowie der Chef der Freiwilligen Feuerwehr, der auch den Leiter der Feuerwehrkapelle mitgebracht hatte. Als ich mich vorgestellt hatte, hieß

69

es: „Ja, Sie kommen wie gerufen. Nehmen Sie bitte Platz, wir beraten gerade das Programm für den 7. Oktober." In großen Zügen war man sich bereits über den Ablauf des Tages einig. Die offiziellen Gebäude des Dorfes, wie Schule, Feuerwehrhaus und Kindergarten, sollten beflaggt werden, möglichst viele Bürger zur Beflaggung ihrer Häuser gewonnen werden. Auf dem Fußballplatz war ein Spiel gegen die Mannschaft einer benachbarten Gemeinde vorgesehen. Für die Kinder hatte man sich einige Überraschungen ausgedacht, die Schule wollte ein kleines Theaterstück aufführen. Gegen Abend war ein Umzug durch das Dorf geplant und schließlich würde im weiteren Verlauf des Abends gegen 20 Uhr in der größten Gaststätte der Gemeinde die Feuerwehrkapelle zum Tanz aufspielen. Ich wurde nun gefragt, zu welchem Programmteil meine Besatzung oder das Boot etwas beisteuern könnte. Auf Anhieb fiel mir nichts ein, denn dass meine wachfreien Männer an dem Tanzabend gerne teilnehmen würden, war zwar klar, aber diese Art Aktivität war jetzt wohl nicht unbedingt gefragt. Während ich noch grübelte, sagte der Bürgermeister plötzlich: „Ihr habt doch vorne eine Kanone, habe ich gesehen. Könnt ihr nicht irgendwie Salut schießen?"

Das war der entscheidende Anstoß. „Nein", sagte ich, „Salut schießen mit unserer 25-mm-Flak, das ist zwar keine schlechte Idee, aber auch am Republikgeburtstag darf ich nicht einfach ohne Befehl mit scharfer Munition in der Gegend herumknallen." Ich entwickelte schnell den Vorschlag, die abendliche Demonstration bzw. den sogenannten Umzug durch das Dorf zeitlich so anzusetzen, dass er unten am Hafen endet, wenn es schon fast dunkel sein würde. Wir würden uns mit dem Boot in die Mitte des Hafens begeben, dort mit langen Leinen festmachen und, sobald die meisten am Hafen versammelt sind, ein überraschendes Feuerwerk aus Lichtsignalmitteln, Leuchtkugeln und Kanonenschlägen sowie anderen Imitationsmitteln vorführen, also mit gewaltigem Krach und Lichteffekten dem Umzug einen gewissen Höhepunkt geben. Die Runde war begeistert, man stimmte mir zu und der Maßnahmeplan wurde entsprechend geändert. Abschluss des Umzuges war also der Marsch durch die Dorfstraßen hinunter zum in der Dunkelheit liegenden Hafen. Nun hieß es für mich dafür zu sorgen, dass die Sache klappte. Nach dem Mittagessen an Bord hieß es „Alle Mann ins Vorschiff!" und ich teilte meinen Männern das Vorhaben mit, erstens, um auch sie zu begeistern und zweitens, um mit ihnen gemeinsam den Ablauf der Handlung zu besprechen, ihre Ideen einfließen zu lassen, damit die Sache „rund" werden würde. Alle waren mehr oder weniger sofort Feuer und Flamme, lediglich der Signalgast, dessen Vorrat an farbigen Leuchtkugeln, Notsignalen und anderen Signalmitteln etwa um ein Drittel reduziert werden würde, drückte mir gegenüber seine Besorgnis aus. „Kommandant", sagte er, „diese Art Einsatz von Signalmitteln ist gemäß Vorschrift grundsätzlich verboten. Bei der nächsten Inventur fällt das auf und dann kriege ich mächtig eins übergebraten." Ich beruhigte ihn. Erstens würde ich versuchen, vom Abteilungschef in Peenemünde noch eine Genehmigung einzuholen und im Übrigen würde er ja auf meinen Befehl handeln und somit trüge ich die Verantwortung allein. Mit seiner Warnung und seinem Hinweis auf die Vorschriften hätte er seine Pflichten erfüllt. Alles andere hätte ich zu vertreten. Er blickte skeptisch, hatte aber keine Argumente mehr.

Am Morgen des 7. Oktober begannen wir nach dem Frühstück mit den technischen Vorbereitungen. Zunächst war das Maschinenpersonal gefragt. Zur Ausstattung des Bootes gehörte für besondere feierliche Anlässe eine sogenannte Lampenkette. Darunter war ein Spezialkabel zu verstehen, das vom Steven hoch bis zum Masttop reichte und dann weiter schräg nach achtern bis zum Heck geführt werden konnte. In ca. 40-cm-Abständen waren Fassungen angebracht, in die man normale Glühbirnen schrauben konnte. Ein Anschlusskabel führte zur E-Anlage des Bootes in den Maschinenraum. Dass unsere Positionslaternen in Ordnung waren, wussten wir, hatten wir sie doch schon öfter benutzen müssen. Wir erprobten noch die Nachtsignal-Anlage am Mast. Mit Hilfe eines Spezialschalters konnten abwechselnd oder auch gleichzeitig ein bis drei rote und ein bis drei weiße Signallaternen wechselweise in kurzen Blitzen und längerem Blinken oder auch als Dauerlicht sichtbar gemacht werden. Natürlich gab es auch eine Decksbeleuchtung und an diesem Abend würden wir darauf verzichten, die Bullaugen in den Wohnräumen des Bootes bei Eintritt der Dunkelheit abzublenden, sondern stattdessen alle Innenräume beleuchten. Die Signalmittel wurden vorbereitet und im Laufe des Nachmittags legten wir mit Leinenhilfe ohne Maschineneinsatz zur Verholung von unserem Liegeplatz ab. Mit Hilfe der vom Bug ausgebrachten Schleppleine zu einer Dalbengruppe und mehrerer zusammengesteckter Festmacherleinen achtern vom Heck zum hölzernen Bollwerk legten wir das Boot inmitten des Hafenbeckens auf einen annähernden Auslaufkurs. Die Leinen wurden mit vereinten Kräften dicht geholt, so dass das Boot reglos in der Mitte des Hafenbeckens postiert war. Das Abendessen wurde etwas früher eingenommen, danach warfen wir uns alle in die Anzugsordnung „erste Garnitur blau" und harrten der Dinge, die nun kommen würden.

Vor dem Ablegen hatte ich versucht, unseren Abteilungschef in Peenemünde zu erreichen. Aber das Postnetz durften wir für dienstliche Zwecke nicht benutzen und unser im „Gruppenzelt" befindliches Feldtelefon, der übliche Armee-Kurbelkasten, war zwar zu betätigen, aber aus unbekannten Gründen erhielt ich keine Verbindung. Das bereitete mir weiter keine Kopfschmerzen. Immerhin ging es um den 10. Jahrestag unseres Landes.

Als die Dämmerung über Wiek und den Hafen hereinbrach, hörten wir von weitem schon das allmähliche Herannahen des Festumzuges. Die Hauptgeräuschquelle war natürlich die Feuerwehrkapelle mit ihrer Marschmusik, im Wesentlichen produziert mit Hilfe der Trommeln, Trompeten, einer großen Pauke und einem ansehnlichen Schellenbaum, wie sich nachher herausstellte. Manche Texte wurden von der Menschenmenge mitgesungen, dazu erscholl Stimmengewirr in den Musikpausen, Gelächter, Rufen, Kinderlachen und das Motorengebrumm der mitgeführten Trecker und Erntewagen der LPG. Als der Umzug die zum Hafen hinunterführende Straße erreichte, sahen wir schon von weitem die bunten Lampions der Kinder und die von den Erwachsenen getragenen Fackeln. An Bord begaben wir uns auf „Gefechtsstation". Es dauerte noch eine kleine Weile. Immer noch schmetterte die Feuerwehrkapelle, so dass der Schall von den Häusern widerhallte. Durch die vielen Lichter des Umzuges wurden die Umzugsteilnehmer ein bisschen geblendet und konnten unser völlig abgedunkeltes, in der Mitte des Hafenbeckens liegendes Boot nicht ausmachen. Fragen wurden laut: „Nanu, hier sollte doch noch was passieren, es ist ja niemand da, was nun?" Schließlich brach die Kapelle ihre Musik ab, nun herrschte erwartungsvolle Stille. Ich gab in den Maschinenraum mit der „10-mehr-Umdrehungen-Klingel" ein kurzes Signal, woraufhin dort der Hilfsdiesel angelassen wurde.

Als er nach einigen Sekunden die erforderlichen Umdrehungen lieferte, warf der Leitende Maschinist den Hauptschalter auf die Stellung „ein" und schlagartig leuchteten alle Lichtquellen gleichzeitig auf. Ein allgemeines, überraschtes „Aaaaaaaah!" erhob sich an Land. Das Boot muss auch einen schönen Anblick geboten haben. Die Lichterkette, die Seitenlaternen, das aus den Bullaugen der Wohnräume scheinende Licht spiegelte sich in dem dunklen Wasser des Hafenbeckens. Nun traten meine beiden Männer des Minenpersonals in Aktion. Sie zündeten achtern in gleichmäßigen Abständen zehn kräftige Kanonenschläge, die sich anhörten wie Salutschüsse, und nach jedem Schuss riefen sie laut die Jahreszahl aus, also „Bum 1949, bum 1950" und so fort. Und jedesmal donnerte es achtern ganz erheblich, leichte Pulverschwaden hüllten das Achterschiff in einen Grauschleier. Danach zauberte unser Signalgast mit Hilfe des schon erwähnten Nachtsignalapparates schöne Lichteffekte durch Blitze und Blinken von einen oder mehreren weißen und roten Laternen der am Mast angebrachten Nachtsignalanlage und fuhr damit fort bis zum Ende unserer Show. Als es achtern zu knallen aufhörte, kam unser Artilleriegast in seiner 25-mm-Kanone zum Einsatz. Er schoss aber nicht mit dieser Waffe, sondern hatte eine Signalpistole in der Hand und damit feuerte er steil in die Luft, aber in der Richtung zum offenen Bodden nach und nach in bunter, ungeordneter Reihenfolge rote, weiße und grüne Ein-, Doppel- bzw. Drei-Stern-Signale. Zwischendurch brannten der Koch und der Funker auf dem Vorschiff an der Reling angebrachte Notsignalraketen in Rot ab, die ziemlich hoch stiegen, um dann nach dem Aufleuchten langsam aufs Wasser herunterzusinken. Ich selbst achtete auf die Einhaltung der angewiesenen Reihenfolge, ließ gelegentlich noch das Typhon aufheulen, um möglichst viel Krach zu erzeugen. Das ganze Spektakel dauerte etwa eine knappe Viertelstunde und wurde mit vielen Ahs und Ohs und Beifall gebührend gewürdigt, was uns natürlich freute. Als der Krach aufhörte und wir begannen, uns anhand der Leinen wieder zurück zum Liegeplatz zu verholen, marschierte die Feuerwehrkapelle mit kräftiger „Bumsfallera"-Musik ab und gab somit das Zeichnen zur allgemeinen Auflösung des Umzuges. Als wir am Bollwerk längsseits lagen, wurde das Landanschlusskabel wieder in Betrieb genommen, der Hilfsdiesel konnte abgestellt werden. An Bord wurde wieder die

Gruppenbild mit Wimpel zum 10. Jahrestag der Gründung der DDR. Erste Reihe von links: Obermatrose Knöpke, Rudergänger, der Leitende Maschinist der Bootes, Kommandant Obermeister Gerd Peters, Kapitänleutnant Bleyl sowie der Funkgast der Besatzung

normale Beleuchtung hergestellt, lediglich die Lichterkette blieb zur Feier des Tages die ganze Nacht hindurch eingeschaltet. Dann konnte die Besatzung letzte Vorbereitungen zum Landgang treffen. Für uns war ein Tisch im Gasthof reserviert. Innerhalb der Besatzung fanden sich drei Freiwillige, unter ihnen der Leitende Maschinist, Obermeister Hinz, ein verheirateter Familienvater, und zwei andere Männer, die keine Lust hatten, tanzen zu gehen. Sie übernahmen freiwillig bis Mitternacht die Wache als „Posten Pier", so dass wir übrigen zehn Mann geschlossen zur Tanzveranstaltung in die Dorfgaststätte einrücken konnten. Dort spielte die Feuerwehrkapelle und es stellte sich heraus, dass sie nicht nur Marschmusik und andere patriotische Weisen zum Besten geben konnte, sondern mit sichtlichem Vergnügen auch Walzer, Foxtrott und Polka. Wir stellten fest, was ich nie vermutet hätte, dass man auch nach Blechmusik und Pauke ganz gut tanzen kann. Nicht zuletzt unsere effektvolle „Hafen-Licht-Show" hatte dazu beigetragen, dass uns die weibliche Dorfjugend wohlwollende Blicke zukommen ließ, so dass meine Männer nicht lange brauchten, um die jungen Frauen im Tanz herumzuschwenken. Ungeachtet dessen, dass drei meiner Männer sich verpflichtet hatten, an diesem Tanzabend nicht viel zu trinken, da sie ja ab Mitternacht bis morgens Wache gehen mussten, war es ein sehr schöner, fröhlicher Abend. Ich selbst trank in der ganzen Zeit nur zwei Glas Sekt und so manche Selters, denn von Zeit zu Zeit musste ich doch mal kurz runtergehen zum Hafen, um dort nach dem Rechten zu sehen. Aber es war alles ruhig und still, meine Männer gingen wie vorgeschrieben ihren Wachtörn und ich konnte stets beruhigt in die Gaststätte zurückkehren.

In den nächsten Tagen versahen wir an Bord unseren Dienst wie immer. Der Alltag hatte uns wieder. Ich machte mir zwar noch gewisse Sorgen, ob nicht an dem Festabend unser Feuerzauber von der Signalstelle Dornbusch und der Signalstelle Kap Arkona, beides Signalstellen der Seestreitkräfte, als unangemeldetes Feuerwerk beobachtet und an den Stab weitergemeldet worden war. Aber es kamen keinerlei Anfragen. Einige Tage später kam unser Abteilungschef, Kapitänleutnant Bleyl, mit seinem privaten PKW Skoda Felicia nach Wiek und überreichte meiner Besatzung einen Tischständer mit der Urkunde als „Bestes Boot der Abteilung!"

Als nach ein paar Tagen die Räumgruppe wiederkam und wir unsere Minensuchtätigkeit fortsetzten, kam natürlich auch der Gruppensignalmaat mit. Mein Signäler erstattete ihm Bericht und überreichte ihm die auf meine Weisung hin angefertigte Liste über die verbrauchten pyrotechnischen Signalmittel. 14 Tage später ließ mich der Verwaltungsoffizier unserer Räumabteilung wissen, dass unser Abteilungschef gegen mich einen Regressantrag stellen musste. Eines Tages dann erhielt ich ein Schreiben vom Chef des rückwärtigen Dienstes der 1. Flottille darüber, dass wegen des eigenmächtigen Verbrauchs von pyrotechnischen Signalmitteln in Anbetracht der Sachlage zwar von einer Disziplinarstrafe abgesehen wurde, jedoch der Materialwert von rund 140 Mark von mir zu erstatten sei und bei der nächsten Gehaltzahlung einbehalten würde. Von einer Einspruchsmöglichkeit habe ich keinen Gebrauch gemacht. Ich betrachtete das Geld als meinen Beitrag zum 10. Jahrestag der DDR. Überdies weiß ich, dass unser Feuerwerk noch ziemlich lange im Gedächtnis der Dorfbevölkerung haften blieb und immer wieder einmal Gesprächsthema war. Wenn damals eine Dorfchronik geführt wurde, müsste es eigentlich darin erwähnt sein.

Grundberührung II

Im November 1959 war mein Räumboot für einen 24-Stunden-Dienst mit der Bezeichnung „Seenotboot" eingeteilt. Dies bedeutete, dass wir normalen Hafendienst durchzuführen hatten, aber die Besatzungsmitglieder auch in der Freizeit nicht von Bord durften, ohne sich abzumelden. Der Sinn der Sache war, dass das Boot innerhalb von wenigen Minuten auf Anforderung seeklar machen konnte, um sofort auszulaufen und einem in Gefahr befindlichen anderen Seefahrzeug unverzüglich Hilfe leisten zu können. Als äußeres Kennzeichen führte das Seenotboot jeweils einen dunkelblauen Wimpel an der Signalrah sowie rund um die Uhr ein rotes Licht in der Nachtsignalanlage, wenn ich mich richtig erinnere. In den meisten Fällen ging ein solcher Dienst ereignislos vorüber, denn Seenoteinsätze oder andere plötzliche Hilfeleistungen waren doch selten. Aber an diesem Nachmittag wurde ich zum diensthabenden Offizier der Operationsabteilung befohlen. Als ich mich dort meldete, eröffnete man mir, dass in etwa zweieinhalb Stunden ein im Vorpostendienst befindliches Minenleg- und Räumschiff unserer Flottille auf der Höhe der Greifswalder Oie erscheinen würde. An Bord jenes Schiffes wären die Verpflegungsvorräte nahezu am Ende und meine Aufgabe wäre es nun, schnellstens neuen Proviant zum Treffpunkt zu bringen. In Kürze würde der rückwärtige Dienst den nötigen Proviant anliefern. Nun gut, ein Seenoteinsatz im direkten Sinne war dies nicht, aber dass die Männer schnellstens etwas zu essen haben mussten, war klar. Da mein Boot außen an unserem „Päckchen" lag, verholten wir es an den Kai und kaum, dass die Leinen festgemacht waren, kam schon der angekündigte LKW. Die Übernahme war natürlich ein „alle-Mann-Manöver" und in wenigen Minuten war unser Achterschiff vollgestaut mit Kartoffelsäcken, Gemüse- und Obststiegen, Margarinekisten, verschiedenen Brotsorten, tiefgefrorenen Schweinehälften, Holzkisten voller Wurst, Bier und Selters, Kartons mit Saftflaschen usw., usw. Dann liefen wir aus und mit „Zweimal großer Fahrt" ging es die Peene weiter abwärts, vorbei an Ruden-Reede und dann mit Kurs auf die Greifswalder Oie. Als wir uns in Lee der Insel dem

Treffpunkt näherten, erkannten wir in der langsam einsetzenden Dämmerung den grauen Rumpf des Minenleg- und Räumschiffes, das sich mit schäumender Bugwelle – offensichtlich ebenfalls mit großer Fahrt – dem Treffpunkt näherte. Wir tauschten das Erkennungssignal aus, was zwar überflüssig, aber befehlsgemäß war. Dann ging das MLR-Schiff auf Stopp und machte an seiner Backbordseite für uns in der leichten Dünung, die aus Osten heranlief, Lee. Wir gingen mit unserer Steuerbordseite an dem wesentlich größeren Schiff längsseits und machten fest. Nun wollten meine Männer beginnen, die Proviantvorräte auf das MLR-Schiff hinüberzuheben, aber ehe sie dazu kamen, sprangen mindestens zehn Mann wie die hungrigen Teufel zu uns an Deck, griffen sich die Proviantkisten, -stiegen und -kartons und warfen sie im hohen Bogen über das Schanzkleid den dort an Deck stehenden Kameraden in die Arme. Das geschah mit einer so affenartigen Geschwindigkeit, dass zur Verblüffung meiner Besatzung unser Achterschiff innerhalb von längstens drei Minuten völlig leer war. Dann enterten die Männer des MLR genauso schnell über das Schanzkleid wieder zurück an Bord ihres Schiffes und im Nu war der gesamte Proviant vom Oberdeck verschwunden und in der Kombüse bzw. in den entsprechenden Lasten verstaut. Donnerwetter, dachte ich, da muss wohl heute den ganzen Tag schon Schmalhans Küchenmeister an Bord gewesen sein. Mit hungrigen Männern ist eben nicht zu spaßen. Ich winkte nur noch dem Kommandanten des MLR auf seiner Brücke zu, dann warfen wir die Leinen los und mit der Steuerbordmaschine langsam zurück legten wir ab. Als wir auf Heimatkurs mit großer Fahrt die Ansteuerungstonne erreicht hatten, war es völlig dunkel geworden. Wir drehten ein und steuerten nun den vorgeschriebenen Kurs in Richtung des Fahrwassers, das uns zunächst zur Insel Ruden führte. Auf der Kommandobrücke waren wir drei Mann. Der Rudergänger, ich und hinter der Brücke auf dem Signalstand wie immer der Signäler als Ausguck. Unser Rudergänger hatte jetzt allerhand zu tun. Die Dünung lief schräg von Backbord achtern mit und immer, wenn die Welle unser Achterschiff anhob, drückte sie das Heck ein klein wenig nach Steuerbord, so dass wir unfreiwillig eine kleine Kursänderung nach Backbord machten. Der Rudergänger musste nun sofort Gegenruder geben und das Boot wieder auf den befohlenen Kurs zurücksteuern. Das wiederholte sich

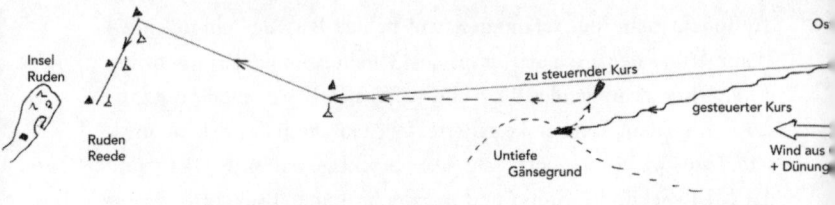

Festgekommen auf dem Gänsegrund

ständig und ich registrierte die damit verbundenen Bemühungen. Weil aber das Licht der nächsten Tonne noch ziemlich weit weg war, fiel mir nicht auf, dass wir auf diese Weise ganz langsam, sozusagen von jeder Welle, die von achtern auflief, einige Meter nach Backbord aus dem Kurs gedrückt wurden. Plötzlich hob sich unser Bug an, es entstand eine starke Bremswirkung, die uns alle unwiderstehlich nach vorne drückte und die Fahrt des Bootes erheblich verlangsamte. Offensichtlich waren wir gerade über eine kleine Sandbank hinübergerutscht. Nach wenigen Metern passierte dasselbe nochmal und wir standen auf der Stelle. Ich stoppte die Maschine und sauste mit zwei Sprüngen hinunter in den Kartenraum und sah mit einem Blick, dass wir auf einer Untiefe namens „Gänsegrund" aufgelaufen sein mussten, die etwa eine Kabellänge neben der Backbordseite des Fahrwassers lag. Es war nun keine Zeit zu verlieren. Ich spürte nämlich, dass mit jeder auflaufenden Welle das Boot achtern hochgehoben und mit dem Achterschiff wiederum versetzt werden würde. Das bedeutete, dass die Gefahr bestand, endgültig quergeschlagen zu werden, um dann mit eigener Kraft nicht mehr von dieser flachen Stelle freizukommen. Also hieß es wieder – wie schon bei der Grundberührung I – alle Mann an Deck, Maschinen wieder an, beide Maschinen äußerste Kraft zurück, Besatzung von Steuerbord nach Backbord hin und her pendeln und das so lange, wie wir unter unseren Propellern noch genügend Wasser hatten. Zum Glück bestand der Grund dieser Untiefe im Wesentlichen aus feinem Sand. Wären wir auf Steine gelaufen, hätten erhebliche Beschädigungen des Unterwasserschiffs die Folge sein können.

Unsere Bemühungen hatten nach einigen Minuten den ersten Erfolg. Ich bemerkte, dass sich die Lage des Bootes im Verhältnis zum klar zu erkennenden Leuchtfeuer der Insel Greifswalder Oie zu verändern begann, d.h. das Feuer wanderte ein klein bisschen aus, wie der Seemann sagt. Wir setzten unsere Anstrengungen fort und tatsächlich: Nach einer Weile merkten wir, dass wir frei schwammen. Rückwärts zogen wir uns mit Ruder mittschiffs und beide Maschinen langsame Fahrt in den tieferen Wasserbereich. Dort ließ ich meinen Stabsmatrosen, der die Funktion des Steuermanns auszuführen hatte, das Leuchtfeuer der Insel Greifswalder Oie und den Feuerturm von der Insel Ruden peilen, um einen genauen Schiffsort zu bekommen. Tatsächlich waren wir an der Nordkante des „Gänsegrundes" festgekommen, standen aber nun in der Nähe des Fahrwassers. Also gingen wir auf Kurs, machten wieder große Fahrt voraus und wussten nun, dass wir – wenn uns die Dünung nach Backbord versetzte – das Boot nach Steuerbord reichlich aufsteuern mussten, um nicht wieder aus der Kurslinie gedrückt zu werden. Nach einiger Zeit kamen die ersten beiden Fahrwassertonnen in Sicht, so dass wir ohne weitere Probleme nach Peenemünde zurückfuhren. Ich ließ mir dabei das eben Erlebte noch einmal durch den Kopf gehen und entschloss mich, wegen dieser Grundberührung, die ohne äußere Zeugen geblieben war, keinen Havariebericht abzugeben.

Nach dem Festmachen im Peenemünder Hafen meldete ich mich beim OP-Dienst vorschriftsmäßig mit der üblichen Formel: „Boot 655 meldet sich zurück. Befehl ausgeführt. Keine besonderen Vorkommnisse." Wieder an Bord nahm ich meine Besatzung im Mannschaftswohnraum vorn zusammen und erklärte ihr dann sinngemäß: Also Männer, alles mal herhören. Unser Boot hat nach dem Passieren der Ansteuerungstonne auf der Rückfahrt von unserer Versorgungsfahrt mal einige Minuten kurzzeitig gestoppt, damit wir die Möglichkeit hatten, einen genauen Ort zu bestimmen. Dabei stellten wir fest, dass wir infolge der Dünung etwas zu weit nach Backbord aus dem Fahrwasser gelaufen waren. Deswegen zogen wir uns mit der Fahrtstufe langsam zurück wieder in die Nähe des Fahrwassers und setzten dann mit großer Fahrt voraus die Rückfahrt nach Peenemünde fort. Ist das klar?" Mein Steuermann und der Rudergänger grinsten vor sich hin, die beiden Männer, die in der Maschine Wache hatten, hat-

Mein Boot R 555 auf der Slipanlage der Reparaturbasis Peenemünde

ten ohnehin nicht viel mitbekommen, und alle übrigen guckten mich an und murmelten Worte wie „Ja, ist klar" und „Ist ja nichts weiter passiert" oder „Es ging ja alles ganz schnell". Ich legte ihnen dann noch nahe, wenn sie mit ihren Kameraden auf den Nachbarbooten unserer Gruppe über das Ereignis sprechen würden, bei meiner Version zu bleiben und nicht etwa etwas anderes zu erzählen. Man nickte mir zu: „Ist doch klar Kommandant, war ja auch so." – Und damit war für meine Männer der Fall erledigt.

Sie haben sich offensichtlich alle getreulich an meine „Sprachregelung" gehalten, denn niemand stellte mir in den nächsten Wochen über diese Angelegenheit irgendwelche Fragen.

Aber ich machte mir trotzdem einige Gedanken. Denn im Frühjahr musste das Boot turnusmäßig aufgeslipt in Peenemünde an Land gegeben werden, damit der Unterwasseranstrich von der Besatzung erneuert werden konnte. Dazu musste die alte Farbe erst abgekratzt werden, dann wurde der neue Anstrich in einigen Schichten aufgetragen. Dabei nahm natürlich der zuständige Werftoffizier gleich eine Bodenbesichtigung vor, und wenn er nun irgendwelche Unregelmä-

Das wichtigste Gerät an Bord eines Minenräumbootes war die Räumwinde auf dem Achterdeck. Im Vordergrund links am unteren Teil der Winde der Zugkraftmesser, der dem Posten Räumgerät die Zugbelastung der Stahltrosse anzeigte

ßigkeiten, wie Beulen am Schiffskörper oder leichte Deformierungen an den Propellern, feststellen würde, dann hätte ich einige unangenehme Fragen zu beantworten. Das machte mir schon Sorgen.

Zu meiner Besatzung gehörten auch zwei Männer des Minen-Gefechtsabschnittes. Es waren ein Sperrmaat und ein Sperrobermatrose der Minen-Laufbahn. Sie hatten die für das Minensuchen notwenigen Geräte zu warten und zu pflegen, die Minensuchgeräte auf Befehl zum Ausbringen klarzumachen, sie dann ordnungsgemäß ins Wasser zu bringen, beim Minenräumeinsatz achtern an Deck Wache zu gehen und das Verhalten des Räumgerätes zu überwachen. Es waren tüchtige Männer, die ihr Handwerk verstanden. Nach dem Ausbringen der Räumgeräte samt der vielen Drahtleinen, Stander, Schäkel, Scherdrachen und Tragebojen boten diese im klargemachten Zustand auf unserem kleinen Achterschiff einen verwirrenden Anblick. Wenn dann das Gerät ordnungsgemäß zu Wasser kam, die Leinen auf Zug standen, die Scherdrachen die vorgeschriebene Wirkung entfalteten und das Räumgerät sauber ausscherte und im vorgeschriebenen Winkel hinter unserem Boot hergeschleppt werden konnte, dann hatten die beiden immer flotte Sprüche drauf. Etwa so in der Art von „Der liebe Gott verlässt die Seinen nicht" oder „Den Seinen gibt's der Herr im Schlaf!" oder wenn wirklich mit etwas Glück ein kleiner Zwischenfall im letzten Augenblick noch vermieden werden konnte, dann kam wohl auch der Spruch „Da sieht man's wieder mal, Jott ist mit die Dummen!" Diese Art von Zuversicht hatte ich nun nicht, aber mir war klar, dass etwas Glück nicht schadete.

Im Dezember 1959 begann die Vereisung des Greifswalder Boddens und der inneren Seegewässer der DDR relativ früh, aber langsam. Man konnte die Ausbildung der schwimmenden Einheiten der 1. Flottille immer noch ohne Eisbrecherhilfe weiterführen, aber gelegentlich schob der Wind auch das dünne Eis übereinander und es bildeten sich dann hier und da schon kleinere Treibeisfelder. So geschah es, dass Teile unserer Räumgruppe auf dem Greifswalder Bodden in ein solches Eisfeld gerieten. Einige Boote fuhren sich fest und konnten sich mit eigener Kraft nicht befreien. Ich hatte wie einige andere Kameraden Glück; denn uns gelang es, im Eisfeld einige Spalten zu entdecken und uns vorsichtig wieder in das freie Wasser zu manövrieren. Die anderen trieben hilflos Richtung Lubmin, ein oder zwei Boote kamen sogar vorübergehend im flachen Wasser fest.

Als wir von diesem etwas verunglückten Einsatz in unseren Hafen zurückgekehrt waren und inmitten vieler kleiner Eisschollen im Peenemünder Hafen festgemacht hatten, meldete mir mein Leitender Maschinist, Obermeister Hinz, dass der Steuerbordpropeller nach dem Umsteuern von voraus auf zurück zeitweise zum Stehen kam und nur durch abermaliges Umsteuern wieder in die vorgeschriebene Drehbewegung gesetzt werden konnte. Er meinte, dass sich eine Eisscholle zwischen Ruderblatt und Propeller verklemmt haben und eine leichte Verformung der Propellerflügel nach sich gezogen haben könnte. Hinz schlug vor, eine Taucheruntersuchung anzufordern. Zu seiner Verblüffung stimmte ich ihm mit freudiger Miene sofort zu. „Jawoll, LM, sie haben vollkommen Recht. Das müssen wir unverzüglich einleiten. Danke!"

Mir war nämlich blitzartig klar geworden: Das war die Chance. Auf diese Art und Weise hatte ich einen völlig einleuchtenden Grund, einen Taucher anzufordern und alles, was der eventuell finden würde, ginge nun auf das Konto des Manövrierens im Eis. Ich stiefelte also wieder zum OP-Dienst, machte die entsprechende Einlaufmeldung und forderte eine Taucheruntersuchung an. Der diensthabende Offizier in der Operationsabteilung schien wenig überrascht zu sein. In diesen Tagen hatten die Taucher viel zu tun. Er meinte nur, wir sollten keine Bewegung mit Maschinenkraft mehr durchführen und die Taucheruntersuchung abwarten. Nach zwei Tagen kam das Taucherboot schließlich längsseits. Der Taucher stieg ins Wasser, nachdem ich ihn gründlich eingewiesen hatte. Trotz der eisigen Kälte kam er erst nach mehr als zwei Stunden wieder hoch. Ich war inzwischen schon etwas nervös geworden und dachte mit einiger Sorge, was er wohl alles gefunden hätte. Nachdem seine Helfer ihn aus dem Taucheranzug geschält hatten gab er mir, während er seine erste Zigarette rauchte, einen vorläufigen mündlichen Bericht. Kurz gesagt beinhaltete dieser, dass es zwar im Kielbereich einige Farbabschürfungen gab, aber dass im Ruder- und Propellerbereich keinerlei Beschädigungen oder Abweichung vom Normalzustand festgestellt wurden. Meine Frage, warum er dazu so lange gebraucht hatte, antwortete er mit leichtem Lächeln: „Wir Taucher arbeiten eben gründlich." Später sagte mir der Kommandant des Taucherbootes auf meine Frage hin, ebenfalls mit einem Lächeln: „Na Mensch, die Taucher leben vom Gehalt und von der Tauchzulage. Deswegen lohnt es sich nicht, nur eine Stunde zu schreiben, sondern mindestens zwei Stunden und fünfzehn Minuten. Denn jede angefangene Stunde zählt als volle Taucherstunde. Nun ging mir ein Seifensieder auf und ich hütete mich, weitere Bemerkungen zu machen. Einige Tage später kam der schriftliche Taucherbericht auf dem vorgeschriebenen Formblatt, den ich in mein Bootstagebuch einheftete und dessen Inhalt ich meiner Besatzung beim nächsten Dienstunterricht bekannt gab. Meine beiden Männer des Minen-Ressorts grinsten nur, als sie dies hörten. Aber sie verzichteten darauf, einen ihrer Sprüche zum Besten zu geben, jedenfalls solange ich anwesend war.

Es ist schon einige Zeit her, dass ich auf einer Jahrestagung der Deutschen Gesellschaft für Schifffahrts- und Marinegeschichte Gelegenheit hatte, zum Thema „Meine seemännischen Fehler" einen leicht unernsten Vortrag zu halten. Anwesend war dabei auch der langjährige Havarie-Kommissar der DDR-Seestreitkräfte und der Volksmarine, der damalige Kapitän zur See Dr. jur. und spätere

Konteradmiral a.D. Friedrich Elchlepp. Er hatte in seiner Berufszeit bei militärischen und zivilen Havariefällen die Interessen des Staates vertreten, gewissermaßen in der Rolle eines öffentlichen Anklägers. Ich wollte ihn in aller Öffentlichkeit und vor allem vor den Fachleuten in Wilhelmshaven, wo wir damals unsere Jahreshauptversammlung abhielten, nicht mit dieser Geschichte überraschen, die er mit Sicherheit nicht kennen konnte. So habe ich ihn vorher gewarnt, so dass er in der anschließenden Diskussion leicht darüber hinweggehen konnte in der Erkenntnis, dass zu jeder Kriminalstatistik eben auch eine Dunkelziffer gehört … Mit dieser Feststellung, mit der ich meinen Vortrag damals enden ließ, erhielt ich allgemein zustimmenden Beifall, in den Dr. jur. Elchlepp, mit dem mich seit den 1970er Jahren auf dem Gebiete der Handelsschifffahrt eine enge Zusammenarbeit verband, lächelnd einstimmte.

Das vermasselte Bergungsmanöver

Zum Jahreswechsel 1959/60 hatten unsere Boote neue Nummern bekommen. So hatte das meinige, bisher unter der 655 laufend, nun die 555 erhalten und führte diese Nummer steuerbord und backbord seitlich am Vorschiff. Auch der Gruppenchef hatte gewechselt. Unterleutnant zur See Böhland war nach seiner Beförderung zum Leutnant versetzt worden und als neuer Gruppenchef kam der Oberleutnant zur See Remus zu uns. Nach dem Ende der winterlichen „Eiszeit" auf den Boddengewässern setzte die 3. Räumgruppe ihre Ausbildung fort. Im Laufe des Frühjahrs verlegte man die Gruppe wieder nach Wiek auf Rügen und begann mit der Weiterführung der Minenräumaufgaben im Seegebiet nördlich von Hiddensee. Die Arbeiten zogen sich bis weit in den Sommer hinein.

Am Abend des 7. Juli 1960 lief die Gruppe nach Beendigung des Räumens, jedes Boot mit seinem Hohlstab im Schlepp, zwischen Hiddensee und Rügen in die Bucht Libben, um im schmalen Fahrwasser die Rückfahrt nach Wiek fortzusetzen. Als Führerboot fungierte an diesem Tag die 556 unter dem Kommando von Meister Peter-Paul Schnaugst. Mein Boot lief als taktische Nummer zwei mit dem üblichen Abstand von 100 Metern hinterher. Alle anderen Boote der Gruppe folgten in Kiellinie. Auf der Brücke des Führerbootes befanden sich der Kommandant, der Gruppenchef und der Obermatrose Goldga als Rudergänger. Als es die damalige Fahrwassertonne E erreichte, ließ Meister Schnaugst den Kurs zehn Grad nach Backbord ändern, weil das Fahrwasser an dieser Stelle einen Knick machte. Der hinter seinem Boot im Schlepp hängende Hohlstab folgte dieser Kursänderung allerdings nicht. Dadurch kam die Schleppleine ruckartig steif und so entstand ein Zug auf das Heck des Bootes, der ein Ausscheren aus dem Kurs nach Backbord verursachte. Sofort ließ der Kommandant Gegenruder mit „hart Steuerbord" legen, der Rudergänger führte den Befehl aus, das Boot drehte nach Steuerbord. Nun geschah genau das Gegengesetzte. Der Hohlstab hatte wieder in seinem Beharrungsvermögen Zug auf das Heck ausgeübt, das diesmal nach der Backbordseite des Bootes gedreht wurde. Dadurch kam das

Boot aus der Steuerbordseite des Fahrwassers heraus und lief einige Meter weiter. Da das Küstengebiet an dieser Stelle außerhalb des Fahrwassers sehr flach ist, gab es nach wenigen Sekunden einen sanften Ruck, das Boot setzte mit der Steuerbordseite vorn auf eine sehr flache Stelle und krängte dabei nach Backbord 20 Grad.

Die Maschinen wurden sofort gestoppt, um das Boot herum wurde gelotet und man stellte fest, dass der Bug bei Spant 49 fest im Sand aufsaß. Achtern zog der Obermatrose Albrecht seine Kleidung aus und sprang mit Zustimmung des Kommandanten ins Wasser, um am Heck kurz zu tauchen und die Situation an Ruder und Schraube in Augenschein zu nehmen. Hierbei stellte er fest, dass unter Ruder und Schraube noch bis 1,70 Meter Wassertiefe war, so dass das Boot achtern frei lag. An Bord meines Räumbootes hatten wir das Geschehen zwar beobachtet, jedoch nur festgestellt, dass das Führerboot der Kursänderung nicht folgte, sondern annähernd auf dem bisherigen Kurs verbleibend auf Grund geriet. Das zweimalige Ausscheren des Hohlstabes hatten wir nicht wahrgenommen. Ich ließ sofort die Maschinen stoppen, das entsprechende Signal wurde auch an die folgenden Boote weitergegeben, so dass unser kleiner Verband kurzzeitig im Fahrwasser aufstoppte. Das durfte nicht zu lange dauern, denn eine schwache Brise und ein etwas auslaufender Strom würden bald dafür sorgen, dass die Boote bei längerem Stillstand ebenfalls an den Fahrwassersaum getrieben werden. Da das Führerboot noch mit sich selbst beschäftigt war und keine Anweisung an die übrigen Boote gegeben wurden, entschloss ich mich, die Initiative zu ergreifen. Ich befahl meinem Signalgasten den folgenden Winkspruch: „Kommandant an alle Kommandanten, ich übernehme hiermit die Leitung der Bergungsarbeiten. Weitere Anweisungen folgen." Sodann befahl ich der taktischen Nummer drei unseres Verbandes, also dem dritten in der Kiellinie befindlichen Boot, in meine Nähe zu kommen, meinen Hohlstab zu übernehmen, um mit beiden Hohlstäben nach Wiek weiterfahren. Eigentlich war es verboten, dass ein Boot zwei Hohlstäbe in Schlepp nimmt, weil bei Wellengang oder Kursänderung die Möglichkeit besteht, dass beide Hohlstäbe infolge des Zugs der Schleppleine mehr oder weniger stark zusammenstoßen und dadurch die Wicklungen der Kupferkabel beschädigt werden. Aber in diesem Fall war nichts anderes zu machen, denn ich musste frei werden, um

manövrieren zu können. Während das geschah, ließ ich zwei Männer in einem unserer Schlauchboote zum Führerboot paddeln. Sie sollten von dort die Schleppleine des Hohlstabes übernehmen, dieselbe an eine lange Arbeitsleine anstecken, dann zum Fahrwasser zurückkehren und der taktischen Nummer vier diese Arbeitsleine übergeben, damit man den Hohlstab des Führerbootes an sich heranziehen und in Schlepp nehmen konnte, um ebenfalls nach Wiek weiterzulaufen. Als diese Manöver beendet waren, liefen alle Boote außer dem Havaristen und dem von mir kommandierten ab. Nun hatte ich Platz im Fahrwasser. Durch Ruder- und Schraubenmanöver konnte ich mein Boot ziemlich dicht beim Havaristen annähernd auf der Stelle halten. Man hatte dort, nachdem das Boot seinen Hohlstab losgeworden war, bereits erfolglos versucht, mit beiden Maschinen und Vollrückwärts-Manövern vom Sand wieder freizukommen. Da die Dämmerung schon hereinbrach, wurde es Zeit, ein Schleppmanöver einzuleiten. Ich ließ also unsere Schleppleine, die wie allgemein üblich ständig kreisförmig aufgeschossen auf dem Dach der vorderen Aufbauten lag, in das Schlauchboot heruntergeben, gleichzeitig behielten wir einen Tampen der Leine an Deck. Das Schlauchboot ruderte nun, die schwere Schleppleine aussteckend, zum Heck des Führerbootes. Dort wurde dann das eine Ende ordentlich auf einem Poller belegt.

Dann ruderten meine Männer zurück und wir nahmen sie und das Schlauchboot an Deck. Ich hatte vor, mit Rückwärtsfahrt, unser Bug zeigte genau auf das Heck des Führerbootes, zu schleppen. Dabei verletzte ich eine alte seemännische Erfahrung und Grundregel, die besagt, dass Schleppmanöver immer nur mit ganz langsamer Fahrt eingeleitet werden sollten, weil bei höherer Fahrtstufe die Gefahr besteht, dass die Schleppleine ruckartig steif kommt. Häufig sind Schleppleinen dieser Belastung nicht gewachsen und brechen, wie der Seemann sagt. In meinem Eifer, das Manöver kurz und schmerzlos zu gestalten, befahl ich beide Maschinen halbe Fahrt zurück. Beide Propeller liefen mit erheblichen Umdrehungen rückwärts, das Boot nahm Fahrt auf, die Leine kam ruckartig steif und es kam, wie es kommen musste. Ich konnte nur noch rufen „Aufpassen", damit meine Männer sich in Sicherheit brachten, die Leine brach und die Fetzen flogen durch die Gegend. Nach dem Stoppen der Maschinen trieb unser Boot noch langsam rückwärts wieder ins Fahrwasser hinein und ich hätte vor Wut über meinen Übereifer in die Luft gehen können. Aber es half ja nun nichts. Plötzlich sah ich, wie auf dem Führerboot wieder mit den Schrauben gearbeitet wurde, offenbar ließ man die Maschinen mit voller Kraft rückwärts laufen. Nach wenigen Sekunden kam das Führerboot frei. Später erfuhr ich, dass der Ruck, der meine Leine zum Brechen brachte, genügt hatte, um das Führerboot ein Stück rückwärts in Schwung zu bringen. Es kam dann mit der eigenen Maschinenkraft frei. Erwähnt kann noch werden, dass während des Schlauchbootverkehrs zwischen unseren Booten sich der Gruppenchef mit Hilfe des zweiten Schlauchbootes vom Führerboot zu mir an Bord hatte übersetzen lassen. Richtigerweise hatte er aber in die Durchführung der weiteren Bergungsarbeiten nicht eingegriffen, denn solche Aufgaben fielen in die Zuständigkeit des bzw. der Kommandanten. Auf diese Weise war ich jedenfalls für den Rest der Fahrt zum Führerboot geworden und nahm langsam Fahrt auf. Ohne weitere Anweisungen folgte Meister Schnaugst mit seinem Boot im Kielwasser und wir erreichten ohne Zwischenfälle den Hafen von Wiek auf Rügen. Auf allen Booten hatte man sozusagen Feierabend, lediglich der Kommandant des Bootes 556 saß in seiner Kammer und musste das Formblatt mit der vorgeschriebenen Havariemeldung nebst Manöverskizze ausfüllen. Da er seinen Bericht in seinem eigenen Notizbuch entwarf, und er sich auch nach dem Ausscheiden aus dem Dienst der DDR-Seestreitkräfte nicht entschließen konnte, diese Notizen wegzuwerfen, blieben sie bis zum heutigen Tage erhalten.

Als ich zur Auffrischung meines Gedächtnisses ihn und seine Gattin in ihrer Rostocker Wohnung besuchte und mein Anliegen schilderte, erhob er sich wortlos, ging in sein Arbeitszimmer, griff in seinen Schreibtisch und brachte tatsächlich das Notizbuch mit dem handschriftlich festgehaltenen Havariebericht zutage. Lächelnd legte er mir die Unterlage auf den Tisch. Dass ich zur Schilderung dieser Geschichte auf seine Notizen zurückgreifen konnte, war ein glücklicher Zufall und ich habe meinem damaligen Kameraden dafür an dieser Stelle herzlich zu danken. Nicht jeder beweist so viel Sinn für Geschichtsschreibung, dass er solche Unterlagen 50 Jahre lang aufhebt. Peter-Paul Schnaugst legte übrigens nach seiner Entlassung aus den Seestreitkräften eine erfolgreiche Laufbahn zurück. Nach einem Fernstudium und weiterer Qualifizierung brachte er es bis zum Vertriebsdirektor für Seekarten und nautische Unterlagen beim See-hydrografischen Dienst der DDR. In dieser Dienststellung verblieb er bis zum Ende der DDR und zur Übernahme des SHD durch das Deutsche Hydrografische Institut der Bundesrepublik.

Die Flottenparade

In der zweiten Oktoberhälfte des Jahres 1960 wurden nahezu alle Kampfeinheiten der Seestreitkräfte für eine große Flottenparade auf dem Greifswalder Bodden zusammengezogen. Die Veranlassung dazu gab ein Befehl des Ministers für Nationale Verteidigung der DDR, in dem es u.a. hieß: Ab 3. November 1960 ist von den Seestreitkräften die (neue) Dienstflagge für Schiffe und Boote zu führen. Von diesem Tag an heißen die Seestreitkräfte „Volksmarine".

Das war für uns eine ziemliche Überraschung. Denn die „Nationale Volksarmee" gab es bereits seit 1956. An die Bezeichnung „Seestreitkräfte" hatte man sich im Laufe der Jahre gewöhnt. Wenn nun schon etwas marinemäßiges in einem neuen Namen auftauchen sollte, hätten wir uns auch eine etwas traditionellere Form gewünscht, etwa in der Art von „Nationale Marine" oder „Marine der DDR". Wer sich in der deutschen Marinegeschichte auskannte, wurde beim Wort „Volksmarine" skeptisch, nicht zuletzt deshalb, weil der Zeitpunkt der Namensänderung mit der Wiederkehr der Novemberrevolution von 1918 zusammenfiel. Eine „Volksmarinedivision" hat-

Ein Räumboot während einer Flottenparade

Sommer 1960, von rechts: Oberleutnant zur See Remus, Chef der 3. Räum-gruppe, der Signalgast, ganz links Obermeister Jürgen Saager, Komman-dant des Bootes 651

te 1918 in Berlin ihr Unwesen getrieben und sich lediglich durch wilde Schießerei und mangelnde Disziplin einen Namen gemacht. Insofern konnte mich die damalige politische Agitation keineswegs überzeugen. Aber Befehl war Befehl. Also begannen umfangreiche Paradeübungen getreu der Maxime: Was nicht geübt wird, kann nicht klappen! Die Wetterlage war größtenteils kühl und regnerisch und gelegentlich frischte der Wind erheblich auf. Aus unerfindlichen Gründen wurde den kleinen Einheiten, wie unseren Räumbooten, nicht erlaubt, am Abend nach einem anstrengenden Übungstag einen geschützten Hafen anzulaufen. Eine ruhige Nacht hätten die Besat-zungen der Kleinboote vertragen können. Wenn schon die Liege-plätze im Hafen von Peenemünde vielleicht nicht ausgereicht hätten, um alle Schiffe und Boote aufzunehmen, für die kleinen Einheiten wäre in Greifswald, in Lauterbach, auf der Insel Ruden und schließ-lich auch in Stralsund genug Platz gewesen. Ungeachtet der lang-sam rauer werdenden Herbstwetterlage mussten wir in einer offenen Bucht vor Anker gehen. Die ganze Nacht über arbeiteten die Boote an ihren Ankerketten erheblich, so dass man als Kommandant die Ankerwache des Öfteren kontrollieren musste, um sicher zu gehen, dass jedes Ausbrechen aus dem Grund und damit ein mögliches Vertreiben des Bootes aus der Formation sofort bemerkt werden würde. In solchen Nächten wurde das Ankergeschirr außerordentlich stark beansprucht.

Am Vortag der Parade hatten wir noch einmal den ganzen Ablauf der Flottenparade geübt und waren am späten Nachmittag wieder auf unruhigem Wasser vor Anker gegangen. Nachdem wir geankert hatten, kam ein Schnellboot mit ziemlicher Brassfahrt an unserer Räumgruppe vorbeigerauscht, sicherlich um irgendeinen der höheren Offiziere zu einer Besprechung an Land zu bringen. Als uns die Hecksee erwischte, ruckte das Vorschiff mehrere Male ein, die Ankerkette kam ruckartig steif, der Ankerposten hörte es knirschen und brechen und meldete mir das sofort. Bei der Besichtigung des Schadens stellte sich heraus, dass die Kettennuss der Ankerwinde gebrochen war. Somit war klar, der Anker würde sich mit Hilfe der Winde nicht mehr hieven lassen. Da ein Unglück selten allein kommt, kam wenige Minuten später unser Leitender Maschinist auf die Brücke und meldete mir, dass etwas mit dem Steuerbordgetriebe der Hauptmaschine nicht in Ordnung sei. Das Getriebe würde nur noch bei Fahrt voraus funktionieren, es sei für eine Rückwärtsfahrt nicht mehr einzukuppeln. Dieser Getriebeschaden wäre mit Bordmitteln weder genau zu analysieren noch zu reparieren. Es war mir schnell klar, dass ich nun eine unangenehme Entscheidung treffen musste. Erschwerend kam nämlich hinzu, dass Mitte November 1960 allgemeiner Entlassungstag für die 1. Flottille war. Alle, deren Verpflichtungszeit abgelaufen war, sollten an diesem Tag nach entsprechender würdevoller Verabschiedung mit einem Sonderzug den Bahnhof Peenemünde Richtung Wolgast verlassen. Ich würde dazu gehören und der Gedanke, unmittelbar zuvor mit einem nicht voll einsatzklaren Boot an einer Parade teilzunehmen, war mir nicht geheuer. Also meldete ich dem Gruppenchef per Morsespruch die Lage und bat um Erlaubnis, schnellstens nach Peenemünde in die Werkstatt zu fahren, um vielleicht noch im Laufe der Nacht eine Reparatur zu ermöglichen. Ich wartete zwei Stunden, bis eine Antwort kam. Inzwischen war die Dunkelheit hereingebrochen. Mir wurde befohlen, Anker auf zu gehen und zum Flaggschiff der Flotte abzulaufen, um mich dort an Bord zu melden. Das war nun leichter gesagt als getan. Da das Ankerspill nicht mehr funktionstüchtig war, mussten wir die Ankerkette mit Hilfe von Taljen (Flaschenzügen) stückweise – sozusagen Meter für Meter – mit der Hand durchholen, dann die Taljen versetzen, wieder ein Stück durchholen usw. Da über 20 Meter Kette ausgesteckt waren, dauerte dies bei der Wetterlage einige Zeit, obwohl ich das Manöver mit der Backbordmaschine vorsichtig unterstützte. Dann liefen wir zum Flaggschiff und ich ging eingedenk meiner Maschinenkalamität ganz vorsichtig an der Backbordseite längsseits. Ein Läufer erwartete mich und brachte mich zum diensthabenden Stabsoffizier in das Operationszentrum. Ein Fregattenkapitän empfing mich. „Na, nun erzählen Sie mal, was mit Ihrem Boot los ist", sagte er. Mit kurzen Worten berichtete ich über den Ausfall des Ankergeschirrs und den Schaden am Getriebe der Steuerbordhauptmaschine. Er sah mich an und grinste ein bisschen. Dann sagte er: „Kommandant, der Chef des Stabes, Konteradmiral Neukirchen, hat ausdrücklich befohlen, dass alle Schiffe und Boote, die an den vorbereitenden Übungen teilgenommen haben, auch an der Parade teilzunehmen haben. Und außerdem, wenn ich sie jetzt aus dem Verband entlasse, würden Sie es nicht bedauern, ihre Besatzung um die Teilnahme an der Parade zu bringen? Schließlich haben Sie und ihre Leute sich große Mühe beim Training gegeben. Es wäre doch schade, wenn die Besatzung das nicht miterleben könnte." Ich erwiderte, dass „keine Verschlechterung des politisch-moralischen Zustandes meiner Besatzung im Falle der Nichtteilnahme zu befürchten sei". Er sah mich an und grinste wieder: „Aha, Sie meinen also, ihr habt die Schnauze voll."

Ich hütete mich, ihm zuzustimmen. Stattdessen gab ich zu bedenken, was für ein negativer Eindruck bei den Ehrengästen an Bord des Flottenflaggschiffes entstehen würde, wenn mein Steuerbordgetriebe ausgerechnet während der Parade voll ausstiege und ich aus dem Paradeverband ausscheren müsste, weil ich die Position nicht mehr halten könnte. Er dachte nun wohl selber an die vielen Fotoreporter, Kameraleute der Wochenschau und Militärjournalisten. „Also gut", rang er sich schließlich durch, „laufen Sie ab nach Peenemünde und gehen Sie dort in die Werft. Wenn Sie abgelegt haben, melden Sie sich offiziell aus dem Verband ab." Ich legte die Hand an die Mütze und nach einem „Zu Befehl, Genosse Fregattenkapitän" ging ich zurück zu meinem Boot. Den Weg wieder hinunter an Deck zu finden, fiel mir in der Dunkelheit einigermaßen schwer. Das Ablegemanöver gelang ohne weitere Schwierigkeiten. Eine Stunde später – inzwischen war es Mitternacht – liefen wir in Peenemünde ein und ich suchte mir einen Liegeplatz in einer Box gleich neben der Slipanlage. Dann meldete ich mich beim diensthabenden Offizier der Operationsabteilung und fragte, ob irgendwelche Werkstattarbeiten in dieser Nacht noch erfolgen würden. Er schüttelte nur den Kopf und meinte, der Abteilungsingenieur der R-Abteilung würde sich morgen früh die Schäden ansehen und Weiteres veranlassen. Wieder zurück an Bord saß ich auf meiner Koje und dachte darüber nach, ob ich mich nun richtig verhalten hatte. Meinen Männern war keine Enttäuschung darüber anzumerken, dass ihnen die Parade entgehen würde. Aus dem Mannschaftswohnraum vorne drangen die üblichen Geräusche kurz vor dem Schlafengehen, man lachte, machte faule Witze und lässige Bemerkungen. „Vielleicht", so dachte ich, „bin ich ein bisschen zu vorsichtig gewesen." Andererseits wusste ich, dass der aus der Kaiserzeit stammende Grundsatz noch volle Gültigkeit hatte, der da lautete: „In der Marine wird einem alles verziehen, nur nicht, wenn man nach außen auffällt!" Und ein manövrierbehindertes Räumboot, ausscherend aus einer Paradeformation, wäre eine Blamage.

Meine Zweifel wurden bald schon gründlich zerstreut. Abteilungsingenieur und Werkstattleiter besichtigten das Getriebe, steckten die Köpfe zusammen mit dem Leitenden Maschinisten und entschieden dann, dass eine mehrtägige Reparatur nötig sei. Mein Boot verließ den Liegeplatz nicht mehr, solange ich Kommandant war. Als ich einige Tage später in den Illustrierten die Fotos vom Verlauf der Parade sah, insbesondere die an Bord des Flottenflaggschiffes stehenden sogenannten Veteranen der Volksmarinedivision, eine Gruppe alter Männer in Zivilmänteln, denen man Admiralsmützen aufgesetzt hatte, entschied ich für mich, richtig gehandelt zu haben. Außerdem, kurz vor einer ehrenvollen Entlassung wäre es Unsinn gewesen, noch das Risiko einer Havarie auf sich zu nehmen.

Damenbesuch

Nachdem ich im November 1960 aus der Volksmarine entlassen war, machte ich zunächst bei meiner Mutter in Berlin einige Wochen Urlaub. Gleichzeitig sah ich mich nach einer neuen Beschäftigung um. Bei einem Bummel im Stadtzentrum Unter den Linden traf ich eines Tages einen alten Bekannten, Hans Möser. Er hatte nach Gründung der Gesellschaft für Sport und Technik in Berlin-Köpenick den Seesport aufgebaut. Privat segelte er eine nationale 30-qm-Rennkielyacht.

„Na", sagte er, „was treibst du dich denn hier herum? Ich denke, du bist bei der Marine."

„Seit drei Wochen nicht mehr", entgegnete ich. „Ich bin sozusagen auf Arbeitssuche."

Als ich ihn fragte, was er denn jetzt mache, schlug er mir auf die Schulter und sagte: „Du bist für uns der richtige Mann. Ich bin nämlich inzwischen Abteilungsleiter für Seesport im Zentralvorstand der GST. Uns fehlt noch ein II. Offizier auf dem Segelschulschiff WILHELM PIECK. Wäre das nicht etwas für dich?"

Ich staunte ein bisschen, denn eigentlich konnte ich mir nicht vorstellen, dass ausgerechnet dem einzigen Rahsegelschiff der DDR ein Schiffsoffizier fehlen könnte. Junge Männer müssten sich doch darum reißen, an Bord dieses Schiffes Dienst zu tun, sagte ich.

„Na ja, das sollte man meinen" äußerte Möser. „Aber weißt du, unser Problem ist, dass die Handelsschifffahrt kräftig aus- und aufgebaut wird. Die Deutsche Seereederei Rostock stellt laufend neue Schiffe in Dienst. Auch gebraucht gekaufte Einheiten sind dabei und du kannst dir sicher vorstellen, das ist jetzt für viele jüngere Offiziere ziemlich verlockend." Ich hatte noch einige Zweifel, die ich auch äußerte. Zwar konnte meine Segelerfahrung sich sehen lassen, aber an Bord eines Rahseglers hatte ich noch nicht gedient. Möser zerstreute meine Bedenken sofort. „Ach was", sagte er, „was andere geschafft haben, das schaffst du auch. Weißt du was, du kommst morgen Vormittag zu uns nach Neuenhagen. Da sitzt der Zentralvorstand der GST. Dann stelle ich dich in der Kaderabteilung vor und wir besprechen alles Weitere."

Um es kurz zu machen, ich folgte seinem Vorschlag, wurde angenommen und war mit Wirkung vom 15. Dezember 1960 II. Offizier der Schonerbrigg WILHELM PIECK, Heimathafen Greifswald-Wieck.

Meine Mutter bedauerte diesen Schritt. Sie hatte gehofft, ich hätte genug von der Seefahrt und würde zu Hause bleiben. Aber als ich ihr von dem Angebot, Segelschiffsoffizier zu werden erzählte, verstand sie mich sofort und versuchte nicht, mich zurückzuhalten. Außerdem wusste sie, dass es noch ein weiteres Argument auf meiner Seite gab, worüber wir aber nicht viel sprachen. Im Sommer des Jahres hatte ich eine Medizinstudentin von der Universität Greifswald kennengelernt. Wir fanden Gefallen aneinander und so passte beides, ein neues Berufsziel und eine private Neigung, gut zusammen. Auch meine Studentin freute sich, als ich plötzlich in Greifswald auftauchte. Damit hatte sie so schnell nicht gerechnet. Eigentlich hätten wir nun zufrieden sein können, aber, wie so oft im Leben, wachsen die Bäume nicht in den Himmel. Unser Problem war das Privatleben. Die Medizinstudentinnen der Universität wohnten jeweils zu zweit in einem Wohnheim am Marktplatz, das den schönen Namen „Nordischer Hof" trug. Besuch durften die jungen Frauen wohl empfangen, aber nicht länger als bis 22.00 Uhr. Und wenn sie mit ihrem Fahrrad nach Greifswald-Wieck herausgeradelt kam, um mich an Bord zu besuchen, so galt dieselbe Uhrzeit als Besuchsende. Hinzu kam, dass der jeweils wachhabende Offizier in der Zeit seiner Wache keinen Privatbesuch empfangen durfte. Der Kapitän, damals war es Kapitänleutnant a.D. Gerhard Samuel, fuhr nach Feierabend nach Hause, er wohnte in Greifswald. Einen I. Offizier besaß das Schiff zu jener Zeit nicht. Wir waren nur zwei Nautiker an Bord, der III. Offizier, Hein Groß, und ich. Außerdem taten noch der Leitende Maschinist Kittler und der Oberbootsmann Willi Schmarbeck im Hafen Dienst als Wachoffizier. Praktisch hatte man also jeden vierten Tag ab 16.00 Uhr für 24 Stunden Wache. Im Winter 1960/61 hatten wir keine Lehrgänge zur Ausbildung an Bord. Die Segel waren abgeschlagen, die Stammbesatzung führte Überholungsarbeiten durch und bereitete die nächste Ausbildungssaison vor. Für mich hieß das in erster Linie, schnellstens den sogenannten Tampenplan auswendig zu lernen: immerhin über 100 verschiedene Leinen, mit deren Hilfe die Segel ent-

Das Segelschulschiff WILHELM PIECK im Hafen von Greifswald-Wieck

weder gesetzt oder geborgen wurden bzw. die bei den verschiedensten Manövern zu bedienen waren. Sie hatten alle spezielle Namen. Da gab es Gordinge, Geitaue und Dumper, ferner Schoten, Brassen, Fallen und Niederholer, Flaggleinen und Beiholer. Sie waren nach dem Durchholen oder Fieren an Deck an langen Belegbänken stets an derselben Stelle festzumachen. Denn auch in dunkler Nacht durfte der Großstängestagsegelsniederholer nicht mit der Großstagsegelschot verwechselt werden. Die verschiedenen Bezeichnungen und die Deckspositionen, wo man die Leinen finden konnte, musste jeder Seemann an Bord auswendig lernen, um die Segel jederzeit ohne Verzögerungen bedienen zu können. Ich machte mich also gründlich mit diesen Dingen vertraut. Ansonsten waren es ruhige Tage. Das Schiff lag wohlvertäut an den Pfählen des Wiecker Bollwerks, nicht weit von der damals wie heute beliebten Gaststätte „Utkieck". Wenn an den Winternachmittagen die Dunkelheit hereinbrach, war dieser Hafenteil still und verlassen.

An einem nasskalten Februarabend 1961 kam das Fräulein cand. med. Sigrid Brandt mit ihrem Fahrrad nach Greifswald Wieck, um mich zu besuchen. Sie lehnte das Rad gegen die Gangway, sprang leichtfüßig an Deck, klopfte kurz an meine Kammertür und freute sich sichtlich über die gelungene Überraschung. Dummerweise war ich an diesem Abend Wachoffizier, hatte aber nicht das Herz, meine Freundin bei diesem unwirtlichen Wetter wieder nach Hause zu schicken. Außerdem, ein bestimmter Aufenthaltsort war mir als Wachoffizier nicht vorgeschrieben. Ich hatte lediglich von Zeit zu Zeit mal einen Rundgang zu machen. Und so siegte denn die Liebe über die Pflicht. Als mein Damenbesuch sich kurz nach 22.00 Uhr auf den Heimweg machen wollte, brachte ich sie natürlich bis zur Gangway. Aber die Abschiedsumarmung fiel erst mal aus. Nervös blickte meine Freundin in der Nähe der Gangway umher. „Mein Fahrrad ist weg", sagte sie dann. Na, das war eine schöne Pleite. Jetzt in der Dunkelheit, bei der Kälte und dem Nieselregen das Dörfchen Wieck oder den Wiecker Hafen nach einem verschwundenen Damenfahrrad abzusuchen, war alles andere als ein angenehmer Gedanke. Denn ein Diebstahl war zu dieser Jahres- und Tageszeit nicht zu vermuten. Es konnte sich höchstens um einen Schabernack handeln, vermutete ich. Ratlos blickte ich über das Deck unseres Schiffes. Aber an Bord werden sie das Fahrrad wohl nicht versteckt haben, dachte ich. So ganz langsam kam in mir der Verdacht hoch, dass an diesem Streich die Bootsmänner Stolle und Albrecht wohl nicht ganz unschuldig sein würden. Vielleicht wollten sie mich diskret auf die Verletzung der Wachordnung hinweisen. Das sähe ihnen ähnlich. Aber auch auf der Seeseite war nichts vom Fahrrad zu sehen. Ärgerlich ging ich wieder nach achtern. Fast gewohnheitsmäßig sah ich hinauf in die Takelage. Da entdeckte ich im trüben Schein der Laterne vom „Utkieck" im Top das Großmastes eine Unregelmäßigkeit. Bei näherer Betrachtung stellte es sich heraus, dort hing – in fast 21 Metern Höhe – ein Fahrrad. Da ich meine Pappenheimer kannte, glaubte ich nicht, dass sie mit dem Rad bis oben aufgeentert waren. Dafür gab es einen bequemeren Weg, nämlich das Festmachen des Fahrrades an einer Flaggleine. Und wo die Flaggleine des Großtops zu finden war, das hatte ich in den letzten Tagen u.a. auch schon gelernt. Ich schritt also zur Steuerbord-Nagelbank des Großmastes, fand auch in der Dunkelheit die Flaggleine, gab ein bisschen Lose und siehe da, das Fahrrad im Masttop bewegte sich einige Zentimeter abwärts.

Nun war es eine Kleinigkeit, die Flaggleine wegzufieren. Wenige Sekunden später hatte ich das Fahrrad vorsichtig an Deck gesetzt. Da Sigrid inzwischen mächtig fror, hatte sie es eilig, sich zu verabschieden und nach Greifswald zurückzustrampeln. Dann klarierte ich die Flaggleine und beschloss, zur Tagesordnung überzugehen. Stolle und Albrecht grinsten mich am nächsten Tag zwar an, verloren aber kein Wort über diese Angelegenheit. Es dauerte lange Zeit, ehe sie ihren Streich zugaben.

Bleibt noch nachzutragen: Einige Jahre später wurden beide zur Seefahrtsschule nach Wustrow delegiert und bestanden die Prüfungen als Kapitän auf kleiner Fahrt mit Erfolg. Stolle kam zurück auf die WILHELM PIECK und fuhr einige Jahre als nautischer Offizier, bis er schließlich der letzte Kapitän dieses Schiffes wurde. In der Wendezeit war es auch sein Verdienst, dass das Schiff als „Schiff der Jugend" in den Besitz der Stadt Greifswald überging. Bis zum Ruhestand blieb er als Kapitän an Bord.

Albrecht fuhr bis zu seinem Ruhestand als Kapitän eines Forschungsschiffes zur See.

Der Wachoffizier auf der Royalrah

Im Sommer 1961 machte die WILHELM PIECK – wie in jedem Jahr – eine Auslandsreise in der Ostsee. Dabei wurden die Häfen Leningrad, Ventspils und Gdynia angelaufen. Auf der Ausreise hatte Kapitän Samuel einen Kurs festgelegt, der zunächst nach Nordnordost führte, so dass wir bei schönem mäßigen Westwind Bornholm an unserer Steuerbordseite liegen ließen. Dann konnten wir abfallen und zwischen den schwedischen Ostseeinseln Öland und Gotland hindurchsteuern, um direkten Kurs auf die Westecke der estnischen Insel Hiiumaa zu nehmen und weiter in den Finnischen Meerbusen einzusteuern.

Da wir nur zwei Wachoffiziere waren, lösten wir uns alle vier Stunden ab. Ich führte die Steuerbordwache. Bootsmann Stolle war mein Wachbootsmann und Hein Groß hatte die Backbordwache mit dem Wachbootsmann Albrecht. Dieser Wachrhythmus, vier Stunden Dienst, vier Stunden frei, war ziemlich anstrengend. In den vier Stunden Ruhezeit konnte man nicht einfach vier Stunden schlafen. Erstens musste man beizeiten aufgestanden sein, um sich für die Wache fertig zu machen und einige Minuten vor Wachbeginn an Deck erscheinen, um sich vom wachhabenden Offizier in die nautisch-seemännische Situation einweisen zu lassen. Und nach der Wache war man häufig noch so munter, dass es einige Zeit dauerte, bis man einschlief. Außerdem hatte man als Schiffsoffizier ja noch einige andere Arbeiten zu bewältigen. Und am Tage gaben wir in unserer Freiwache auch noch Unterricht bei den Kursanten. Die waren natürlich – da sie mit uns Wache gingen – genau so müde wie wir, mussten sich aber konzentrieren, denn am Reiseende wollten sie eine Prüfung zum entsprechenden Seesportleistungsabzeichen ablegen.

Eines ruhigen Sommerabends, bei leichter Brise, zogen wir nordwärts und standen kurz vor der Höhe von Visby auf Gotland, dem alten Hansehafen. Ich hatte die Wache, Bootsmann Stolle übte mit den Kursanten der Wache die wichtigsten Seemannsknoten. Am Ruder stand ein Kursant und hatte bei der leichten Brise keine Schwierigkeiten, den befohlenen Kompasskurs zu steuern. Da es in

Die WILHELM PIECK unter vollen Segeln auf dem Greifswalder Bodden, 1960er Jahre

der Abenddämmerung etwas diesig wurde und die Lichter der Hafenstadt Visby an Steuerbord voraus noch nicht in Sicht gekommen waren, entschloss ich mich, in den Vortop aufzuentern. Zunächst war die Marssaling zu erreichen, dann ging es weiter zur Bramsaling und schließlich erreichte ich die Royalrah, die sich im vorgeheißten Zustand etwa einen Meter unter dem Top des Fockmastes befand. Ich setzte mich gemütlich so auf die Rah, dass ich mich mit dem Kreuz am Mast anlehnen konnte und hatte dabei beide Arme um die jeweilige Topwante geschlungen, um mich festzuhalten. Die Sicht von oben war natürlich sehr gut. Es ist schon ein Unterschied, ob man vom Oberdeck in die Ferne blickt oder aus einer Höhe von 19 Metern Ausschau hält. Tatsächlich sah ich nun an der Steuerbordseite voraus einige bunte Lichter, die durchaus auf die Annäherung von Visby hindeuteten. Während ich noch versuchte, die Entfernung zu schätzen, hörte ich unten an Deck die Stimme von Kapitän Samuel, wie er Bootsmann Stolle fragte: „Wo ist denn der Wachoffizier?" Stolle zögerte mit der Antwort, er hatte wohl mein Aufentern nicht bemerkt und deswegen rief ich von oben runter: „Ich bin hier oben im Vortop!" Der Alte blickte nach oben. „Runterkommen!", sagte er nur. Nun gut, was ich sehen wollte, hatte ich gesehen, also enterte ich zügig nieder und erschien beim Kapitän auf dem Achterdeck. „Was haben Sie denn da oben zu tun gehabt?", wollte er wissen. Ich erklärte ihm, dass ich nach Visby Ausschau gehalten hätte. „Das gefällt mir nicht", meinte der Kapitän, „der Platz des wachhabenden Offiziers ist an Deck. Wenn Sie es für nötig halten, dass von oben Ausschau gehalten wird, dann entern Sie nicht selber auf, sondern schicken entweder einen Matrosen der Stammbesatzung oder einen tüchtigen Kursanten." Da hatte ich es. Wie man es macht, ist es falsch, dachte ich so für mich. Ich nahm seine Auffassung zur Kenntnis und hielt mich fortan daran. Schließlich hieß es im § 5 der DDR-Seemannsordnung: Der Kapitän hat die Verantwortung für Besatzung, Schiff und Ladung und die alleinige Entscheidungsbefugnis in der seemännischen Führung des Schiffes. Er hat insoweit das Recht, allen Besatzungsmitgliedern Weisungen zu erteilen.

Nothafen Lauterbach

In jenen Jahren betrug die Lehrgangsdauer für die Kursanten an Bord der WILHELM PIECK vier Wochen. Das war nicht sehr lange, aber wir hatten gelernt, die Zeit gut auszunutzen. In der ersten Woche gab es für die jungen Männer ausschließlich Dienst im Hafen. Vormittags erfolgten Einweisung und theoretischer Unterricht, nachmittags gab es Rollenschwof, einen Dienst auf den jeweiligen Manöverstationen, beim An- und Ablegen, beim Bootsmanöver, bei Feuer im Schiff und Mann über Bord. Außerdem gab es alle möglichen Übungen in der Takelage. Also aufentern, niederentern, Segel losmachen, Segel heißen, Segel bergen und schließlich Segel wieder festmachen. Dazu kamen alle möglichen Belehrungen, Umgang mit Schwimmwesten, Verhalten in Gefahrensituationen, Gebrauch des Sicherheitsgurtes und dergleichen. Übrigens ist in den fast 60 Dienstjahren des Schiffes nie ein Kursant aus der Takelage gefallen … Am Wochenende im Hafen gab es sonnabendvormittags noch Bootsdienst, dann ein gründliches Großreinschiff in allen Räumen und nachmittags Landgang. In ihren flotten Uniformen, also der weiten blauen Hose und bei schönem Wetter mit weißer Matrosenbluse und Bändermütze eilten die jungen Männer nach der Landgangsmusterung von Bord, fuhren mit dem Bus in die Stadt und machten Greifswald unsicher.

In der zweiten und dritten Woche fand die Ausbildung auf See statt. Montagfrüh verließen wir den Hafen, auf dem Greifswalder Bodden wurden Segelmanöver durchgeführt, Wende, Halse, Mann über Bord usw., das ganze praktische seemännische Programm. War die Wetterlage günstig, herrschte also möglichst mäßiger Westwind, dann verließen wir den Bodden und steuerten bereits am zweiten Ausbildungstag abends Saßnitz an. Nach einer anstrengenden Ausbildungswoche machten wir am Freitag Nachmittag gewöhnlich wieder im Heimathafen Greifswald-Wieck fest. Die verheirateten Männer der Stammbesatzung fuhren, soweit sie nicht Wache hatten, nach Hause. Den Dienst an Bord regelte am Wochenende der jeweilige Wachoffizier. In der dritten Woche segelten wir entweder rund um Bornholm oder ankerten in einer geschützten Bucht über Nacht, um die Ausbildung am nächsten Tag fortzusetzen. In der vierten Woche dienten nur noch drei Werktage zum Abschluss der Seeausbildung, der Donnerstag und Freitag waren für die Abnahme von Prüfungen (Arbeit an der Seekarte, im Signaldienst etc.) und zur Aushändigung von Seesportleistungsabzeichen bestimmt.

Im Gegensatz zum Borddienst in den Streitkräften hatte man insgesamt wesentlich mehr freie Zeit, was besonders im Sommer sehr angenehm war. Nun sollte man meinen, dass ein Segelschiffsoffizier sein Segelbedürfnis in der Dienstzeit befriedigen kann. Bei mir war das anders. So horchte ich in Greifswalder Seglerkreisen ein bisschen herum und fand ein ehemaliges Rettungsboot, das ein Sportsfreund zu einer kleinen küstentüchtigen Slup umgebaut hatte. Sie trug den schönen Namen LA PALOMA, führte etwa 15 qm Segelfläche, besaß eine Kajüte mit zwei Kojen, einer winzigen Kochgelegenheit und einem schmalen Kleiderschrank. Das Alter des Bootes war nicht genau bekannt. Der Bauweise nach konnte man schätzen, dass es rund 30 Jahre alt war. Ich bezahlte seinerzeit 3000 Mark und freute mich auf schöne Segelwochenenden mit meiner Freundin. Da der Bootseigner dem lokalen Segelclub angehört hatte, dessen Liegeplätze im Hafen von Greifswald-Wieck lagen, trat ich kurzerhand ebenfalls in den Club ein, konnte den Liegeplatz behalten und den geschmackvollen weißen Clubstander mit dem roten Greif, den der Club heute noch führt, weiter im Top des Mastes wehen lassen.

Für August 1961 hatte ich Urlaub eingereicht. Sigrid hatte Vorlesungsferien und wir planten einen schönen Segelurlaub in den Gewässern um Rügen. Uns kam jedoch der 13. August 1961 mit den bekannten radikalen Grenzmaßnahmen samt Mauerbau dazwischen. Nicht nur die Streitkräfte, alle Funktionäre gesellschaftlicher Organisationen, wie eben auch der GST, hatten Urlaubssperre, die erst Ende August gelockert wurde.

Der Heimatort meiner Freundin war Göhren auf Rügen. An einem schönen sonnigen Augustsonnabend segelten wir mit der LA PALOMA in einem Tag quer über den Greifswalder Bodden nach Baabe und machten dort am Bollwerk fest. Dann liefen wir nach Göhren, denn ich sollte nun ihren Eltern vorgestellt werden. Diese erste Zusammenkunft verlief sehr nett. Mir wurde angeboten, im elterlichen Haus, das groß genug war, zu übernachten. Am nächsten

Die LA PALOMA verlässt den Hafen Lauterbach.

Tag nach dem Kaffeetrinken im Familienkreis brachte uns mein zukünftiger Schwiegervater mit dem Pferdewagen zurück nach Baabe. Das Fuhrwerk war ein sogenannter Dogcart, ein einachsiges Fuhrwerk, von einem Pferd gezogen. Auf dem Kutschbock hatten drei Personen nebeneinander Platz. Wir gingen an Bord, machten das Boot segelklar, währenddessen der Vater meiner Freundin besonders die Hantierungen seiner Tochter beobachtete. Heimgekehrt äußerte er gegenüber seiner Frau: „Sigrid bewegt sich da an Bord schon fast wie ein richtiger Seemann!"

Wir setzten die Segel, legten ab, winkten noch einmal und in einer leichten südöstlichen Brise glitt das Boot langsam durch das Fahrwasser aus dem Hafen von Baabe. Etwas weiter draußen, als sich die

Brise verstärkte, bemerkte ich plötzlich eine rapide Abnahme der Ruderwirkung. Es war kaum noch möglich, das Boot bei halbem Wind auf Kurs zu halten. Zunächst war ich erschrocken und erfasste die Ursache dieses aus heiterem Himmel über uns gekommenen Unheils nicht. Als ich schließlich nach achtern über das Spiegelheck nach unten blickte, um das Ruder zu kontrollieren, sah ich, dass das aus Blech hergestellte Ruderblatt fast im Winkel von 90° nach Steuerbordseite weggeknickt war. Das war zunächst für mich ein rätselhafter Vorgang, denn es gab weder eine Grundberührung noch einen anderen Zwischenfall. Wir waren auch nicht gegen einen treibenden Balken gestoßen. Aber zum Sinnieren war keine Zeit. Nach einigen Minuten hatte ich den Bogen heraus, mit der restlichen schwachen Ruderwirkung und unter Ausnutzung der jeweiligen Segelstellung das Boot auf Kurs zu halten. Inzwischen hatten wir die Having, eine kleine Bucht des Greifswalder Bodden, verlassen und vor uns lag nun in der spätnachmittäglichen Brise der ganze Greifswalder Bodden, den zu überwinden wir unter diesen Umständen bei Tageslicht nicht mehr schaffen würden. Ich entschloss mich, den im Schutze der Insel Vilm gelegenen Hafen von Lauterbach anzusteuern. Die Entfernung von Baabe bis Lauterbach beträgt knapp 7,5 Meilen, einen Teil der Strecke hatten wir schon zurückgelegt und so machten wir zwei Stunden später im Lauterbacher Segelclub fest. Ich hatte inzwischen den Plan gefasst, das Ruderblatt auf der dort ansässigen Bootswerft reparieren zu lassen. Aber das konnte erst am frühen Montag ab 7.00 Uhr geschehen. Es gelang mir, beim Hafenmeister die Seesportschule telefonisch über mein Missgeschick zu informieren und mich für die voraussichtlich verspätete Rückkehr zu entschuldigen. Nach dem Frühstück am nächsten Morgen nahm ich das Ruder samt Ruderblatt aus der Halterung, lud es mir auf den Rücken und begab mich zur Werft. Ja, hieß es, die Reparatur sei möglich und einer der Schlosser wurde damit beauftragt, mir zu helfen. Der sah sich das Ruderblatt mit Kennerblick an und eröffnete mir: „Mit einigen Schlägen kann man das Ruderblatt wieder in die Normalstellung zurückbringen. Damit ist ihnen aber nicht geholfen. Es handelt sich hier nämlich um eine Elektrolyse." Einfach gesagt, handelte es sich also um eine durch elektrische Ströme bewirkte Schwächung des Metalls. Dadurch wurde die Oberfläche des Ruderblatts zersetzt und verlor somit an Fes-

Nach erfolgter Reparatur des Ruders steuert der Skipper die LA PALOMA zurück nach Greifswald.

tigkeit. Der Schlosser zeigte mir die entsprechenden Merkmale auf dem Ruderblatt und erklärte schließlich, dass hier geschweißt werden müsse. Zwei Stunden später hatte man den Schaden mit autogenem Schweißen beseitigt und auch einen schnellen Rostschutzanstrich aufgebracht. Ich bezahlte die relativ geringe Reparatursumme und brachte das Ruder wieder an. Die Schuld für das ganze Problem lag natürlich bei mir. Theoretisch habe ich von solcher Elektrolyse sicherlich gewusst. Aber wer kontrolliert schon bei der Übernahme eines Holzbootes, ob am Metallteil des Ruders bereits Elektrolysespuren zu erkennen sind. Wir verließen Lauterbach unter Segeln am Montagvormittag und waren am frühen Nachmittag in Greifswald-Wieck. Kapitän Gerhard Samuel empfing mich mit den Worten „Na, Sie Ruderschadenmacher" und ließ sich den Hergang erklären. Wie so oft im Leben, kam auch diesmal zum Schaden der Spott hinzu.

Die Schwarzmeer-Rettungsboot-Regatta

Nach dem Besuch der Seefahrtsschule Wustrow zum Erwerb des Patentes „Kapitän auf großer Fahrt" wurde ich am 5. August 1963 als IV. Offizier auf dem MS VÖLKERFREUNDSCHAFT, *ex. Stockholm*, angemustert.

Am 2.Oktober befand sich das Urlauberschiff auf der Heimreise von Sotschi, einem sowjetischen Schwarzmeerhafen, nach Warnemünde. Wir hatten Sotschi nachts um 1.25 Uhr verlassen und steuerten zur Dardanellen-Einfahrt durch das Schwarze Meer. Da mein Wachleiter, der zweite I. Offizier Gunter Gries, aus dienstlichen Gründen mit den Passagieren nach Hause fliegen musste, übernahm für ihn der erste I. Offizier, Gerhard Thiemann, die Vier-Acht-Wache und ich war ihm als Wachoffizier zugeteilt. Als wir unsere erste gemeinsame Wache um 8.00 Uhr morgens beendet hatten, hatte die VÖLKERFREUNDSCHAFT 72 Meilen zurückgelegt. Das Wetter war hervorragend: 17 Grad Lufttemperatur 17 Grad Wassertemperatur, Windstärke 1 aus Ost, Seegang 0–1.

Vormittags, pünktlich 9.00 Uhr – alle Passagiere lagen in der Sonne an Deck, die Besatzung war bei ihren üblichen Arbeiten, die Freiwache schlief – gellten die Alarmklingeln zum Bootsmanöver. In aller Eile zog ich mich an, vorschriftsmäßig mit Mütze und Schwimm-

Der Autor als IV. Offizier der VÖLKERFREUNDSCHAFT, September 1963

weste, schnappte mir die Bootskelle, jenes kellenförmige Holzbrettchen, auf dem die Namen aller zu meiner Bootsbesatzung gehörenden Seeleute eingetragen waren, und eilte auf meine Manöverstation. Ich war Bootsführer des Bootes eins. Das war das erste Boot auf der Steuerbordseite vorn, unmittelbar vor der Kommandobrücke angeordnet, so wie Boot zwei auf der Backbordseite. Beide Boote waren von der Kommandobrücke hervorragend zu beobachten, während die achteren Boote an beiden Seiten nicht so dicht unter den Augen der Schiffsführung lagen. Ein Teil meiner Leute war schon angetreten und hatte begonnen, die Verzurrungen zu lösen, das Boot ohne besondere Kommandos auszuschwingen und wie üblich bis zur Relingshöhe wegzufieren. Mir schwante, dass es diesmal ernst werden würde, denn ich konnte unter meinen Füßen spüren, dass das Schiff ein wenig zu schwingen anfing – wie immer, wenn die Drehzahl der Maschinen heruntergefahren wurde. Da kam auch schon über die Decklautsprecher die Weisung: Alle Bootsführer auf die Kommandobrücke! Ich enterte die schmale Steigleiter vom Vorschiff an der Frontseite der Kommandobrücke nach oben und reihte mich in die Aufstellung der anderen Bootsführer ein.

Kapitän Heiden gab uns seinen Entschluss bekannt: Die gesamte Besatzung geht vorschriftsmäßig in die Boote, Passagiere bleiben an Bord und haben Gelegenheit, das Manöver zu beobachten. Es wird nach dem Aussetzen nicht – wie sonst üblich – um das Schiff herumgerudert, um dann die Boote wieder an Bord zu nehmen. Wenn alle Boote frei von der Bordwand sind, nimmt die VÖLKERFREUNDSCHAFT Fahrt auf und läuft etwa zwei Seemeilen nach Nordwesten. Dort bleibt das Schiff stehen und lässt sich treiben. Alle Boote segeln der VÖLKERFREUNDSCHAFT bis zum Treffpunkt hinterher. Dort werden die Segel niedergeholt, der Mast gelegt, Wirtschafts- und technisches Personal wird – wie üblich – an den Seitenpforten Steuerbord und Backbord abgegeben, anschließend bringen die Motorboote die Ruderrettungsboote auf ihre Position und die Boote werden eingesetzt und ohne weitere Befehle seefest gezurrt.

Alle Bootsführer eilten zu ihren Booten. Ich ließ meine Besatzung einsteigen. Auf meinen Befehl „Fier weg!" löste ein Seemann die Bremse der Bootsheißvorrichtung und ganz langsam glitt Boot eins an der fast senkrechten Bordwand vorbei hinunter in die Tiefe.

Bei ganz ruhigem Wetter lässt die VÖLKERFREUNDSCHAFT ihre Rettungsboote zu Wasser.

rechts: Der III. Offizier fiert sich langsam nach unten ins Boot.

Mit sanftem Klatschen tauchte es ins Wasser und schwamm, vorn und achtern noch festgehalten durch die Drahttaljen mit dem Heißhaken. Bevor ich das Kommando zum Ausklinken des Hakens geben konnte, rief ein Seemann: „Wir haben Wasser im Boot!" Und tatsächlich: Innerhalb von wenigen Sekunden hatten wir einen Wasserstand von etwa fünf bis acht Zentimetern. Die Männer rissen die Bodenbretter hoch und stellten fest, dass die Bodenventile, die immer geöffnet sind, damit eindringendes Regenwasser sofort ablaufen kann, vor dem Aussetzen des Bootes nicht wie vorgeschrieben geschlossen worden waren. Munter sprudelte Schwarzmeerwasser in das Boot hinein. Eigentlich hätte die Verschraubung griffbereit neben dem Ventil liegen müssen, aber sie war nicht zu finden. Wild tasteten die Männer mit den Händen unter den Bodenbrettern herum und suchten die Schrauben. Mit einem Blick hatte ich mich überzeugt, dass alle anderen Boote der Steuerbordseite schon von der Bordwand abgelegt hatten, da hörte ich Kapitän Heiden mit Hilfe der Flüstertüte von der Brücke herunterrufend: „Achtung Boot eins! Seht zu, dass ihr von der Bordwand wegkommt, damit ich Fahrt aufnehmen kann!" Ich zeigte mit der rechten Hand „verstanden", ließ aber das Boot nicht ausklinken, solange noch Wasser eindrang. Schließlich – nach einer halben Minute, die mir wie eine Ewigkeit vorkam – fanden sich die Verschraubungen. Sie wurden schnellstens in die Öffnun-

Bootsmanöver an Bord der VÖLKERFREUNDSCHAFT. Die ersten Boote der Backbordseite sind bereits zu Wasser gelassen. An Deck verfolgen die Passagiere interessiert das Manöver.

gen gedreht. Das Eindringen des Wassers war gestoppt. Nun ließ ich den vorderen und den achteren Heißhaken ausklinken. Wir drückten das Boot mit den Riemen (Rudern) von der Bordwand ab und ruderten schnellstens frei vom Schiff. Nach zirka 100 Metern begannen wir mit dem Stellen des Mastes, dem Anschlagen der Fock und des Großsegels und setzten wie befohlen die Segel. Die VÖLKER-FREUNDSCHAFT hatte inzwischen Fahrt aufgenommen und lief langsam auf nordwestlichem Kurs vor dem Wind. Alle anderen elf Boote waren bereits unter Mast und Segel und hatten sich auf den Kurs vor dem Wind begeben. Während wir noch damit beschäftigt waren, die Takelageteile im Boot zusammenzusuchen, segelten sie uns davon. Die Segel waren zwar nur Dreieckssegel, die jeweils an einem einzigen Fall vorzuheißen waren; aber da das Auftakeln schon lange Zeit nicht mehr geübt worden war, ging das Klarmachen des Bootes nicht gerade schnell von der Hand. Als wir schließlich die Segel gesetzt hatten und endlich in der leichten achterlichen Brise Fahrt aufnahmen, hatte das Feld der vor uns liegenden Boote mindestens 500 Meter Vorsprung. Weit abgeschlagen segelten wir unseren Kameraden hinterher.

Entfernt am dunstigen Horizont lag die VÖLKERFREUND-SCHAFT quer zu unserer Fahrtrichtung still auf dem Wasser und wartete auf ihre kleine Rettungsbootflottille. Die Stimmung in unserem Boot war gut, die Vormittagsonne schien warm vom Himmel, die leichte Brise hatte sich ein wenig verstärkt. Wir liefen etwa 1,5 Knoten, die Bugwelle ließ ein sanftes Murmeln hören, und da kein Seegang herrschte, hatte selbst die ängstlichste Stewardess die gute Laune wieder gefunden. Jeder setzte sich oder suchte sich ein bequemes Plätzchen zum Liegen. Allmählich kam eine gewisse Ausflugsstimmung auf. Nur ich war unzufrieden mit dem Stand der Dinge. Es gefiel mir nicht, so weit hinter den anderen hersegeln zu müssen und womöglich als letztes Boot beim Mutterschiff zu erscheinen. Missgestimmt beobachtete ich die vor mir segelnden Boote meiner Kameraden. Was ich sah, verbesserte jedoch schlagartig meine Laune. Ich konnte nämlich zwei Kardinalfehler feststellen: Erstens lagen die anderen Boote relativ dicht zusammen. Die an der Luvseite segelnden Boote nahmen denen der Leeseite sozusagen den Wind weg bzw. verwirbelten ihn, was die Geschwindigkeit der Leeseite ein wenig verringerte. Zweitens hatten fast alle ihre Segel zu dicht geholt, d.h. zu straff gespannt. Das bedeutete, dass die Stellung der Segel zwar handwerklich richtig war, aber da der Wind schräg von achtern kam, hätten die Segel schön bauchig gehalten werden müssen, um aus der schwachen Brise möglichst viel Fahrt herauszuholen. Das hat aerodynamische Gründe, auf die hier nicht näher eingegangen werden muss. Ich sah also Möglichkeiten …

Zunächst verteilte ich meine Besatzung so, dass unser Boot eine ganz geringe Neigung nach Lee erhielt, damit die Segel richtig standen und das Boot fast waagerecht lag – mit einer geringen Tiefgangserhöhung achtern. Schließlich wies ich meine Leute an, sich bequem hinzusetzen oder hinzulegen, sich aber nach Möglichkeit nicht mehr zu rühren, um Unruhe und Schwanken zu vermeiden. Ich erlaubte den Rauchern sich Zigaretten anzustecken, unter der Bedingung, dass sie dieselben von Zeit zu Zeit mit ausgestrecktem Arm hoch in die Luft halten sollten, damit ich am Verlauf der dünnen Rauchfahne die genaue Richtung der Brise erkennen konnte. Nach einer Viertelstunde zeigte sich bereits ein erster kleiner Erfolg. Ich merkte, wie der Abstand zu den anderen Booten etwas geringer wurde. Überholmanöver verlaufen auf See beim Segeln nur langsam. Schließlich ist es nicht so, dass die vorn liegenden Boote quasi stehen bleiben und das hintere mit rauschender Fahrt nach vorne aufschließt. Aber bereits ein Fahrtunterschied von zwei Zehntel Seemeilen pro Stunde bewirkt, dass der Hintermann in dieser Zeit um rund 370 Meter aufholt. Außerdem steuerte ich auf meinem Kurs von achtern die Luvseite der anderen Rettungsboote an. Damit bekam ich den Wind unverwirbelt in meine Segel.

Nach etwa einer Stunde hatten wir die anderen elf Boote eingeholt und glitten langsam Meter für Meter an der Luvseite an ihnen vorbei. Meine Besatzung hatte meine Absichten erfasst und verständnisvoll unterstützt. Alle hatten mit Spannung unser Aufholmanöver beobachtet. In den anderen Booten herrschte eine fröhliche Stimmung. Man unterhielt sich, machte Scherze, auf einem Boot hatte es irgendein pfiffiger Seemann fertig bekommen, ein kleines Kofferradio an Bord zu schmuggeln, das nun irgendwelche grusinische oder aserbaidschanische Weisen ertönen ließ. Bei uns an Bord war es sehr still, denn Meter für Meter entfernten wir uns von den anderen Booten, sie in Lee hinter uns lassend. Inzwischen sah ich, dass auch die anderen Bootsführer dazu übergingen, ihre Segelstellung zu ändern, um etwas mehr Fahrt herauszuholen. Aber in ihren Booten war es zu unruhig und zu unkonzentriert. Außerdem fehlte doch so etwas wie Regattaerfahrung, die ich mir schon als Jugendlicher auf den heimatlichen Berliner Seen erworben hatte. Segeln bei Flaute lernt man am besten im Binnenland.

Kapitän Klaus Heiden auf der Kommandobrücke der VÖLKER-FREUNDSCHAFT

113

Um es kurz zu machen: mit einem Vorsprung von rund 300 Metern erreichten wir als erstes Boot die VÖLKERFREUNDSCHAFT, gingen an der Steuerbordpforte längsseits, gaben das nicht benötigte Wirtschafts- und Maschinenpersonal ab, nahmen die Segel weg, takelten ab und ruderten mit wenigen Schlägen unter das Bootsheißgeschirr. So wurden wir zuerst aufgeheißt und als erster Bootsführer konnte ich auf der Kommandobrücke dem Kapitän das Boot eins wieder seefest gezurrt melden. Kapitän Heiden sagte nur kurz „Danke", aber das war schon viel, denn immerhin hatte ich noch einen „Anpfiff" erwartet wegen des langen Verbleibens an der Bordwand nach dem Aussetzen des Bootes, aber er kam auf dieses Missgeschick nicht zurück. Im Schiffstagebuch der VÖLKERFREUNDSCHAFT findet man nur den lakonischen Vermerk: „11.00 Uhr Bootsalarm beendet, Schiff setzt Fahrt fort."

Beinahe 37 Jahre später, als ich Kapitän Klaus Heiden besuchte, um auch von ihm Informationen für ein Buch über Passagierschiffe der DSR zu erhalten, erzählte er mir im Verlaufe eines langen Gesprächs, dass er damals nach dieser Reise noch eine Menge Ärger hatte. Offensichtlich hatten die sowjetischen Dienststellen im Schwarzen Meer das Manöver der Rettungsboote auf See mitbekommen.

Sie waren wohl nicht so ganz schlau daraus geworden oder aber beleidigt, nicht vorher gefragt worden zu sein. Jedenfalls glaubte der „große Bruder", sich in Berlin beschweren zu müssen. Über die Instanzenleiter vom Verkehrsministerium zur Reederei kam die Beschwerde bei Kapitän Heiden prompt an und sorgte für überflüssigen und unberechtigten Ärger. Mit der Freiheit auf hoher See war es eben immer schon so eine Sache …

Jedenfalls hat Kapitän Heiden künftig auf Bootsmanöver im Schwarzen Meer verzichtet.

Schiffsort: Im Bergland des Jemens

Am 8. Januar 1964 wurde ich als III. Offizier des Typ-IV-Schiffs MS BERLIN für eine Indien-Reise gemustert. Unter anderem liefen wir Port Sudan an. Dort wurde Stückgut aus Rostock von Bord gegeben. Mir widerfuhr in diesem Hafen ein peinliches Missgeschick. Im Kartenhaus der BERLIN gab es eine sehr genaue Uhr, was für astronomische Beobachtungen unverzichtbar ist. Unser Chronometer hatte eine Laufzeit von 36 Stunden.

Da solche Chronometer sehr empfindliche Geräte sind, besagt eine alte Erfahrung: Ein Chronometer muss täglich zur selben Zeit und auch möglichst von derselben Person aufgezogen werden. Für das Chronometer war, wie für den ganzen Navigationsbereich an Bord von DSR-Handelsschiffen, der III. Offizier verantwortlich. Nach einer anstrengenden Nachtwache beim Beaufsichtigen der Hafenarbeiter in Port Sudan hatte ich eines Morgens vergessen, das Chronometer aufzuziehen. Ich bemerkte dies erst am Folgetag und versuchte, den Fehler zu korrigieren. Das Chronometer setzte sich nach dem Aufziehen nicht gleich wieder in Bewegung, sondern erst dann, wenn man es mit einer kurzen raschen Bewegung um seine

 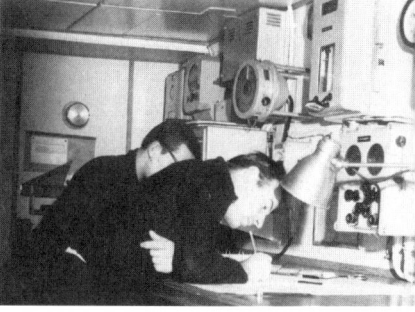

Die BERLIN im Hamburger Hafen

rechts: Als III. Offizier der BERLIN, Arbeit am Kartentisch, neben mir der Funkoffizier

115

Als III. Offizier der BERLIN beim Flaggensignalisieren mit der Signalstelle Bombay, März 1964

stehende Achse drehte. Nun hatte ich dafür zwar die genaue Uhrzeit abgewartet bzw. mit dem Zeitzeichen verglichen, leider jedoch den Zeitunterschied um eine Stunde falsch berücksichtigt, was ich aber nicht bemerkte.

Als nach zwei Tagen die BERLIN Port Sudan verließ und schließlich an der Insel Sokotra vorbei in den Indischen Ozean hinaussteuerte, versuchten der I. und der IV. Offizier eines Morgens, einen astronomischen Ort aus drei Gestirnshöhen zu errechnen. Schon bei einer Chronometerabweichung von wenigen Sekunden wäre nur ein sehr ungenaues Ergebnis aus der Rechnung hervorgegangen. In diesem Fall betrug der Fehler eine Stunde und die beiden Nautiker kamen mit ihrer Schiffsortbestimmung irgendwo in den Bergen des Jemens heraus. Sie rechneten mehrmals nach und stellten fest, dass es nur an einem Chronometerfehler liegen konnte. Als ich um 8.00 Uhr morgens auf der Kommandobrücke erschien, um meine Wache zu übernehmen, hatte inzwischen auch der Kapitän unseren zweifelhaften Schiffsort zur Kenntnis genommen. Es ergoss sich also über mich ein energisches Donnerwetter. Das Chronometer musste nun wieder bis zum Stehenbleiben ablaufen, um dann mit vereinten Kräften zur richtig berechneten Zeit wieder in Gang gesetzt zu werden. Erst danach stand es wieder zuverlässig zur Verfügung. Als ich am Ende der Rundreise am 21. Mai 1964 in Rostock abmusterte, hatte ich nicht nur wertvolle Erfahrungen gesammelt, sondern auch über 100 astronomische Beobachtungen berechnet. Und ich habe nie wieder vergessen, das Chronometer aufzuziehen …

Als „Springer" auf der THOMAS MÜNTZER

Nach einigen Tagen Heimaturlaub bekam ich einen Springerschein zum vertretungsweisen Hafendienst für das MS THOMAS MÜNTZER. Das 5344 Bruttoregistertonnen große Frachtschiff lag in der Warnow-Werft Warnemünde zu planmäßigen Reparaturen. Diese zogen sich in die Länge; denn die Werft, auf Neubauten in größeren Serien spezialisiert, hatte schon Probleme genug, die Garantiearbeiten für ihre Neubauschiffe durchzuführen. An zusätzlichen Reparaturaufträgen waren weder Werftleitung noch Belegschaft interessiert und ließen das die Reederei auch deutlich spüren.

Die THOMAS MÜNTZER, im Flottenjargon „Thomas Rock" genannt, war nicht mehr die Jüngste. Sie war 1937 auf der englischen Werft William Doxford & Sons Ltd., Sunderland, gebaut worden. Das Schiff besaß einen Zweitakt-Hauptmotor, ebenfalls hergestellt von Doxford, mit einer Leistung von 2100 PS. Das war für seine Größe sehr wenig und daher war die offizielle Reisegeschwindigkeit in den Unterlagen der DSR auch nur mit 9,5 Knoten angegeben. In der Praxis bedeutete das einen Reiseschnitt von acht Knoten. Infolgedessen lag der Treibstoffverbrauch allerdings auch nur bei rund neun Tonnen pro Seetag, was die THOMAS MÜNTZER rentabel machte. Das Kommando an Bord hatte Hein Kassner. Die geringe Geschwindigkeit seines Schiffes focht diesen Kapitän nicht an. Im Gegenteil, er war bekannt für seinen Ausspruch: „Es gibt nichts Schöneres als ein gaaanz langsames Schiff auf einer gaaanz weiten Reise." In Erinnerung an den Kauf der THOMAS MÜNTZER schrieb Gerhard Crohn, ehemaliger Mitarbeiter im Finanzministerium, am 15. August 1986:

„Ende Januar 1958 wurde der erste Kaufvertrag über den niederländischen 20 Jahre alten Frachter HAULERWIJK später THOMAS MÜNTZER (...) abgeschlossen. Der Kaufpreis war in voller Höhe in konvertierbaren Devisen am Tage der Übernahme, d.h. am 18. März 1958, zu zahlen." Westliche Fachleute beobachteten das Geschäft übrigens mit Interesse. Viele waren der Meinung: „Die in der DDR können mit solchen Schiffen überhaupt nicht umgehen.

Das Alttonnageschiff THOMAS MÜNTZER

Außerdem haben die doch gar kein Geld." Die prompte Zahlung des Kaufpreises von 3 Mio. holländischen Gulden wurde deshalb mit Erstaunen vermerkt.

Aus Gerhard Crohns Bericht geht auch hervor, dass zum Zeitpunkt des Ankaufes gemäß Ministerratsbeschluss insgesamt 7 Mio. Valutamark in konvertierbaren Devisen für den Ankauf von Gebrauchttonnage zur Verfügung standen. Die zweite Hälfte der Summe wurde als Anzahlung für die beiden Fracht- und Lehrschiffe HEINRICH HEINE und THEODOR KÖRNER verwendet. Dies alles erfuhr ich allerdings erst viele Jahre später.

Als ich meinen Dienst auf der THOMAS MÜNTZER begann, ging Kapitän Kassner selbst die Tageswache, ein weiterer III. Offizier und ich teilten uns die Nachtwache. Von der Besatzung waren nur wenige Seeleute und etwas Maschinenpersonal an Bord. Ein Ende der Werftliegezeit war nicht in Sicht und so hatte die Reederei, wie immer knapp an Leuten, einen Großteil der Crew für die Besetzung anderer Schiffe genutzt. An Bord war es auch am Tage ziemlich ruhig. Werfttypische Arbeitsgeräusche, also Hämmern, Schweißen oder der Einsatz von Winden oder Kränen waren nur selten zu hören. Unter diesen Bedingungen war mein Dienst relativ einfach. Ich hatte dafür zu sorgen, dass ein Seemann als Wache an der Gangway stand und dass nachts alle Lampen ordnungsgemäß eingeschaltet waren – einschließlich der Außenbordlaternen. Des Weiteren hatte ich mich auf meinen nächtlichen Rundgängen davon zu überzeugen, dass sämtliche Leinen ordnungsgemäß belegt waren, morgens nach dem Hellwerden war die Decksbeleuchtung auszuschalten und um

8.00 Uhr die Flagge zu setzen. Alles in allem kein übermäßig anstrengender Dienst.

Eines Abends war ich in Warnemünde an Land gegangen und hatte in der Atlantic-Bar am Alten Strom einige Kameraden getroffen, die ich noch aus der Volksmarine kannte. Natürlich hatten wir uns mit großem Hallo begrüßt, sie baten mich an ihren Tisch und wir kamen angeregt ins Klönen nach dem Motto „Mensch, weißt du noch und erinnerst du dich noch und kennst du noch diesen und jenen" und dergleichen. Als ich die angeregte Runde mit Bedauern verließ, um rechtzeitig um Mitternacht meine Wache anzutreten, hatte ich zwar keineswegs zu viel Alkohol getrunken, aber natürlich keine Minute geschlafen. Das wirkte sich gegen Morgen dahingehend aus, dass ich eingenickt war und es somit versäumte, die neue Wache zu wecken. Als Kapitän Kassner vom S-Bahnhof Warnow-Werft den Weg zu seinem Schiff zu Fuß zurücklegte, bemerkte er schon von Weitem, dass die Decksbeleuchtung noch brannte und die Flagge nicht gesetzt war. Er ließ mich sofort kommen und donnerte mich nach Strich und Faden zusammen. Natürlich kam dergleichen nie wieder vor. Aber wie das so ist, Jugendsünden begleiten uns ein ganzes Leben lang. Es dauerte über 20 Jahre, bis ich Hein Kassner bei irgendeiner offiziellen Gelegenheit wieder traf. Er erinnerte sich sofort an meine damalige Fehlleistung, ebenfalls nach dem Motto: „Weißt du noch …?" Ja, ich wusste noch, aber meine Freude über seine Gedächtnisleistung hielt sich in Grenzen.

Navigation mit unglaublich kurzem Bleistift

Sparsamkeit gehört in allen Bereichen, besonders aber in der Wirtschaft, zu den großen, wohl zeitlosen Leitlinien. Die Grundidee ist natürlich, falscher Großzügigkeit und unangebrachter Verschwendung vorzubeugen. Aber wie das so ist mit Prinzipien, wenn man übertreibt, erreicht man das Gegenteil.

Im Jahre 1964 fuhr ich an Bord des Fracht- und Lehrschiffes HEINRICH HEINE, der ehemals belgischen MAR DEL PLATA. Die Stammbesatzung umfasste etwa 60 Personen einschließlich der mitfahrenden Berufsschullehrer und Lehrbootsleute für die Ausbildung von etwa 100 künftigen Matrosen, die in vier Klassen aufgegliedert waren. Als II. Offizier war ich für die Ladung verantwortlich und hatte daher mit dem Berufsschulbetrieb nicht viel zu tun. Wegen der verhältnismäßig großen Besatzung gab es einen entsprechend umfangreicheren Wirtschaftsbereich, den Zahlmeister Sternsdorff lei-

Fracht- und Lehrschiff HEINRICH HEINE beim Laden von Zuckersäcken aus Leichtern auf der Reede von Santa Maria, Kuba. Die Aufschrift Cubalco an der Bordwand zeigt die Zugehörigkeit zum Gemeinschaftslinien-dienst „Cuba Baltic Conference".

tete. An Bord von Schiffen der Deutschen Seereederei Rostock galt das Prinzip der strengsten Sparsamkeit, besonders für Einkäufe im Ausland. Nach Möglichkeit sollte außer Frischproviant, Trinkwasser und Treibstoff möglichst alles Benötigte vor Reiseantritt im Heimathafen beschafft werden. Zukäufe in westeuropäischen Häfen erlaubte die Reederei nur dann, wenn durch sie eine sogenannte Einkaufsgenehmigung erteilt wurde. In den Anfangsjahren der DSR hatte es zur „Versorgung im Ausland" eine große Polemik in der Betriebszeitung gegeben: Auf der Heimreise von Ostasien hatte der hochangesehene Kapitän Adolf Zinn sich veranlasst gesehen, für die Arbeit in der Seekarte die nicht mehr gebrauchsfähigen Bleistifte in Rotterdam durch einige neu eingekaufte zu ersetzen. Wegen dieser Art von Vergeudung holländischer Gulden war er persönlich angegriffen worden und hatte sich in einer sehr sachlichen schriftlichen Stellungnahme dagegen gewehrt.

Unsere Kuba-Reisen dauerten fahrplanmäßig im Allgemeinen drei Monate, wenn wir uns die Zuckerladung für den Rückweg erst in mehreren Häfen zusammensuchen mussten, konnte es auch länger dauern. Auf einer Heimreise geschah es, dass auf der Brücke allmählich die Schreibgeräte ausgingen. Kugelschreiberminen für Eintragungen in der Wachkladde, im Schiffstagebuch und in den anderen nautischen Unterlagen hatte der Zahlmeister auf Anforderung des I. Offiziers hin zwar ausreichend beschafft, aber die Qualität dieser Minen war durch das subtropische, feuchtwarme Klima Kubas doch sehr beeinträchtigt worden, so dass eines Tages der gekaufte Bestand aufgebraucht war. Schließlich war nur noch ein privater Kugelschreiber eines der nautischen Offiziere auf der Brücke vorhanden und wurde natürlich sorgsam gehütet. Sehr ähnlich war die Lage bei den Bleistiften für das Arbeiten an der Seekarte. Harte und weiche Bleistifte waren in genügender Anzahl an Bord gekommen, wurden aber in der Seekarte ungern benutzt. Kurslinien und Peilungen, die mit harten Stiften eingetragen waren, konnte man zwar ausradieren, aber die Druckstellen blieben dennoch sichtbar. Bei weichen Bleistiften passierte das Gegenteil. Sie ließen sich leicht ausradieren, aber im heißen Klima verschmierten sie. Die wenigen verfügbaren Stifte in mittleren Härtegraden waren im täglichen Gebrauch den Weg alles Irdischen gegangen und so gab es nach dem Verlassen Kubas im Kar-

Die nautischen Offiziere der HEINRICH HEINE im Sommer 1964, von links: II. Offizier Gerd Peters, III. Offizier Jürgen Karg, I. Offizier Klaus Osterode, III. Offizier Roland Schwerd

tenraum nur noch einen einzigen brauchbaren Bleistift. Nun wird ein solcher durch täglichen Gebrauch natürlich nicht länger. Als wir in Rotterdam einliefen, war der verbliebene Stummel so kurz, dass man ihn nur noch mit Hilfe einer Aufsteckhülse aus Plastik benutzen konnte. Bei einem Brückenbesuch des Zahlmeisters wurde dies vorgeführt, verbunden mit der Bitte, in Rotterdam Ersatz zu kaufen. Der Zahlmeister weigerte sich ganz entschieden, weil es dafür keine Einkaufsgenehmigung gäbe, und forderte uns auf, das Prinzip der strengsten Sparsamkeit auch im Brückendienst durchzusetzen. Er wurde zwar entsprechend beschimpft, entzog sich aber mit dem Hinweis auf die erwähnte Polemik in der Betriebszeitung jedweder Zuständigkeit. Auch der Kapitän mochte von seiner Kommandogewalt keinen Gebrauch machen.

Der Rest des verlängerten Bleistiftstummels brachte uns navigatorisch noch bis zum Feuerschiff Elbe I. Bei der Durchfahrt des Nord-Ostsee-Kanals wurde für die Seekarte kein Bleistift benötigt. Aber als der Kapitän nach dem Verlassen der Schleuse Holtenau die letzten Kurse von Kiel bis Warnemünde Reede eintragen wollte, war nur noch die leere Verlängerungshülse übrig. „Verdammt noch mal", fluchte er, „wo ist denn der Rest vom Bleistiftstummel geblieben?"

Der wachhabende III. Offizier, Roland Schwerd, hörte den Herren und Meister fluchen und sah vorsichtig um die Ecke der Kartenhaustür. Der Kapitän sah ihn an: „Wo ist der Bleistift geblieben?" Roland Schwerd zuckte mit den Schultern: „Den muss irgend so ein Verschwender weggeworfen haben!"

Glücklicherweise fand sich im Funkraum dann doch noch ein „Zweitstift". Ohne weitere Komplikationen erreichte die HEINRICH HEINE einige Stunden später ihren Heimathafen.

Maria del Carmen

Eine der nächsten Reisen führte die HEINRICH HEINE zunächst nach London. Kurz vor Ladeende brachte uns die Maklerei einen Passagier an Bord. Monsieur Delassue war ein etwa 27-jähriger Franzose, mittelgroß, dunkelhaarig, mit sportlicher Figur, der sich sich als sehr umgänglich erwies. Der junge Mann bezog eine Passagierkabine und nahm seine Mahlzeiten bei uns in der Offiziersmesse ein. Während der Weiterreise erfuhren wir nach und nach, dass er im Algerienkrieg aus der französischen Armee desertiert und zur algerischen Befreiungsfront übergelaufen war. Dafür in Abwesenheit zu einer erheblichen Gefängnisstrafe verurteilt, war er nach Schweden gegangen, um dort als Fotoreporter zu arbeiten. Nachdem Staatschef de Gaulle eine allgemeine Amnestie erlassen hatte, war er nach Frankreich zurückgekehrt, hatte dort jedoch als Journalist keine Arbeit mehr bekommen. So wollte er nun sein Glück in der Karibik versuchen. Von der kubanischen Gesandtschaft in der Schweiz hatte er ein Einreisevisum und mit seinem letzten Geld bezahlte er die Überfahrt von London. Als wir wie üblich nach etwa 18 Tagen in Havanna einliefen, nahmen ihn die dortigen Grenzer nach einer Passkontrolle von Bord. Die HEINRICH HEINE löschte ihre für Kuba bestimmte Ladung und setzte ihre Reise fort. Wir steuerten den südlichen Teil des Golfes von Mexiko an und machten im mexikanischen Flusshafen Coatzacoalcos fest. Nach der Beladung des Schiffes mit rund 8000 to Mais für Polen liefen wir zurück nach Kuba. In Matanzas übernahmen wir noch eine Restladung von verschiedenen Konservensorten. Wenige Stunden vor dem Auslaufen brachten Grenzer Monsieur Delassue zurück an Bord.

Kubas Behörden erkannten – aus welchen Gründen auch immer – sein Visum nicht an und wollten ihn wieder loswerden, nach der Devise: „Er kam mit Euch hierher, wir wollen ihn nicht, nun müsst ihr ihn wieder mitnehmen." Das war ein glatter Verstoß gegen alle möglichen internationalen Konventionen, aber Kapitän Helmut Queisser verzichtete darauf, Protest zu erheben oder sich bei der DDR-Botschaft in Havanna zu beschweren. Er wusste wohl, dass die-

Eine Kubanerin am felsigen Strand von Havanna

se am Ende ohnehin nachgegeben hätte und dann wäre nichts weiter erreicht gewesen als eine Verzögerung der Heimreise.

Es kamen auch noch zwei weibliche Passagiere an Bord: eine sehr gut aussehende, blondgefärbte Kubanerin, deren Name mir im

In der Hitze der Nachmittagssonne als II. Offizier während der 12-16-Uhr-Wache

Laufe der Zeit entfallen ist, und eine schwarzhaarige, schlanke, ebenfalls sehr gut aussehende junge Frau. Die Blonde wollte nach Paris, um im Rahmen einer internationalen Modemesse kubanische Nationalkostüme und Landestrachten vorzuführen. Angeblich hatte sie an der Seite von Fidel Castro an den Revolutionskämpfen in der Sierra teilgenommen. Die andere junge Frau hieß Ma-

Dieses Foto mit dem II. Offizier Peters und dem III. Offizier Schwerd zeigt eine Situation des Übermutes – und ist daher nicht repräsentativ.

ria del Carmen. Sie stammte aus der Umgebung von Havanna und war mit einem Professor der Hochschule für Architektur der DDR verlobt, der sie bei einem Studienaufenthalt auf Kuba kennengelernt hatte. Nun wollten die beiden in der DDR heiraten. Die Damen bezogen jeweils eine kleine Einzelkammer auf dem Bootsdeck. Unser Politoffizier, der als ehemaliger Spanienkämpfer ein ziemlich gutes Spanisch sprach, und daher den Spitznamen Comisario bekommen hatte, fungierte für sie während der Überreise sozusagen als Ansprechpartner.

Für Kapitän Queisser ergab sich die Frage, was mit Monsieur Delassue anzufangen sei. Da der Franzose kein Geld besaß, blieb nur die Möglichkeit, ihn als „Überarbeiter" anzumustern, ihn also die Passage, Kost und Logis abarbeiten zu lassen. Für solche Fälle, die in der internationalen Seefahrt nicht selten waren, schrieb die Seeleutegewerkschaft eine monatliche Mindestheuer von einem US-Dollar vor. Dieser Devisenaufwand ließ sich für die Reederei durchaus ertragen und so wurde Monsieur Delassue im Schiffstagebuch offiziell gemustert. Nach kurzer Beratung auf der Brücke entschied der Kapitän,

127

ihn meiner Null-Vier-Wache zuzuteilen. Als Franzose könne er bestimmt Kaffee kochen, als intelligenter Journalist und Fotoreporter wäre er sicher in der Lage, schnellstens das Rudergehen zu begreifen und als ehemaliger Soldat wäre er gewiss bereit, auf der Brücke und im Kartenhaus Reinschiff zu machen. Natürlich brach in den ersten Tagen auf meiner Wache die babylonische Sprachverwirrung aus. Der Kapitän sprach mit Monsieur Delassue englisch, ein jeder von ihnen mit einem anderen Akzent. Ich gab ihm meine Order mit französischen Sprachresten meiner Westberliner Oberschulzeit, die ich aus dem hintersten Gedächtnisfach hervorholte. Und der Comisario sprach mit ihm spanisch, denn Monsieur Delassue hatte sich schnellstens mit dem kubanischen Mannequin, heute sagt man wohl Model, angefreundet und verfügte so jeden Tag über neue Vokabeln. Von Babylon abgesehen, erwies sich Monsieur Delassue auf der Kommandobrücke als außerordentlich anstellig, ging tadellosen Ausguck, das Steuern nach Kompass hatte er nach zwei Stunden gelernt, er wischte den Fußboden, putzte die Scheiben, klarte den Kartenraum auf und kochte exzellenten Kaffee. Als Mann von Welt mit Humor lebte er sich schnell ein und wenn Zeit und Gelegenheit war, wusste er amüsante Geschichten aus seinem Berufsleben zu erzählen.

Maria del Carmen trug ihre schwarzen Haare glatt nach hinten gekämmt zu einem kunstvollen Knoten zusammengesteckt und figurbetonte kurze Kleider bzw. Röcke, die ausgiebige Blicke auf ihre wirklich schönen Beine zogen. In der Offiziersmesse aßen beide Damen am Tisch des Schiffsarztes. Ihre umfangreiche Freizeit verbrachten sie für gewöhnlich in der Sonne im Liegestuhl an Deck. Gelegentlich kam „el comisario" zum Plaudern vorbei. Da Monsieur Delassue einen nicht unwesentlichen Teil der Freizeit von Kubas Starmannequin ausfüllte, sah sich Maria besonders abends häufig allein. Dies und manche andere Überlegung mag sie bewogen haben, sich den Aufmerksamkeiten der Männer an Bord mit freundlicher Miene zuzuwenden. Und weil sie eine Nachbarkabine von mir bewohnte, konnte mir nicht entgehen, dass ihre Tür häufig zu einer Zeit auf- und zuklappte, in der eigentlich auf unserem Wohndeck allgemeine Ruhe zu herrschen pflegte. Allzu viele Gedanken machte ich mir darüber nicht. Meine ungünstigen Wachstunden und der umfangreiche Papierkrieg der Ladungsdokumentation, den ich als

Mit dem Sextant messe ich den Sonnenstand, um eine Mittagsbreite zu erhalten.

II. Offizier als Ressortarbeit zu bewältigen hatte, verlangten, dass ich jede freie Stunde nutzte, um Schlaf zu finden. Und so kümmerte ich mich auch nicht sehr um das langsam kursierende Gerücht, dass der eine oder andere Mann an Bord sich der Gunst der schönen Kubanerin erfreute.

Eines Morgens, nach vier Uhr, meinem Wachwechsel, machte ich noch pflichtgemäß den sogenannten Schiffsrundgang durch alle Wohndecks, und kam so gegen 4.20 Uhr den Niedergang zu unserem eigenen Deck hoch. Vor der Tür zu Marias Kabine bemerkte ich einen Menschenauflauf. Maria, Monsieur Delassue und zwei Schiffsoffiziere diskutierten leise, aber sichtlich erregt. Als ich erschien, verzogen sich alle in ihre Kabinen, die Türen klappten zu und es war

Ruhe. Ich zerbrach mir nicht lange den Kopf, sondern sah zu, dass ich schnellstens in die Koje kam. Am nächsten Morgen saßen die beiden jungen Frauen wie üblich an der Achterkante des Wohndecks auf einer Bank in der Sonne. Wie so oft gesellte sich der Comisario, unser Polit-offizier Sebastian, hinzu. In seiner ruhigen, freundlichen Art sprach er die beiden an: „Buenos dias, muchachas, haben wir heute nicht wieder einen schönen Morgen?" „Ja, von wegen" antworteten die beiden Kubanerinnen, „das ist gar kein schöner Morgen, Comisario. Stellen Sie sich vor, ein Mitglied der Besatzung wollte Maria heute Nacht vergewaltigen. Das ist doch wohl unerhört." „Was?", meinte der Politoffizier entsetzt, „so etwas gibt es doch gar nicht!" Nach und nach erzählten ihm die beiden, dass ein Seemann in der Nacht versucht hätte, sich gewaltsam Zutritt zu Marias Kabine zu verschaffen. Aufgrund der Geräusche und der erregten Stimme von Maria während des entstandenen Handgemenges waren Offiziere des Schiffes hinzugekommen, hatten den Seemann mit vereinten Kräften gebändigt und weggeführt. Das hatte sich als nicht so einfach erwiesen, denn König Alkohol war wohl mit im Spiel. El comisario zeigte sich betroffen, ging es doch um den politisch-moralischen Zustand der Besatzung, und sah sich veranlasst, Kapitän Queisser zu informieren. Auch der fiel natürlich aus allen Wolken, höchstpeinlich berührt und einigermaßen beunruhigt über die zu erwartenden Folgen. Nun wäre es wahrscheinlich das Gescheiteste gewesen, wenn er Maria del Carmen und den Beschuldigten in die Kapitänskammer gebeten hätte, um in aller Ruhe und möglichst sachlich ein klärendes Gespräch zu führen. Leider kam keiner auf diese an sich naheliegende Idee, stattdessen gab es mehrere Sitzungen in unterschiedlichen Gremi-

MS HEINRICH HEINE auf der Reede von Warnemünde

en – Schiffsleitung, Parteileitung, Konfliktkommission und was auch immer sonst noch. Sachlich kam dabei nicht viel heraus. Aber die Gerüchteküche an Bord erhielt laufend neue Nahrung.

Dessen ungeachtet setzten sich die nächtlichen Herrenbesuche in der Kabine meiner Nachbarin munter fort. Und hinter vorgehaltener Hand wurde geflüstert, dass die schöne Kubanerin sich keineswegs zierte, sondern ihre einzige Sorge war wohl, dass sich keine Folgen der Begegnungen einstellten. Sie würde lediglich mit flehentlich-leiser Stimme hauchen: „Por favor, por favor, no baby, no baby!" Na, das konnte man auch verstehen, denn damals war im katholisch geprägten Kuba die Pille kaum bekannt, geschweige denn lieferbar, und dass der künftige Ehemann als Professor der Architektur würde rechnen können, war nicht zu bezweifeln.

Indessen setzte die HEINRICH HEINE ihre Heimreise fort, durchquerte ohne besondere Ereignisse die Biskaya. In Antwerpen gingen das Starmodel und Monsieur Delassue an Land, um nach Paris weiterzureisen. Von beiden habe ich nie wieder etwas gehört. Maria blieb an Bord und setzte ihre Sturm- und Drangzeit fort. Eine steigende Anzahl Männer wurde von ihr morgens in der Messe oder bei Begegnungen an Deck mit einem hinreißenden Lächeln bedacht.

Inzwischen gingen die wenig geschickten Untersuchungen des Kapitäns und des Comisarios zur Aufklärung des Zwischenfalls in

Marias Kabine weiter. Der Beschuldigte stritt eine versuchte Vergewaltigung ab und behauptete, dass die als „Beinah-Zeugin" aufgetretene zweite Kubanerin die Unwahrheit gesagt hätte. Damit kam er beim Politoffizier aber nicht an. „Diese Frau", sagte dieser, „kämpfte mit Fidel Castro zusammen in der Sierra und eine kubanische Genossin belügt uns nicht. Dann müssen wir die Sache eben der Kriminalpolizei übergeben."

Als das Schiff dann im Rostocker Überseehafen festmachte und ich an Deck das Öffnen der beiden Luken, in denen Konserven gestaut waren, überwachte, lief eine eigenartige Szene ab. Unten am Kai war ein Wartburg mit Thüringer Kennzeichen vorgefahren, daneben stand ein nicht gerade schlanker, kleiner Mann im dunkelblauen Anzug, offensichtlich schon fortgeschrittenen Alters, der einen Blumenstrauß in der Hand hielt. Aha, dachte ich, der Bräutigam erwartet die Braut. Diese verabschiedete sich gerade oben auf dem Hauptdeck von einigen Männern, anderen winkte sie diskret lächelnd aus der Entfernung zu. Matrosen trugen ihre Koffer die Gangway hinunter zum Auto und schließlich kam Maria del Carmen – man kann es nicht anders sagen – die Gangway hinunter geschwebt. Sie trug ein eng anliegendes schwarzes französisches Kostüm, darunter eine weiße Bluse, nach der damaligen Mode im Kragenausschnitt und an den Ärmeln mit Jabots verziert. Sie hatte nur noch ihr schwarzes Handtäschchen bei sich und war, die schwarzen Haare wie immer glatt nach hinten gekämmt und zu einem beachtlichen Knoten zusammengesteckt, die Verkörperung von „Muttis artiger Tochter". Auf dem Kai angekommen, fiel sie ihrem Bräutigam um den Hals und nach einer heftigen Begrüßung nahm sie huldreich die Blumen entgegen. Er öffnete ihr die Wagentür, sie ließ sich in den vorderen Sitz fallen, dann schlug er die Tür zu, klemmte sich hinter das Steuerrad und mit einem letzten Winken kam Maria langsam außer Sicht. Vom Boots- und Hauptdeck aus blickte ihr ein gutes Dutzend Männer mehr oder weniger wehmütig hinterher.

Eine Stunde später kamen zwei Rostocker Kripo-Beamte und begannen mit der vom Kapitän angeforderten Untersuchung. Am Abend war der Fall geklärt. Der Beschuldigte konnte genügend Zeugen beibringen, die sehr schnell zugaben, die Gunst Marias genossen zu haben, aber lächelnd erklärten, dass bei ihnen von einer Vergewal-

Teilansicht des Hafens von Veracruz mit Verwaltungsgebäuden

tigung nicht im mindesten die Rede sein konnte. In Einzelgesprächen sagten sie alle sinngemäß das Gleiche aus und im Rahmen der Untersuchung stellte sich heraus, dass der Beschuldigte am Abend vor dem Tumult von Maria auf das Liebenswürdigste empfangen worden war und offenbar vergeblich gehofft hatte, am nächsten Abend dieselben Freuden genießen zu können. Die Kriminalisten sahen den Beschuldigten daraufhin als entlastet an. In einer kurzen Auswertung vor der Schiffsleitung, an der auch der zuständige Inspektor und ein Mitarbeiter der Politabteilung der Reederei teilnahmen, ließen sie durchblicken, dass offenbar große Teile der Besatzung, nicht aber der Kapitän und der Politoffizier im Bilde gewesen waren, was an Bord so alles vorgegangen war.

Die Hafenliegezeit in Rostock und die erneute Ausreise nach Kuba und Mexiko ließen die Ereignisse um die schöne Kubanerin allmählich in den Hintergrund treten.

Die nächste Reise führte uns wieder nach Havanna und weiter nach Veracruz/Mexiko. Zwei Tage nach uns lief das Fracht- und Passagierschiff FERDINAND FREILIGRATH unserer Reederei in den gleichen Hafen ein. Am Nachmittag machte ich mich nach Dienstschluss landfein und ging zur FREILIGRATH, um den II. Offizier

133

Manfred Hinz, den ich seit meiner Marinezeit kannte, zu besuchen. Über die Gangway an Bord gekommen, gelangte ich ins Foyer. Als ich mich umsah, um den Weg in die Kabine meines Kollegen zu suchen, hörte ich hinter mir ein leises Lachen und eine nicht unbekannte Stimme hauchte im Theaterflüsterton: „¡Buenas tardes, segundo oficial!" Ich fuhr herum und erkannte Maria del Carmen in voller Lebensgröße, todschick wie immer. Sie trug ein buntes, sehr kurzes weites Sommerkleid, winkte mir lässig zu und schritt mit wiegenden Hüften, die den Saum des Kleides in reizvolles Schwingen versetzten, Richtung Gangway.

Manfred Hinz sortierte in seiner Kammer Ladepapiere. Wir begrüßten uns und ich erwähnte die überraschende Begegnung im Foyer. „Hör bloß auf", rief er, „hör bloß auf, du glaubst ja nicht, was hier an Bord los ist! Ich sage dir, die hat die halbe Besatzung durcheinandergebracht!" Ich grinste. „Mir brauchst du nichts zu erzählen", sagte ich und schilderte ihm in kurzen Worten die Ereignisse auf unserer letzten Reise. „Na, ja", sagte er, „dann weißt du ja Bescheid. Hier ging es im gleich Stil weiter." Wir lästerten noch eine Weile und beschlossen dann, an Land zu gehen, um irgendwo ein Bier zu trinken.

Das Stadtzentrum von Veracruz ist vom Handelshafen aus in knapp 15 Minuten zu erreichen. Wir standen an einer belebten Straßenkreuzung, als genau vor uns an der Bordsteinkante ein großer weißer Cadillac Cabrio mit geöffnetem Verdeck hielt. Am Steuer saß ein gut aussehender Mexikaner, sichtlich auf Playboy getrimmt, angetan mit einer weißen Hose und einem äußerst krakelig-bunten Hawaii-Hemd. Und neben ihm saß – Maria del Carmen, lächelnd über unsere verblüfften Gesichter. Wir waren dermaßen perplex, dass wir unsere Grünphase verpassten. Als dann der Cadillac freie Fahrt bekam, winkte sie uns graziös mit einem holdseligen Lächeln zu, rief „¡Adiós Señores!", und der Wagen rollte davon.

Als die FREILIGRATH einige Tage nach uns in Havanna einlief, erzählte Manfred Hinz, dass Maria mit ihrem umfangreichen Gepäck in Veracruz von Bord gegangen war und auf die Weiterreise nach Kuba verzichtet hatte.

Die gläserne Kuh

Nach einer Seefahrtszeit von 22 Monaten in der großen Fahrt mit dem Patent A5 erhielt ich am 7. September 1965 das Befähigungszeugnis A6, Kapitän auf großer Fahrt. Da das DDR-Seefahrtsamt die Reederei bereits daüber informiert hatte, dass die von mir eingereichten astronomischen Schiffsortbestimmungen, Kompasskontrollen usw. und auch mein Arbeitsbuch als II. Offizier mit Ladungsberechnungen und Kopien von Stauplänen günstig beurteilt worden waren, hatte ich bereits am Tag zuvor meinen neuen Heuerschein als I. Offizier für das Fracht- und Lehrschiff HEINRICH HEINE erhalten. Mein Vorgänger, Klaus Osterode, kam aus dem Jahresurlaub nicht wieder zurück an Bord, sondern wurde Kapitän auf einem 10000-t-Frachter vom sogenannten Typ IV. Meine Beförderung war nicht nur mit einer höheren Heuer verbunden, sondern ich konnte nun auch

Eine Komposition heiterer Erinnerungsbilder vom Ausbildungsbetrieb an Bord des Fracht- und Lehrschiffes HEINRICH HEINE. In der Bildmitte der leitende Lehrer Rudolf Delosea mit seinen Lehrern und den Lehrbootsleuten

die Räume des I. Offiziers beziehen. Sie bestanden aus einem großen Wohnraum, einer Schlafkammer, beides sehr konservativ, aber gemütlich eingerichtet, und einem großen gefliesten Sanitärraum. Ein weiterer Vorteil der neuen Dienststellung war die Tatsache, dass ich im Normalfall wachfrei war, d. h. auf der Kommandobrücke keine Seewache mehr zu gehen brauchte. Das Schiff fuhr zwei III. Offiziere, die sich zusammen mit dem II. Offizier die Seewachen teilten. Mein neuer Verantwortungsbereich umfasste neben der Vertretung des Kapitäns die Verantwortung für die praktische Ausbildung der rund 100 Matrosenlehrlinge. Hierfür standen mir ein Lehroberbootsmann und einige Lehrbootsleute zur Verfügung. Die theoretische Ausbildung in den Klassenräumen oblag dem leitenden Lehrer und einigen Lehrern der Betriebsberufsschule, die zur Besatzung gehörten. Die praktische Ausbildung erfolgte im Brückendienst, bei den Decksarbeiten, im Ladungs- und beim Bootsdienst. Es kam allerdings auch vor, dass eine Klasse von Offiziersanwärtern mitfuhr, die für den Besuch der Seefahrtsschule in einigen allgemeinbildenden Fächern vorbereitet wurden. Im Übrigen unterstand mir natürlich die Decksbesatzung aus dem Bootsmann, dem Zimmermann und den Matrosen.

Zur Zeit meiner Beförderung lag die HEINRICH HEINE zu Überholungsarbeiten in der Warnow-Werft Warnemünde. Wie so oft verzögerte sich die Fertigstellung des Schiffes, da für die Werft in erster Linie die pünktliche Auslieferung der Neubauten wichtig war. Schließlich wurden wir doch fertig und so wurde es eine meiner ersten Aufgaben als Stellvertreter des Kapitäns, das Schiff, natürlich unter Assistenz eines Lotsen und mit Hilfe zweier Bugsierschlepper, von der Werft in den Überseehafen Rostock zu verholen. Wie immer nahmen wir eine für Havanna bestimmte Stückgutladung an Bord, bestehend aus vielen großen und kleinen Kisten, LKWs, Traktoren, sogenannten Milchkühlwannen und vielem mehr. Der bisherige III. Offizier Roland Schwerd hatte als frisch gebackener II. und damit verantwortlicher Ladungsoffizier reichlich zu tun.

Einige Wochen später erreichten wir planmäßig Havanna und die kubanischen Stauer begannen ohne Übereilung mit dem Löschen der Ladung. Nachts wurde nicht gearbeitet.

Deswegen war ich ziemlich verwundert, als Roland Schwerd eines Nachts in meine Kammer kam und mich weckte. „Was is'n los?",

*Mit dem eigenen Ladegeschirr nimmt die HEINRICH HEINE große Kisten
mit Stückgut und LKWs als Exportgüter nach Kuba an Bord.*

murmelte ich halb verschlafen und rieb mir im Schein der Kojenlam-
pe die Augen.

„Ja", sagte Roland, „da sind ein paar Typen mit einem Schwer-
lasttransporter gekommen und wollen von uns die Gläserne Kuh
ausgehändigt haben." „Na und", fragte ich, „haben wir die irgendwo
an Bord?" Roland informierte mich darüber, dass in seinen Ladepa-
pieren lediglich rund drei Dutzend Kisten mit der Aufschrift „Aus-
stellungsgut, bestimmt für die Landwirtschaftsausstellung der DDR
in Havanna/Republik Kuba" aufgeführt waren. Na, das war vielleicht
ein Ding. Ich erhob mich, zog mir mein ältestes Khakizeug an, griff zu

den Arbeitshandschuhen und zur Taschenlampe und wir gingen nach unten an Deck, um nähere Erkundigungen einzuholen. Zwei an Bord gekommene Vertreter der Ausstellungsleitung teilten uns mit, dass unter den gelisteten Kisten eine mit der Hauptattraktion der Schau wäre, der „Gläsernen Kuh". Wir wussten natürlich von der Hauptattraktion im Deutschen Hygienemuseum in Dresden, der „Gläsernen Frau". Aber dass mittlerweile eine ebensolche Kuh existierte, das war uns neu. Und dass man uns dieselbe so beiläufig in Rostock an Bord gesetzt hatte, ohne dass sich die Herren der Ausstellungsleitung sehen ließen, um uns auf dieses kostbare Ladungsgut hinzuweisen und es als solches auch zu deklarieren, das war schon ein starkes Stück. Das teilte ich den Kollegen auch ganz unverblümt mit und vertrat energisch die Auffassung, dass es sich hier um eine „Falschdeklarierung" handelt, offensichtlich deswegen, um eine geringere Frachtrate zahlen zu müssen. Abgesehen davon handelte es sich bei der über drei Tonnen schweren Kiste auch noch um Schwergut.

Die Absicht, die „Gläserne Kuh" preisgünstiger verschiffen zu wollen, war klar zu erkennen. Die Kollegen bestritten dies natürlich und meinten, darum hätte sich die Spedition Deutrans kümmern müssen. Meine Frage, ob sie denn Deutrans überhaupt informiert hätten über den Inhalt der Kisten, mussten sie allerdings verneinen. Damit war klar, dass diese Kiste auch nicht ihrem hohen Wert entsprechend versichert worden war. Im Falle eines Schadens hätte möglicherweise eine Erstattung des Schadens durch die Reederei zur Diskussion gestanden. Das alles ärgerte mich und ich machte daraus keinen Hehl. Es ging noch eine Weile hin und her, aber schließlich bestanden die beiden Männer auf sofortiger Auslieferung. Da der Termin der Ausstellungseröffnung drängte und die Installation der Kuh wegen der vielen Kabel, Elektroanschlüsse und Schaltungen äußerst kompliziert war, wollten sie das Paradestück zuerst in ihrem Pavillon haben. Den Zahn mussten wir ihnen nun erst mal ziehen. Mitten in der Nacht, ohne Kranführer und Stauer ging das nicht. Außerdem wussten wir wegen der Falschdeklaration nicht, in welcher Luke diese Kiste zu finden war. Ihres Gewichtes wegen stand zu vermuten, dass sie sich irgendwo ganz unten am Boden der Luke im Unterraum befand und erst von den über ihr gestauten anderen Kisten und Warenarten befreit werden musste. Im Übrigen konnte die Kiste wegen ihres Ge-

Eine Schwergutkiste mit einem Gewicht von elf Tonnen muss sorgfältig angeschlagen werden, damit sie beim Hieven nicht abrutscht und den wertvollen Inhalt in einen Trümmerhaufen verwandelt.

wichtes von einem gewöhnlichen Hafenkran nicht bewältigt werden, der nur bis drei Tonnen Traglast zugelassen war. Demzufolge müsste die Ausstellungsleitung über die Agentur den einzigen in Havanna vorhandenen Schwimmkran anfordern. Das gefiel den beiden sächsischen Kollegen überhaupt nicht, aber die „Macht des Faktischen" war in diesem Fall stärker.

Nun galt es also erst einmal die Kiste zu suchen. Eine besondere Aufschrift hatte sie nicht, wir kannten durch unser Gespräch aber zumindest die Kistennummer. Zunächst stiegen wir beide in die größte Luke des Schiffes, die Luke zwei, in der Hoffnung, dort zwischen anderen Schwergutkisten das Gesuchte zu finden. Der ganze Unterraum und das darüberliegende Zwischendeck waren vollgestaut mit Stückgütern, die meisten davon in Kisten. Uns war klar, dass wir in den Unterraum mussten. Also galt es, sich durchzuzwängen und zu -schlängeln. Im spärlichen Licht einer Taschenlampe arbeiteten wir uns langsam zum Boden im Unterraum der Luke durch. Dort ging der eine nach Steuerbord, der andere nach Backbord und weiter zwängten wir uns, mühsam nach Lücken suchend, durch den unteren Teil des Laderaumes. Schließlich wurde die Kiste gefunden: unbeschädigt und glücklicherweise annähernd im Lukenschacht stehend. Man würde sie also mit dem Schwimmkran senkrecht anhieven können, vorausgesetzt, dass alle darübergestauten Kisten zuvor herausgeholt worden waren. Schmutzig und staubig gelangten wir wieder nach oben an Deck, wo uns die Herren von der Ausstellungsleitung ungeduldig erwarteten. Einerseits waren sie erleichtert über unseren Fund, andererseits waren sie nicht begeistert, als sie hörten, dass bis zum Schichtbeginn um 6.00 Uhr nichts weiter unternommen werden konnte. Ihre Sache, so sagten wir ihnen, wäre es nun, mit ihrem Fahrzeug und dem Schwimmkran gegen 10 Uhr wieder im Hafen zu sein. Bis dahin würden wir mit einigem Glück die kubanischen Stauer davon überzeugt haben, eine Art Schacht bis nach unten zu schaffen.

Als ich beim Frühstück Kapitän Queisser über den Sachstand unterrichtete, war dieser ebenfalls sichtlich erstaunt. In Punkto Falschdeklaration und möglicherweise mangelndem Versicherungsschutz verlangte er einen schriftlichen Bericht für den zuständigen Inspektor der Reederei.

Der weitere Ablauf des Geschehens ist schnell erzählt. Es gelang Roland Schwerd und mir mit vereinten Kräften, den Oberstauer und seine Helfer nach einigem Palaver dazu zu bringen, die störenden Kisten herausnehmen zu lassen und dem Schwimmkran freie Bahn zu verschaffen. Dieser kam tatsächlich kurz nach 10 Uhr längsseits, hievte langsam die Kiste mit der „Gläsernen Kuh" empor und stellte sie sacht auf sein Deck. Am nächsten freien Kai machte der Kran fest und übergab das kostbare Stück an einen Schwerguttransporter, wo die Ausstellungsverantwortlichen schon ungeduldig warteten. Der Rest des Ausstellungsgutes wurde im Tagesverlauf ebenfalls zügig gelöscht und abtransportiert. So konnte die Schau zum vorgesehenen Termin eröffnet werden, wozu Kapitän Queisser eine Einladung erhielt. Die „Gläserne Kuh" war natürlich das meistbestaunte Exponat. Roland Schwerd schrieb über die ganze Angelegenheit einen Bericht für Rostock. Ob eine finanzielle Nachforderung erfolgte, erfuhren wir nicht.

Die Gentleman-Prüfstelle

Wer Englisch lernt, stößt früher oder später auf den Begriff „Gentleman". Kundige übersetzen ihn mit „Herr, vornehmer Mann, Ehrenmann". Sprachgeschichtlich mag das richtig sein. Doch in England merkt man sehr schnell, dass diese drei Wörter zur Erklärung nicht ausreichen. Ob am Passagierterminal eines Hafens oder Flughafens, ob in der Vorhalle eines Bahnhofes oder andernorts, jedenfalls dann, wenn man ein WC sucht, findet man auch dort die Menschheit unterteilt in Ladies und Gentlemen. Naturgemäß hat zu diesen Orten jeder Bedürftige Zutritt, also nicht nur Herren oder vornehme Männer – und man muss wohl auch kein Ehrenmann sein.

Als wir einmal mit der HEINRICH HEINE wegen einer Beschädigung des Schiffes durch einen herabstürzenden Kran eine Woche

In London stürzte beim Verladen von Eisenbahnschienen aus einem längsseits von uns liegenden Leichter der Kran auf die Luke 2 der HEINRICH HEINE. Die Ursache war ein Einweisungsfehler des englischen Lukenvize der Stauer-Gang. Das Kranführerhaus schlug bei diesem Sturz auf das Lukensüll. Der sofort herbeigeeilte Schiffsarzt, Sanitätsrat Dr. Sielmann, konnte nur noch den Tod des Kranführers feststellen.

in London lagen, gab es reichlich Gelegenheit, an Land zu gehen – und für mich einen unerwarteten Auftritt als Gentleman. Als leidenschaftlicher Museumsbesucher und jemand, der gerne in Antiquariaten und Buchläden herumkramt, fand ich nicht immer gleichermaßen Interessierte. Eines Tages war ich deshalb wieder allein in der Stadt, angetan mit einem grauen Anzug, weißem Oberhemd, dezentem Schlips, schwarzen Schuhen. Über dem Anzug trug ich einen grauen Ledermantel, den ich mir eine Reise vorher in Antwerpen hatte machen lassen. Es war kein besonders aufwändiger Dress, ich war eben angezogen, wie es sich für einen Offizier eines Handelsschiffes im Ausland gehört.

Mein Plan war, die Wachablösung am königlichen Schloss zu verfolgen, was stets ein interessantes Schauspiel ist. Damals wie heute finden sich hierzu viele Touristen ein und bevölkern rings um den Buckingham-Palast den schmiedeeisernen Zaun. An jenem Tag wurde die abzulösende Wache durch das Garde-Grenadierregiment Ihrer Majestät gestellt. In dunkelblauen Hosen, roten Uniformjacken und den schwarzen, hohen Bärenfellmützen bietet sie einen schönen Anblick. Die ablösende Einheit wurde von der schottischen Garde gestellt. Sie trug schwarze Hosen, einen grünen Uniformrock und dazu ihre typische schottische Kopfbedeckung. Beide Truppenteile hatten jeweils ein Tier als Maskottchen bei sich. Die Schotten führten einen Ziegenbock in der Marschformation mit, die Gardegrenadiere hatten einen riesigen schwarzen Hund an sehr kurzer Leine inmitten der Kolonne.

Die Ablösung benötigt geraume Zeit. Die alte Wache tritt heraus, nimmt Aufstellung, exerziert mit Gewehr über und Gewehr ab, wird durch den kommandierenden Offizier gemustert, das Orchester spielt dazu, es erscheint die Regimentsfahne usw. Dann kommt aus der angrenzenden Straße die heranmarschierende Einheit, voran die Kapelle, zieht durch das plötzlich geöffnete große Tor und nimmt gegenüber der abzulösenden Einheit Aufstellung. Dann geht es weiter mit vielen Auf- und Abmärschen, Meldungen der Offiziere an den Kommandeur usw. Schließlich marschiert die alte Wache ab, die neue begibt sich in Marschordnung in den Innenhof des Palastes. Ein farbenfrohes Spektakel, das viele aus London abgeschickte Ansichtskarten in alle Welt transportieren.

Wachablösung des Regiments der Gardegrenadiere vor dem Bucking-ham-Palast in London

Danach schlenderte ich noch ein bisschen weiter und kam an jenes große Tor, dessen Einfahrt rechts und links durch aufgesessene Reiter der Königlichen Gardekürassiere, der Horse-Guard, flankiert wird. Auch sie bieten ein farbenfrohes Bild mit roten Uniformröcken, silbernem Brustharnisch und altertümlichen Helmen, die von weißen Buschen gekrönt werden. Jeder von ihnen hat zum Schutz vor der Witterung ein einzelnes Schilderhaus, groß genug für Ross und Reiter. Für die Zeit seiner Wache muss er auf dem Pferd stillsitzen, mit gegen die Schulter gedrücktem Säbel.

Ich staunte über diese Disziplin, besonders über die Dressur der Pferde, für die es schwer ist, eine ganze Stunde lang nahezu still zu stehen, ohne mit den Hufen zu scharren, den Kopf nach hinten zu werfen und in das Zaumzeug zu beißen.

Dann fiel mein Blick auf ein nicht allzu großes Schild unmittelbar an der Toreinfahrt. Darauf war zu lesen: „Die Kavalleristen der Horse-Guard haben die Aufgabe, dafür zu sorgen, dass nur Autos diesen Torweg benutzen, die zum Kriegsministerium fahren, zur Admiralität oder zum Stab der Gardetruppen Ihrer Majestät. Fußgänger dürfen das Tor jederzeit passieren. Die im Torweg stehenden Gardekürassiere erweisen die Ehrenbezeugung, wenn ein Gentleman zu Fuß den Torweg passiert." Das war eine eigenwillig unkonkrete

Eine typische Ansichtskarte, wie sie von Touristen gerne aus London verschickt wird. Mitte rechts: Das Musikkorps der Gardegrenadiere Ihrer Majestät, Mitte oben: eine Schwadron der Gardekürassiere reitet am Schloss der Königin vorbei.

Wachinstruktion. Die hier formulierte Order war offenbar in erster Linie repräsentativ gedachte Tradition, denn es schien wenig wahrscheinlich, dass an dieser Stelle irgendwelche Kraftfahrzeuge passieren würden. Die Eingänge zu den unterirdischen Garagen der genannten Dienststellen waren ganz woanders. Durch den Torweg kam man lediglich auf den Paradeplatz der Garderegimenter. Der Durchgang war etwa zwölf Meter lang und mit großen Steinen gepflastert. Die gewölbte Decke war weiß gekalkt. Etwa in seiner Mitte standen sich zwei abgesessene Gardekürassiere gegenüber, fast mit dem Rücken an der jeweiligen Wand. Jeder hatte seinen Säbel gegen die rechte Schulter gelehnt, sozusagen in der Position: Stillgestanden!

Beim Näherkommen betrachtete ich mit Interesse die Einzelheiten der Uniform, die auf Hochglanz gewichsten schwarzen Stulpenstiefel mit silbernen Sporen, das weiße Koppelzeug, den blitzenden Degen und die Stickerei am Kragen. Als ich etwa zwei Schritte von der gedachten Verbindungslinie der beiden Männer entfernt war, erwiesen sie mir die Ehrenbezeugung durch Absenken der rechten Hand, der Säbel zeigte in der Endstellung nunmehr schräg nach vorne. Gleichzeitig machten sie eine Blickwendung und sahen mich dabei an. Eine Zehntelsekunde lang war ich überrascht, dann nickte ich den Soldaten zu und grüßte mit einem freundlichen „Good Afternoon". Ich sah noch, dass der Kavallerist zu meiner Rechten keine Mine verzog, dann war ich an ihm vorbei.

Auf meinem weiteren Spazierweg über den Platz kam ich ins Grübeln. Anstatt einfach zufrieden zu sein, dass man mich offenbar für einen Gentleman hielt, beschäftigte mich der Gedanke, woran dies wohl liegen könnte. Eine zufriedenstellende Erklärung dafür fand ich nicht. Zurück an Bord traf ich in der Offiziersmesse unseren Schiffsarzt. Sanitätsrat Dr. Sielmann war ein schon im Rentenalter befindlicher Mediziner, der nach der Aufgabe seiner Praxis in der Uckermark noch einige Jahre zur See fuhr. Ich erzählte ihm von meinem Erlebnis und fragte, ob er sich denken könne, an welchem geheimen Zeichen die beiden Gardekavalleristen wohl einen Gentleman zu erkennen glaubten. Dr. Sielmann überlegte eine Weile. „Tja, Chiefmate, ich glaube, die beiden urteilten nach der Haltung. Und vielleicht auch ein bisschen nach der Tageszeit. Immerhin war es ja sozusagen Arbeitszeit, und wer es sich leisten kann, zu dieser Stunde spazieren zu gehen oder einen Dienstgang ganz gemächlich zu absolvieren, der kann doch durchaus als Gentleman einzuordnen sein." Eigentlich hätte ich mit dieser Diagnose zufrieden sein können. Aber noch heute kann ich doch den Verdacht nicht ganz unterdrücken, dass die beiden Soldaten, die so angestrengt bis zur Ablösung still verharren mussten, über jede Gelegenheit froh waren, wenigstens den rechten Arm von Zeit zu Zeit bewegen zu dürfen.

Verspätung vor Jalta

Mitunter gibt es Ereignisse, durch die man urplötzlich in eine andere Richtung des Lebensweges gedrängt wird. So erging es mir im Sommer 1966. Vom Fracht- und Lehrschiff HEINRICH HEINE abgestiegen, erreichte mich im Urlaub ein Anruf der Reederei. Das Flaggschiff der Reederei, MS VÖLKERFREUNDSCHAFT, hatte auf einer Mittelmeerreise seinen zweiten I. Offizier verloren. Als das Schiff in Alexandria lag, hatte dieser ins Krankenhaus gemusst und sollte nach seiner Entlassung nach Hause fliegen. Kapitän Hans-Albert Wachtel hatte telegrafisch Ersatz angefordert. So kam es, dass ich möglichst sofort ins Flugzeug steigen und nach Piräus fliegen sollte, um dort an Bord zu gehen. Genau in diesen Tagen wollte ich aber mit meiner Familie von Greifswald nach Rostock umziehen, denn wir hatten die lange erwartete Neubauwohnung von der Wohnungsbaugenossenschaft der Reederei erhalten. Der Chefinspektor der DSR, Kapitän Klaus Heiden, sah die Berechtigung meines Wunsches, wenigstens den Umzug bewältigen zu können, ein. Ich musste aber zusagen, so rechtzeitig loszufliegen, dass ich am 15. September in Dubrovnik an Bord gehen konnte. Am Nachmittag des 13. trafen wir mit dem Möbelwagen in Rostock Lütten Klein ein und hatten gerade noch Zeit, die Möbel zu verteilen, die Lampen anzubringen und Küche und Kinderzimmer in einen einsatzklaren Zustand zu versetzen. Dann musste ich meine Uniformen und sonstige Ausrüstung packen und konnte noch einige Stunden schlafen, um dann mit dem Frühzug nach Berlin zu fahren. Auf dem Flugplatz Berlin-Schönefeld ging ich an Bord einer Caravelle der jugoslawischen Luftverkehrsgesellschaft und landete am Abend des 14. in Dubrovnik. Ein Mitarbeiter der Agentur holte mich ab und brachte mich zu meiner Unterkunft.

Am nächsten Morgen um 9 Uhr kam die VÖLKERFREUND-SCHAFT in den Hafen, ich meldete mich mit meinem Gepäck bei Kapitän Wachtel zum Dienst. An Bord freute man sich, dass die nautischen Offiziere wieder vollzählig waren und Gerhard Thiemann, der erste I. Offizier, wieder vom Brückendienst befreit, seine Aufgaben als Stellvertreter des Kapitäns und Leiter des Bereiches Deck

Der I. Offizier der VÖLKERFREUNDSCHAFT, Gerd Peters, lässt die Besatzung zur Meldung an Kapitän Wachtel antreten.

wahrnehmen konnte. Ich arbeitete mich schnell ein, kannte ich doch das Schiff aus meiner Bordfahrzeit im Jahr 1963 als damaliger IV. Offizier. Doch kaum drei Wochen später unterlief mir ein gravierender Fehler.

Am 7. Oktober 1966 hatten wir im rumänischen Schwarzmeerhafen Constanta Gewerkschaftsurlauber an Bord genommen. Die weiteren Häfen waren Jalta, Sotschi, Varna und schließlich wieder Constanta. Da die Entfernung von Constanta bis Jalta nicht sehr groß ist und obendrein der Fahrplan eine kleine Zeitreserve enthielt, war es nicht nötig, nach dem Auslaufen aus Constanta das Schiff die möglichen 18 Seemeilen pro Stunde laufen zu lassen. Wir wären sonst einige Stunden zu früh vor dem Hafen gewesen und hätten mitten in der Nacht die Lotsenstation in Aufregung versetzt. Die planmäßige Ankunftszeit war erst für 7.00 Uhr vorgesehen. Deswegen hatte Kapitän Wachtel bereits um Mitternacht die Maschinen stoppen lassen und wir trieben bei fast Windstille friedlich im Mondschein auf dem Schwarzen Meer, das keineswegs schwarz wirkte, sondern silbrig glänzte. Als ich morgens um 4.00 Uhr zu meiner Wache auf der Kommandobrücke erschien, machte mich mein Vorgänger auf die entsprechende Eintragung im Wachorderbuch aufmerksam. Dort stand: „Ab Mitternacht lassen wir das Schiff treiben. Die Vier-Acht-Wache hat die Fahrt nach Jalta so rechtzeitig fortzusetzen, dass wir gegen 7.00 Uhr den Lotsen übernehmen können und um 8.00 Uhr fahrplanmäßig im Hafen sind. Gez. Wachtel, Kapitän."

Die neue Wache setzte sich zusammen aus mir, dem IV. Offizier, Karl-Otto Richter, und im Funkraum hatte der I. Funkoffizier Alfred Schütt den Dienst übernommen. Ferner gehörten ein Quartermeister und zwei Matrosen für den Dienst am Ruder und als Ausguck dazu. Wie üblich schickte ich einen Matrosen erst mal runter in die Pantry, um das für uns zurechtgemachte Tablett mit Schmalzstullen nebst einer großen Blechkanne Kaffee, dem sogenannten Mittelwächter, zum ersten Frühstück heraufzuholen. Währenddessen ergriff ich im Kartenhaus den Zirkel, um die noch zurückzulegende Strecke bis Jalta auszumessen, hörte aber mit einem Ohr auf eine lustige Geschichte, die Alfred Schütt, wie immer, selbst morgens um vier schon zum Besten zu geben verstand. So passierte es, dass ich den Zirkel mit unserer Stundengeschwindigkeit von 17,5 Seemeilen zwar ansetzte und damit die Strecke mehrmals ausgemessen hatte, aber offenbar war mir ein Zirkelschlag nicht ins Gedächtnis gedrungen und so glaubte ich, dass wir noch reichlich Zeit hätten.

Beruhigt klappte ich den Zirkel zu, steckte ihn in seine Halterung und ging nach vorne ins Ruderhaus, um nun endlich den Fortgang der Geschichte von Alfred Schütt zu hören. Das lohnte sich immer. Ich habe nie wieder einen Menschen erlebt, der so früh am Morgen oder auch mitten in der Nacht imstande war, Geschichten aus seiner Fahrenszeit, Anekdoten, Witze, Schnurren aus seinem Gedächtnis hervorzukramen und auf unvergleichliche Weise erzählen zu können. Erstaunlicherweise wiederholte er sich nie. Er musste ein phantastisches Gedächtnis dafür haben, welche seiner Stories er schon erzählt hatte. Als der Matrose mit dem Frühstück auf die Brücke kam, schwiegen wir erst mal alle einen Augenblick, gossen uns Kaffee ein

Der Kapitän am Kartentisch

und griffen in den Berg von Schmalzstullen, der in kürzester Zeit unter dem Appetit von sechs Mann verschwand. Danach fuhr der I. Funkoffizier mit seiner Erzählung fort und auch Karl-Otto Richter und ich gaben gelegentlich ein Erlebnis zum Besten. Inzwischen hatten wir uns Zigaretten bzw. Pfeifen angesteckt. Es war richtig gemütlich. Nach einer ganzen Weile ging der IV. Offizier mal kurz ins Kartenhaus, kam gleich wieder heraus, sah mich unsicher an und meinte dann: „Ich glaube, die Zeit wird knapp. Wir müssen uns wohl schleunigst auf den Weg machen." Ich stutzte, ging meinerseits an die Seekarte, griff zum Zirkel, um die Strecke nochmals auszumessen und verdammt nochmal, der IV. hatte Recht. Wir hätten schon vor einer Stunde losfahren müssen. Und außerdem, wenn wir jetzt die Maschinen anschmeißen, die sind inzwischen abgekühlt und können nicht aus dem Stand 95 Propellerumdrehungen liefern, sondern müssen langsam hochgefahren werden … Na, das war vielleicht ein Ding. Jetzt brach auf der Brücke Hektik aus. Ich rief im Maschinenraum an und sagte Bescheid, dass es weiterginge. Von unten kam die Bestätigung. Wir legten den Maschinentelegrafen auf „langsam voraus", Sekunden später kamen die ersten Zischlaute, dann folgte das übliche Rumbum und die beiden 6000-PS-Motoren sprangen an, wir nahmen Fahrt auf. Als schließlich die volle Drehzahl für beide Motoren erreicht war und wir die Fahrplangeschwindigkeit liefen, wurde mir klar, dass wir nicht vor 9.00 Uhr in Jalta sein würden. Die erste Konsequenz daraus war, dass ich nicht – wie im Wachorderbuch vorgesehen – um 6.30 Uhr den Kapitän zu wecken brauchte. Die zweite Konsequenz war, dass ich fahrlässig eine ausgewachsene Verspätung im Fahrplan organisiert hatte. Damit würde das ganze Vormittagsbesichtigungsprogramm für die 18 Reisegruppen ins Schleudern kommen, denn die Busse sollten bereits um 9.00 Uhr am Kai stehen. Da aber nach dem Einlaufen erst noch die Einklarierung durch die Behörden, also Grenzpolizei, Maklerei, Hafenarzt usw. stattfinden mussten, was auch mindestens eine Stunde dauerte, hatte ich was Schönes angerichtet. Mir war nicht wohl zumute. Alfred Schütt hatte das Gefühl, dass er jetzt keine Zuhörer mehr für seine Geschichten finden würde. Er verschwand im Funkraum und klemmte sich hinter seine Geräte. Der IV. Offizier arbeitete im Kartenraum und ich ging sorgenvoll im Ruderhaus auf und ab und malte mir die zu erwartenden Konsequenzen aus. Indessen lief das Schiff im sonnigen Morgenlicht durch das immer noch windstille Schwarze Meer.

Um 7.00 Uhr klingelte das Telefon auf der Brücke. Ich meldete mich. Der Alte war dran: „Peters, warum werde ich nicht geweckt?" Nun hieß es Farbe bekennen und ich beichtete ihm mein Missgeschick und erklärte, dass ich ihn deswegen hatte schlafen lassen, weil wir bestenfalls erst um 8.30 Uhr auf der Reede von Jalta wären. Kapitän Wachtel holte tief Luft und sagte kurz: „Ich komme rauf!" Sekunden später stand er neben mir im Kartenhaus, angetan mit seinem blauen, flauschigen Bademantel, und ließ sich von mir den Hergang schildern. Er warf einen Blick auf die Karte, inzwischen hatten wir die Küste der Krim schon im Radar und konnten genaue Schiffsorte machen. Dann drehte er sich zu mir um: „Peters, das machst du nicht noch mal mit mir!" Dann verließ er das Kartenhaus. Kurz vor acht

Die VÖLKERFREUNDSCHAFT nach dem Einlaufen in den damals sow-jetischen Schwarzmeerhafen Jalta auf der Insel Krim. Das Schiff hat mit Steuerbordseite an der Mole festgemacht.

erschien er wieder auf der Brücke, durch ein gutes Frühstück leicht besänftigt und wie immer nach dem Rasierwasser „TABAC original" riechend. Er war gerade im Begriff, sich eine Zigarette anzustecken, als Alfred Schütt im Ruderhaus erschien und ihm ein Telegramm-formular in die Hand drückte. Der Alte las es, dann reichte er es mir wortlos zu. Ich las: „An Kapitän MS VÖLKERFREUNDSCHAFT: Wegen noch anhaltender starker Dünung in der Hafeneinfahrt von Jalta kann der Lotse nicht vor 9.00 Uhr an Bord kommen. Gez. Agentur Inflot Jalta." Unwillkürlich musste ich grinsen. Der Alte sah mich scharf an, dann sagte er: „Ja, jetzt feixte wieder, was?" Ich konn-te zwar mein Grinsen nicht unterdrücken, hütete mich aber, ein Wort zu sagen.

Er ging zum mittleren Brückenfenster, griff sich das dort in der Nähe immer in Bereitschaft hängende Mikrofon der Bordsprechan-lage, schaltete es ein und sprach: „Achtung, Achtung, guten Morgen allerseits, hier spricht der Kapitän. Wie ich soeben von unserer Agen-tur Inflot Jalta erfahre, kann der Lotse wegen Dünung in der Hafen-einfahrt nicht vor 9 Uhr an Bord kommen. Dadurch wird sich der Beginn des Landprogramms leider um ca. eine Stunde verschieben. Nähere Informationen erhalten Sie, wenn ich mit unserem Vertreter des Reisebüros Intourist gesprochen habe. Danke!" Er steckte das Mikrofon wieder in die Halterung und ging von der Brücke. Kurz vor 9.00 Uhr erreichten wir die Reede von Jalta, von irgendeiner besonderen Dünung war nicht viel zu bemerken, der Lotse kam an Bord, wir liefen ein und machten wie üblich mit Steuerbordseite in der Nähe des Seebahnhofs an der Mole von Jalta fest. Das Landprogramm begann mit einer Stunde Verspätung, aber Kapitän Wachtel verlor mir gegenüber nie wieder ein Wort über diesen Vorfall.

Schon am Kai „Beide Maschinen voll voraus!"

Nach der Geschichte mit der Verspätung vor Jalta gelang es mir, in den nächsten zehn Monaten nennenswerte Fehler zu vermeiden.

Aber dann, ganz plötzlich, war es doch eines Tages wieder so weit. Den ganzen Sommer 1967 über machte das Schiff Nordlandreisen für ein schwedisches Reiseunternehmen. Am 15. Juli liefen wir zum zweiten Mal den norwegischen Hafen Hammerfest an, eine Ansiedlung, die jahrhundertelang als nördlichste Stadt der Welt galt. Während des Einlaufens dirigierte uns der Lotse nach einer harten Steuerborddrehung auf Auslaufkurs und wir machten mit Backbordseite an einer der felsigen Uferseite vorgesetzten Kaianlage fest. Das Manöver wurde durch eine auflandige Brise unterstützt. Als die VÖLKERFREUNDSCHAFT am Abend gegen 18 Uhr seeklar war, hatte sich die Brise erheblich verstärkt. Sie drückte, genau von 90° Steuerbordseite kommend, das Schiff gegen die Kaianlage. Kapitän Wachtel konnte also nicht – wie er das wohl geplant hatte – zum Ablegen in die an Backbordseite ausgebrachte Springleine eindampfen, um das Achterschiff vom Kai freizubekommen. Hätte er dies versucht, so wäre wohl das Heck schnellstens wieder auf den Kai zurückgetrieben worden. Bugsierschlepper standen nicht zur Verfügung. „Es hilft alles nichts", informierte uns der Kapitän. „Wir können nur mit Ruder mittschiffs recht voraus losfahren und uns dann langsam nach Steuerbord wegmogeln." Demgemäß ließ er sofort

Kapitän Hans-Albert Wachtel auf der Kommandobrücke der VÖLKERFREUNDSCHAFT am Steuerbord-Maschinentelegrafen

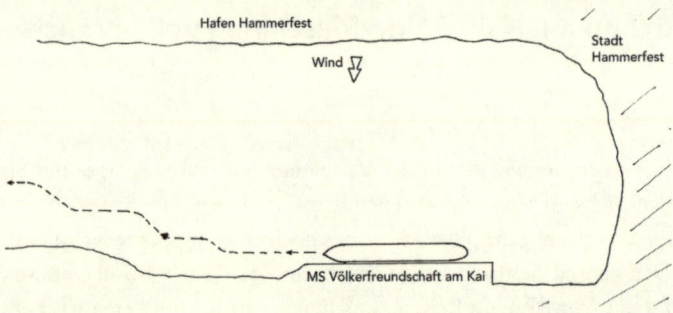

Ein ungewöhnliches Ablegemanöver

sämtliche Leinen losmachen und einholen. Da er mich an den Maschinentelegrafen beordert hatte, stand ich klar und wartete auf seine Kommandos. Er warf noch einen Blick voraus über die Brückennock, wandte sich dann zu mir um und kommandierte: „Beide Maschinen halbe voraus!" Wie ein Blitz durchfuhr mich der Gedanke, dass diese Fahrstufe zu langsam sein würde. Ehe das große Schiff in Fahrt käme, würde uns die Brise mit der backbordachteren Seite gegen den Kai drücken, was zur Beschädigung des Backbord-Propellers führen könnte. Ohne zu zögern, legte ich statt wie von ihm befohlen beide Hebel des Maschinentelegrafen auf „Voll voraus". Ich wusste, er hatte mit dem Maschinenpersonal eine Vereinbarung getroffen, dass, wenn er „Voll voraus" gibt bei Manövern, dort unten auch sofort die Maschinen anspringen würden und dafür gesorgt sei, dass sofort die vollen Umdrehungen erfolgen würden. Ich weiß gar nicht genau, ob der Alte das auch alles so mitkriegte, denn er hatte sich längst wieder umgedreht, um nach vorne zu schauen. Jedenfalls sprangen mit dumpfem Dröhnen und einer schwarze Wolke aus dem Schornstein die beiden 6000-PS-Hauptmotoren an. Das Schiff erzitterte, die Propeller arbeiteten und sehr schnell kamen wir in Fahrt. Als das Achterschiff die Kai-Kante passiert hatte und das Heck ein klein wenig mehr Bewegungsfreiheit bekam, kommandierte der Kapitän abwechselnd „Ruder Steuerbord 5", „Ruder mittschiffs", „Steuerbord 5", „Ruder mittschiffs," und mogelte sich auf diese Art und Weise von der felsigen Uferkante weg langsam in die Mitte des Fahrwassers.

154

Als er sah, dass das Schiff sich im Tiefenbereich des Hafenbeckens befand, kommandierte er „beide Maschinen langsam voraus", was ich selbstverständlich sofort befolgte und wir verließen den Hafen im ganz normalen Stil und ohne weitere aufregenden Momente. Als wir uns so nach und nach wieder im Ruderhaus einfanden, kam der Alte dicht bei mir vorbei und sagte halblaut: „Das haste richtig gemacht, Peters!" Natürlich war ich darüber erleichtert, denn es war schon eine erhebliche Disziplinwidrigkeit, derer ich mich schuldig gemacht hatte. Aber in solchen Momenten kann man nicht diskutieren. Dazu war keine Zeit. Ich hatte ganz intuitiv gehandelt. Kapitän Wachtel hat das verstanden. Erst später, in der ruhigen Abgeschiedenheit meiner Kabine auf dem kleinen Sofa sitzend, kam mir zum Bewusstsein, welches Risiko ich eingegangen war. Ich verfügte mich schließlich in die Veranda-Bar, orderte einen Whisky-Soda, setzte meine Pfeife in Brand und fand so langsam mein seelisches Gleichgewicht wieder.

Als ich das Schiff am 10. August 1967 verließ, um in Urlaub zu gehen und mich beim Kapitän abmeldete, wünschte er mir einen schönen Urlaub und fügte noch hinzu: „Übrigens, damit du Bescheid weißt, ich habe dich zum Kapitän vorgeschlagen. Das wird nicht so schnell passieren, aber wichtig ist, dass man überhaupt auf der Liste steht." Ich drückte ihm dankbar die Hand und ging von Bord. In meinem Buch „Vom Urlauberschiff zum Luxusliner" habe ich ihm ein Denkmal gesetzt. Ich verdanke ihm viel.

MS VÖLKERFREUNDSCHAFT in einem norwegischen Fjord

Kapitän contra Besatzung

Seit dem Wikinger-Zeitalter in Nordeuropa und der antiken Seefahrt im Mittelmeerraum gilt ein Grundsatz: Der Nauarch, Caput, Schiffshauptmann, Schiffer oder Kapitän ist an Bord immer der erfahrenste und bewährteste Seemann. Der Kapitän hat als Master next God, also als Herr an Bord nach Gott, aufgrund seiner großen Verantwortung die absolute Kommandogewalt bei der Führung eines Schiffes. Dies hat auch Eingang in das internationale Seerecht und in die Seerechtspraxis aller seefahrenden Nationen gefunden. Der lange Weg vom Schiffsjungen bzw. Matrosenlehrling bis zum Kapitän sorgte dafür, dass der eingangs zitierte Grundsatz sich immer wieder durchsetzte und bewährte. Auch im modernen Kommunikationszeitalter kann ein Kapitän nicht in jeder Lage die Reederei um Rat fragen oder um Anweisung bitten. Plötzliche Schwierigkeiten und Herausforderungen können ihn jederzeit dazu zwingen, allein zu entscheiden. In Anbetracht dessen traf die Arbeitsgesetzgebung der DDR Anfang der 1970er Jahre die Regelung, dass die Ernennung von Kapitänen nicht mehr durch den Generaldirektor der Deutschen Seereederei Rostock erfolgen sollte, sondern durch den Minister für Verkehrswesen nach einem Vorschlag des Generaldirektors. Ebenso war die Entbindung von der Kapitänsfunktion nur durch den Minister für Verkehrswesen möglich. Somit sollte die Auswahl sehr sorgfältig erfolgen, um einen Vorschlag für den Minister zu rechtfertigen und andererseits waren für die Ablösung eines Kapitäns gewichtige und gute Gründe notwendig. Aber wie so oft im Leben ist auch in der Seefahrt die Vielfalt der Praxis nicht immer in den relativ engen Leitlinien juristischer Regeln fassbar.

Nach einem Urlaub wurde ich am 2. August 1968 als I. Offizier auf dem DSR-Schiff BOIZENBURG gemustert. Im Anschluss an meine Rückkehr, so hatte man mir in einem Personalgespräch erklärt, war mein Einsatz als Kapitän vorgesehen. Die bevorstehende Reise sollte nach Indien führen. Das war mir recht, war ich doch 1964 als III. Offizier der BERLIN zum letzten Mal auf diesem Subkontinent gewesen.

MS BOIZENBURG am Ausrüstungskai der Warnow-Werft Warnemünde

Die BOIZENBURG war als moderner Stückgutfrachter vom Typ XD am 8. September 1967 von der Warnow-Werft Warnemünde übergeben worden. Sie entstammte der zweiten Serie von Universalfrachtern der Werft, die dem entsprach, was man in der DDR unter „Weltniveau" verstand. Alle technischen Einrichtungen einschließlich Navigations- und Funkgeräte, Kommandosysteme usw. waren auf dem neuesten Stand.

Vermessen war die BOIZENBURG mit 8501 BRT und 10080 tdw. Die Hauptmaschine vom Typ K8Z 70/120 war ein Zwei-Takt-8-Zylinder-Motor mit 8355 kW, vom Dieselmotorenwerk Rostock in Lizenz der Fa. MAN, Augsburg, gebaut. Sie ermöglichte eine Dienstgeschwindigkeit von 18 Knoten und ließ sich von der Kommandobrücke direkt umsteuern. Die gut 150 m lange und 20 m breite BOIZENBURG konnte eine Besatzung bis zu 38 Personen fahren, ferner gab es eine Lotsenkabine und Platz für acht Passagiere.

Das Schiff konnte Stückgut, Schüttgut einschließlich Getreide, Schwergut, Kühlladung, Fahrzeuge und Süßöl an Bord nehmen. Es hatte Getreideschotten und einen Schwergut-Ladebaum, der 60 t anheben konnte. Nach Jahren an Bord von sehr konservativen Einheiten hatte ich nun eines der modernsten Schiffe der Reederei unter den Füßen. Auch an der Besatzung gab es nichts auszusetzen. Ein we-

Das hochmoderne Brückenpult auf der Kommandobrücke der BOIZEN-BURG. Im Vordergrund der Fahrhebel für den Maschinentelegrafen. Ganz links die automatische Selbststeueranlage. Der moderne Manöverdrucker hielt die Maschinenkommandos für das Schiffstagebuch automatisch fest.

sentlicher Teil hatte auf einer vorherigen Indienreise schon Erfahrungen in dieser Relation gesammelt. Als ich an Bord kam und mich bei meinem neuen Master meldete, war Kapitän Hans B. gerade dabei, das Schiff von Kapitän Karl-Heinz Hübscher zu übernehmen. Die Gattin des neuen Kapitäns versorgte beide Herren mit Kaffee. Ich bezog meine Kammer in Form eines kleinen Appartements, zu dem ein relativ großer Wohnraum, ein Schlafraum und ein Sanitärraum mit Dusche gehörten. Überhaupt waren die Wohneinrichtungen für Offiziere, Passagiere, Unteroffiziere und Mannschaften einschließlich der Gesellschaftsräume und Messen sehr großzügig ausgelegt.

Neben der Besatzung befanden sich zwei mitreisende Ehefrauen an Bord: Käthe B., die Gattin des Kapitäns, und Frau H. Löbel, die Ehefrau des I. Kochs. Es gehörte zu meinen Aufgaben, beide Damen aktenkundig zu belehren, u.a. über das Verbot, technische Anlagen zu bedienen, sowie über die Sicherheit an Bord. Für die nautischen Offiziere, insbesondere für das Zusammenwirken von Brücke und Maschine in Bezug auf den vollautomatischen Maschinenbetrieb, erfolgte die Einweisung durch den Leitenden Ingenieur. Wir hatten alle einen mächtigen Respekt davor, die Hauptmaschine von der Brücke aus zu bedienen. Aber wir wurden rasch sicher in der Bedienung, als wir sahen, dass die Anlage einwandfrei funktionierte. Am 12. August 1968, einen Tag vor dem Auslaufen, hatten wir die erste Bereichsleiterbesprechung beim Kapitän. Anwesend waren der Leitende Ingenieur, der Parteisekretär Löbel, der I. Koch und ich. Es ging um die Vorbereitung für das Anlaufen von Hamburg, die Organisation einer Nautikerbesprechung, allerhand Papierkriegverteilung und bordorganisatorische Angelegenheiten. Bei dieser Gelegenheit stellten wir uns gegenseitig ein wenig vor. Ich erfuhr, dass Kapitän B. schon einen der ersten 10000-Tonnen-Frachter 1959 bei der DSR gefahren hatte, also, wie man bei uns sagte, ein Mann der ersten Stunde war. Später wurde er von der Reederei zur Seefahrtsschule geschickt und Kapitän in der großen Fahrt. Neben anderen Qualifizierungslehrgängen war er Absolvent eines Jahreslehrganges an der Bezirksparteischule der SED Rostock. Damit besaß er alle in jenen Jahren für erforderlich gehaltenen Qualifikationen, hatte Erfahrung und machte einen ruhigen, sachlichen Eindruck.

Im Laufe des nächsten Tages war das Schiff beladen, bis 23.30 Uhr erfolgte noch die Treibstoffübernahme. Dann erschienen die Behörden, um 1 Uhr am Morgen des 13. August waren wir seeklar, um 1.30 Uhr kam der Lotse und wir verließen den Überseehafen. Wir fuhren durch den Nord-Ostsee-Kanal, und waren am nächsten Morgen um 4.30 Uhr in Hamburg fest. Natürlich nutzte Kapitän B. die kurze Zeit, um mit seiner Frau an Land zu gehen. Aber er hatte wohl nicht viel davon. Sie erzählte später, dass ihr Mann vor Müdigkeit auf einer Bank des Rathausplatzes eingeschlafen war. Das war kein Wunder, denn immerhin hatte er die letzten zwei Nächte kaum ein Auge zumachen können. Nachdem wir Hamburg verlassen und elbabwärts gesteuert hatten, empfing uns die Nordsee mit allerhand Wind und einigem Seegang. Besonders unsere vier Matrosenlehrlinge litten, auch den mitreisenden Ehefrauen ging es nicht gut. Der Rest der Besatzung hatte die Seebeine wohl gar nicht verloren bzw. schnellstens wiedergefunden. Wir nahmen Zuladung in Rotterdam und gingen dann nach Antwerpen. Am Nachmittag des Einlauftages in Antwerpen saß ich beim Kapitän in der Kammer, als es klopfte und Herr van Hulle jr., der Sohn des Gründers der Schiffshändlerfirma, erschien. Er informierte den Kapitän, dass die beim ihm getätigten Bestellungen an Bord genommen werden könnten und machte darauf aufmerksam, dass so mancher Seemann ungewöhnlich viel Whisky bei ihm bestellt hatte. Eine ganze Anzahl von Besatzungsangehörigen hatte drei oder vier Kartons zu je zwölf Flaschen eingekauft, übrigens die Marke Jonny Walker red label. Van Hulle fragte, ob er diese Mengen tatsächlich ausliefern dürfte, denn laut DDR-Seemannsordnung musste hierfür die Zustimmung des Kapitäns vorliegen. Der Alte nickte bloß und sagte: „Ja, O.K., kein Problem." Ich war nicht sicher, ob er die Tragweite der Information wirklich voll erfasst hatte, mochte aber in Gegenwart des Schiffshändlers nicht widersprechen. Der Kapitän unterschrieb einige Lieferscheine und Rechnungen und Herr van Hulle verabschiedete sich. Noch ahnte ich nicht, welche Folgen sich aus dieser Begegnung ergeben würden.

Nach dem Auslaufen mussten wir wegen sehr starken Nebels nochmals einige Stunden vor Vlissingen ankern. Dann aber konnten wir mit 18 Knoten durch den Englischen Kanal laufen und die Biskaya durchqueren. Unser nächster Hafen Durban in der südafrikanischen Union würde am 6. September erreicht werden. Dort sollte die BOIZENBURG neu bebunkert werden. Seeleute sind es gewöhnt, dass ihr Alltag nicht immer den Verlautbarungen der großen Politik folgt. Zwar war Südafrika wegen seiner Rassentrennungspolitik allgemein stark in der Kritik, aber wir waren wohl nicht das einzige Schiff, das seine Treibstoffvorräte in Durban ergänzte. Das Wetter meinte es mit uns in den nächsten Wochen gut, wir kamen ohne irgendwelche Schwierigkeiten um das Kap der Guten Hoffnung herum. Der Suez-Kanal war damals noch nach dem Krieg zwischen Ägypten und Israel für die internationale Schifffahrt gesperrt. Während wir in Durban bunkerten, nutzten der Kapitän, seine Frau und eine Reihe von Seeleuten die Gelegenheit zu einem kurzen Landgang. Für mich selbst war die Zeit dafür zu kurz, denn als der Kapitän zurück war, blieben nur noch zwei Stunden bis zur Fortsetzung unserer Reise quer über den Indischen Ozean nach Bombay. Nach dem Auslaufen fiel mir auf, dass so nach und nach diejenigen, die in Antwerpen eingekauft hatten, beim 1. Steward erschienen und ihren Whisky aus der Transitlast abholten. Ich unterhielt mich darüber mit dem II. Offizier, Jürgen Müller. Er erklärte mir, dass die Jungens damit Geschäfte machen wollten. Tatsächlich war mir auch bei Rundgängen an Bord aufgefallen, dass die Seeleute im Allgemeinen nur Bier tranken oder billigen DDR-Weinbrand Weinblattsiegel, gemischt mit kalter Cola oder Selters. Jürgen Müller wusste, dass in den indischen Häfen nicht selten regelrechte Händler an Bord kämen und den Whisky zum Preis von drei US-Dollar aufkauften. Van Hulle berechnete den Preis pro Flasche als Transitware mit drei DM West und da der Kurs des Dollars zur DM seinerzeit 4,20 : 1 betrug, bedeutete das einen Profit mehr als 300 Prozent. Das Risiko, vom Zoll ertappt zu werden, wäre bei dem Durcheinander und der äußerst lässigen Handhabung von staatlichen Vorschriften in den Häfen Indiens nicht allzu groß. Mir war klar, wenn die Sache schiefging, würde auf das Schiff und damit auf die Reederei eine saftige Zollstrafe zukommen, abgesehen von den sonstigen behördlichen Schwierigkeiten. Ich entschloss mich daher, Kapitän B. in Kenntnis zu setzen mit dem ausdrücklichen Hinweis, dass es sich zunächst um ein Gerücht handeln würde. Schließlich wollte ich den II. Offizier nicht in die Pfanne hauen. Jedenfalls, als ich abends beim Ehepaar B. in der Kammer saß, und wir uns, wie so oft, angeregt unterhielten, sprach ich über das mir zu Ohren gekommene „Gerücht". Der Kapitän sah die Probleme genauso wie ich und ordnete am nächsten Tag an, dass bis zum Einlaufen in Bombay der bereits ausgehändigte Whisky wieder in der Transitlast abzuliefern sei. Wer fortan eine neue Flasche holen wollte, musste dafür eine leere Flasche abgeben. Für die Whisky-Käufer war das natürlich ein Schock. Es war klar, dass der Alte sich bei einem beachtlichen Teil der Besatzung nicht gerade beliebt gemacht hatte. Andererseits konnte er gar nicht anders handeln. Jeder wusste, dass Alkoholschmuggel strengstens verboten war und zum Verlust des Seefahrtsbuchs sowie zur fristlosen Entlassung aus der Reederei führen konnte.

In Bombay hatte ich viel zu tun. Fast die ganze Schwergut-Ladung musste die Decksgang mit unserem eigenen Ladegeschirr selbst an Land geben. Die Stauerei hatte ausdrücklich darum gebeten und bezahlte dafür in indischen Rupien. Mir fiel dabei die Rolle des Vormannes zu. Ich musste unten in der Luke das Anschlagen der Drahtstroppen an den fünf bis zehn Tonnen schweren Kisten überwachen, hatte

Im Hafen von Madras

dann aus dem Unterraum schnellstens die Leiter hochzusausen, um an Deck die Windenfahrer einzuweisen, schließlich das Verschifften des Baumes Richtung Landseite zu überwachen und dafür zu sorgen, dass die Kisten sanft auf dem Kai abgesetzt wurden. Das beschäftigte mich zwei Tage lang in glühender Sonne bzw. stickiger Luft unten in der Luke. Darüber vergaß ich die Whisky-Sache völlig. Um die übrigen Luken kümmerte sich der II. Offizier.

Auf der Weiterfahrt über Madras nach Kalkutta ereignete sich wenig Besonderes – abgesehen davon, dass einige Besatzungsmitglieder von zu Hause Telegramme erhielten, dass sie Vater geworden waren. Das wurde natürlich im Kreise der Kollegen entsprechend gefeiert. Am Abend des 2. Oktober 1968 erreichte die BOIZENBURG vor der Hoogly-Mündung die Reede von Sandheads. Kalkutta liegt bekanntlich am Ganges und der Hoogly-River ist der Hauptarm dieses Flusses, der beim Eintritt in den Golf von Bengalen mit vielen Verzweigungen ein großes Delta bildet. In jenen Tagen hatte Indien wieder einmal Schwierigkeiten mit der Getreideeinfuhr, so dass auf der Reede schon mindestens 30 Schiffe vor Anker lagen. Als wir uns ihnen mit langsamer Fahrt näherten, meinte der Kapitän zu mir: „Chiefmate, Sie sollen ja bald ein Kommando bekommen, also übernehmen Sie die Wache und suchen uns einen Ankerplatz aus." Inzwischen war es dunkel, aber es herrschte klare Sicht. Die Ankerlaternen, Decksbeleuchtungen und das aus den Wohnräumen der Schiffe herausfallende Licht zeigte mir an, dass die Schiffe ziem-

Rathaus von Madras

lich dicht beieinanderlagen. Ich entschloss mich, langsam in den Pulk hineinzusteuern und ein Stückchen weiter zu fahren, um mir einen Überblick zu verschaffen. Beim Näherkommen entdeckte ich noch eine freie Stelle. Ich steuerte darauf zu, sorgte dafür, dass wir von den Nachbarschiffen gut freilagen und legte das Schiff vor Anker. Nun hieß es, warten auf den Lotsen. Am Vormittag des nächsten Tages machte sich der Ausläufer eines Zyklons bemerkbar, eines in dieser Gegend nicht seltenen Wirbelsturms. Erhebliche Dünung führte in der Kombüse zu Porzellanschaden und auch in der einen oder anderen Kammer fielen Blumentöpfe zu Boden. Gegen Abend hatte sich das dann aber wieder beruhigt.

Es kam die Nacht vom 4. zum 5. Oktober. Das Schiff lag ruhig vor Anker, es war fast windstill, die Wachen versahen ihren Dienst. Um 2.20 Uhr erschien in meiner Kammer einer der Matrosenlehrlinge, machte das Licht an und weckte mich sozusagen aus dem Tiefschlaf.

Als ich einigermaßen zu mir gekommen war und fragte, was er wolle, sagte er sinngemäß: „Der II. Offizier lässt Sie bitten, sofort auf die Brücke zu kommen, aber nicht die Innentreppe zu benutzen, sondern über die Brückennock nach oben zu gehen." Das war eine etwas seltsame Aufforderung, aber ich konnte mir denken, dass Jürgen Müller dafür seine Gründe haben würde. Ich fuhr also hoch, zog mich an und erschien schnellstens auf der Brücke.

Der Wachoffizier fing mich in der Brückennock ab und informierte mich über folgenden Sachstand: Um 1.55 Uhr sei auf der Brücke ein Anruf gekommen des Inhalts, dass Frau B. um Hilfe bitte. Man möchte ihr doch mit dem Generalschlüssel eine Passagierkabine aufschließen. Da sämtliche Schiffe zu diesem Zeitpunkt auf der Reede durch das Einsetzen der Flut vor Anker drehten, schickte der WO zunächst den Bootsmann und den Lehrling Mischke zur Hilfeleistung nach unten. Kurz darauf wäre Frau B. auf der Brücke erschienen und hätte berichtet, dass sie von ihrem Ehemann geschlagen worden war. Sie fühlte sich durch den Kapitän bedroht. Daraufhin entschloss sich der Wachoffizier, mich wecken zu lassen. Frau B. saß nun im Kartenhaus auf dem Sofa und war lediglich – soweit erkennbar – mit ihrem Bademantel bekleidet. Sie teilte mit, dass der Kapitän einige Zeit an einer Kammerparty bei einem Besatzungsmitglied teilgenommen, erheblich unter Alkohol gestanden und sie, als sie ihm deswegen Vorhaltungen machte, verprügelt hätte. Als Beweis konnte sie einige blaue Flecken vorzeigen. Sie würde sich nun nicht mehr in seine Kabine trauen, sondern bitte um entsprechenden Schutz. Ich entschied, Frau B. in einer der Passagierkabinen unterbringen zu lassen. Ich empfahl ihr, sich einzuschließen und den Schlüssel von innen stecken zu lassen. Das erfolgte gegen 2.30 Uhr.

Gegen 2.40 Uhr wurden so laute Hilferufe aus dem Brückendeck auf der Kommandobrücke gehört, dass der I. und II. Offizier sowie ein Bootsmann sofort hinuntereilten. Wir fanden folgende Situation vor: Kapitän B. versuchte mit Gewalt, seine Frau in seine Kammer zu zerren. Offensichtlich stand er hochgradig unter Alkoholeinfluss und war kaum ansprechbar. Wir schritten ein, trennten das Ehepaar und führten „Knochen-Käthe", diesen Spitznamen hatte ihr die Besatzung gegeben, denn sie war mehr als mager, zunächst wieder ins Kartenhaus. Der Kapitän begab sich in seine Kammer.

Frau B. berichtete, dass sie die ihr zugewiesene Kabine 50 verlassen hatte, um festzustellen, was ihr Mann tat. Er hätte dies bemerkt und versucht, sie mit Gewalt in die Kammer zu ziehen. Sie wurde nunmehr noch einmal in die Kabine geführt, nachdrücklich ermahnt, diese nicht wieder zu verlassen und zu ihrem Schutz wurde ein Matrose als Posten vor ihre Tür gestellt. Gegen 2.50 Uhr machte mich der II. Offizier in der Brückennock darauf aufmerksam, dass Kapitän B. aus dem Fenster seines Wohnraumes an der Steuerbordseite offensichtlich Garderobenstücke seiner Frau ins Wasser warf. Wir waren sprachlos und meinten, der Wutanfall würde sich irgendwie legen, aber Stück für Stück flogen Wäscheteile, Röcke, Blusen, ein Sommermantel und weitere Kleidungsstücke nach und nach in hohem Bogen ins Wasser. Inzwischen hatte schon ein erheblicher Teil der Besatzung, aufgeschreckt durch Geräusche, Gebrüll und Geschrei, den Skandal zur Kenntnis genommen.

Ich ging also noch einmal in die Kabine des Kapitäns und ersuchte ihn, mit diesem Unfug aufzuhören und die Sicherheit und Ordnung an Bord nicht länger zu beeinträchtigen. Antwort: „Ich schmeiße das Zeug meiner Frau so lange aus dem Fenster, bis sie wieder zurückkommt zu mir." Er war hochgradig betrunken, störrisch und gutem Zureden absolut unzugänglich. Ich begab mich wieder auf die Brücke und stellte fest, dass weitere Garderobenteile um das Schiff herum im Licht der Decksbeleuchtung auf dem ruhigen Wasser schwammen. Gegen 6.00 Uhr morgens gab es den nächsten Lärm. Ungeachtet des vor der Kabine 50 sitzenden Postens hatte der Kapitän erneut versucht, zu seiner Frau vorzudringen und donnerte gegen die Tür. Wieder musste ich einschreiten und es gelang mir, den Kapitän in seine Kammer zu bugsieren. Gegen 6.30 Uhr bestellte er mich dorthin und versuchte, mir in seinem desolaten Zustand seine Gründe zu schildern. Diese waren privater Art und interessierten mich nicht weiter. Mir kam es lediglich darauf an, dass an Bord alles seinen ordnungsgemäßen Gang gehen würde. Ich eröffnete ihm, dass angesichts dieses Skandals und seines unqualifizierten Verhaltens die Situation bereinigt werden musste. Ich forderte ihn auf, in Kalkutta unseren Reedereivertreter über die Angelegenheit zu informieren und seine Frau mit dem Flugzeug nach Hause zu schicken. Damit beendeten wir unser Gespräch.

Ein Lastkahn transportiert Jute auf dem Hoogly-River.

Wenige Tage später kam der Lotse an Bord und wir liefen mit der Flut den River hoch nach Kalkutta. Nach der Einklarierung kam unser DSR-Vertreter an Bord. Zu seinem Gespräch mit dem Kapitän wurde ich nicht hinzugezogen. Am nächsten Tag erklärte mir der Kapitän beiläufig, dass er seine Frau an Bord behalten würde. In Kalkutta könnte er ihr neue Garderobe besorgen. Unter diesen Umständen sah ich weitere Schwierigkeiten voraus, was mich veranlasste, für die Reederei einen genauen Bericht über das Vorgefallene zu schreiben. Mit Unterschriften des II. Offiziers und weiterer Zeugen versehen, übergab ich diesen dem Reedereivertreter. Kapitän B. erhielt von mir eine Kopie, desgleichen die Parteileitung des Schiffes.

In Kalkutta wurde ich dann wieder an die Whisky-Geschäfte erinnert. Eines Abends kam der indische Wachmann von der Gangway in meine Kammer und meldete mir, dass ein Herr mich zu sprechen wünsche, da der Kapitän nicht an Bord sei. Kurz darauf stand ein schlanker, großer, etwa 40 Jahre alter Inder vor mir, dezent, aber sorgfältig nach der Landessitte gekleidet, gänzlich in Weiß, auf dem

Kopf trug er einen Turban. Er wirkte gepflegt, kultiviert, sprach ein gut verständliches Englisch. Nach einigen einleitenden Bemerkungen kam er zur Sache. Er fragte mich, ob ich Whisky hätte. Ich griff in meinen Kühlschrank, holte eine halbe Flasche heraus, schenkte uns beiden ein Glas ein, gab Soda hinzu, wir sagten „Cheers" und nahmen einen kräftigen Schluck. Dann lächelte er und meinte, so hätte er es nicht gemeint. Ob ich nicht Whisky zu verkaufen hätte. Als ich verneinte, schüttelte er sanft den Kopf und machte mir dann mit höflichen Worten klar, dass ich glänzende Geschäfte machen könnte. Er würde jede Menge Whisky aufkaufen, gegebenenfalls auch eine Lastwagenladung. Und als ich zweifelnd sagte, wie er denn mit einem Lastwagen am Hafentor durchkommen wollte, lächelte er: „Chiefmate, der Zoll ist natürlich beteiligt." Er wird sich wohl gewundert haben über den begriffsstutzigen Ostdeutschen, der so schrecklich geschäftsuntüchtig war, denn nun stand er auf, winkte mich an mein Kabinenfenster, das den Blick über das Vorschiff freigab. „Sehen Sie", sagte er, und schob die Gardine vorsichtig beiseite, „vor uns am Kai liegt ein anderer Frachter. Von dort habe ich gestern eine Lastwagenladung voll Whisky angekauft. Ganz ohne Probleme." Auf meine Frage, wie denn die Besatzung so viel Whisky hatte verstecken können, entgegnete er schmunzelnd, dass die Kartons, sorgfältig in Folie eingeschweißt, in einem Trinkwassertank gelagert hätten, der vor dem Anlaufen von Kalkutta rechtzeitig leergepumpt worden wäre. Ich dankte ihm nun höflich für seine interessanten Ausführungen und Anregungen sowie für seinen Besuch. Er trank seinen Whisky aus, verabschiedete sich und ich brachte ihn an die Gangway.

Dann ging ich nach vorne zu unserem Steven und sah mir das vor uns liegende Schiff an. Da es schon spät war, hatte man die Heckflagge längst niedergeholt. Im trüben Schein der Hafenbeleuchtung leuchteten auf dem grauen Rumpf weiße Buchstaben und ich las den Heimathafen: Gdynia. Es handelte sich um ein Schiff der polnischen Staatsreederei!

Nach dem Löschende informierte uns die Oceanic Shipping Agency Private Ltd., dass wir durch die Schleuse zurückverholen müssen in den Fluss, um dann mit Backbord am Erzkai festzumachen. Dort sei es Vorschrift, wegen der Zyklon-Gefahr zusätzlich zu den üblichen Leinen auch eine Kette des Ankers so aufzuteilen, dass man da-

mit vorne und achtern an den vorhandenen Bojen – sozusagen sturm-
sicher – festmachen könne. Zurzeit würde da noch ein Schiff liegen,
dort könnten wir an Bord gehen und nähere Erkundungen einholen,
wie das Manöver am günstigsten zu bewerkstelligen sei. Das war ein
kluger Rat, dem Kapitän B. und ich am nächsten Vormittag folgten.
Das Schiff war ein sehr konservativer Motorfrachter, nicht der aller-
jüngste, und fuhr unter der Flagge Singapurs. Sein Kapitän war ein
älterer, weißhaariger freundlicher Mann, der uns zu einem Whisky-
Soda einlud. Als er erfuhr, worum es ging, holte er seinen I. Offizier
hinzu. Dann erklärte er uns, dass die beste Zeit für das Manöver bei
höchstem Wasserstand sei, wenn der Fluss für eine kurze Weile so
gut wie keine Strömung hat. Die benötigte Kettenlänge müssten wir
für das Achterschiff an Deck hieven und abschäkeln, sie dann mit
Hilfe der Ladewinden über das Deck schleifen, um sie achtern wieder
durch eine Klüse wegzufieren und von einer indischen Bootsmann-
schaft an die achtere Festmachertonne bringen zu lassen. Die Herren waren Stammgäste in Kalkutta und konnten uns aus dem reichen
Born ihrer Erfahrungen mancherlei erzählen. Eigentümlich war, dass
in erster Linie der I. Offizier das Wort führte. Der Kapitän verhielt
sich merkwürdig zurückhaltend. Als der I. Offizier sich nach einer
Weile verabschiedete, kam der Kapitän vorsichtig mit der Sprache
heraus. Er eröffnete uns, dass das Schiff dem anderen gehören würde. Er wäre quasi dessen Angestellter, da dieser kein Kapitänspatent
besäße. Aber das Sagen an Bord, nicht nur in geschäftlicher Hinsicht,
hätte der I. Offizier.

Am nächsten Tag zur Hochwasserzeit war der Liegeplatz freige-
worden. Wir gingen durch die Schleuse und verholten mit Lotsen-
hilfe ans Flussufer. Dabei verfuhren wir mit den Ankerketten genau
so, wie uns der freundliche Kapitän aus Singapur geraten hatte. Das
war ein anstrengendes Manöver, aber es klappte und wir übernahmen
einige hundert Tonnen eines speziellen Erzes.

Am 24. Oktober 1968 verließen wir Kalkutta und versegelten
im Golf von Bengalen nur ein kurzes Stück Richtung Osten bis zur
Ansteuerung des Pussur Rivers und dann weiter flussaufwärts nach
Chalna. Mit einem Maximaltiefgang von 8,20 m konnte unser Schiff
dort nicht festmachen, sondern blieb in der Mitte des Flusses vor Anker. Schwimmende Lagerschuppen kamen längsseits, aus denen wir

Jute in Ballen übernahmen. Auch ansonsten hatten wir den ganzen Tag über Kanus oder andere Ruderfahrzeuge längsseits. Einwohner und Händler boten ihre Waren an und so entwickelte sich mit der Besatzung ein reger Tauschhandel. Von Chalna aus versegelten wir weiter nach Kakinada und gingen wieder auf einer Reede vor Anker. Dort übernahmen wir 2500 t Sackladung. Als heftige Dünung aufkam, arbeiteten die kleinen Segler, die uns die Ladung gebracht hatten, mächtig an unserer Bordwand. Am 6. November erreichten wir die Irawadi-Mündung und liefen flussaufwärts bis Rangoon, der Hauptstadt von Burma. In der Nähe des Stadtzentrums gingen wir auf dem Fluss vor Anker. Wir hatten Order, 2000 t Reis an Bord zu nehmen. Für den Landgang der Besatzung stellte die Agentur ein Motorboot als Fähre zur Verfügung.

In Rangoon hatte die DDR ein Generalkonsulat. Wir organisierten einen Empfang und am nächsten Tag fand für die Kinder der Mitarbeiter ein Kinderfest an Bord statt. Ein Mitarbeiter der Handelsabteilung, wir kannten uns aus meiner Marinezeit, ermöglichte mir während unserer Liegezeit sogar, auf einem Binnensee in Südostasien segeln zu können. Aber das nur nebenbei.

Am 16. November konnten wir den Hafen, noch ohne genaues Etappenziel, verlassen. Wir hatten schon die Nähe von Colombo erreicht, als bekannt wurde, dass der nächste Hafen Allepey sein sollte, wo wir Kokosfaserprodukte an Bord nahmen. Dann ging es weiter nach Calicut, dort übernahmen wir Holz als Decksladung und in Colombo schließlich kam Kokosöl in die Süßöltanks. Nunmehr begann die Heimreise mit insgesamt 8000 t Ladung. Am Abend des ersten Advent passierten wir Mauritius und am 5. Dezember lief das Schiff noch einmal Durban an, um Treibstoff zu bunkern. Danach ging es wieder am Kap der Guten Hoffnung vorbei in den Südatlantik zum ersten Zielhafen, Lissabon.

Seit dem Auslaufen aus Colombo hatte sich das Verhältnis des Kapitäns zu seinen Offizieren und zur Besatzung ständig verschlechtert. Schiffsratssitzungen bzw. Bereichsleiterbesprechungen wurden nur noch formal durchgeführt. Der Kapitän nahm unsere Berichte gerade noch eben zur Kenntnis, stand ständig unter Alkohol, erteilte kaum noch Weisungen, übergab uns lediglich in den Häfen die aus der Heimat gekommene Dienstpost sowie Zeitungen, nautische Berichtigungshefte und dergleichen. Das Schiffstagebuch unterschrieb er noch täglich, ließ sich aber kaum noch auf der Brücke sehen. Die Parteileitung hatte ihn aufgefordert, in einer Versammlung zu seinem Verhalten auf der Reede von Kalkutta Stellung zu nehmen, was er rundweg ablehnte. Auch auf einer Gewerkschaftsvollversammlung wollte er keine Stellung nehmen. Er erklärte die Gremien an Bord als für ihn nicht zuständig. Seiner Frau hatte er tatsächlich wieder neue Kleidungstücke zu verschaffen gewusst, so dass sie nicht mehr, wie in den ersten Tagen nach dem geschilderten Drama, in seinen Hausschuhen, nur mit dem Bademantel bekleidet, in der Offiziersmesse zur Einnahme der Mahlzeiten erscheinen musste. Wir wussten aber, dass es zwischen den beiden weiterhin Streit gab, wenngleich sie inzwischen wieder in seiner Kabine wohnte. Wir hörten von dort regelmäßig Schreibmaschinengeräusche. Offenbar war der Alte dabei, einen ziemlich langen Reisebericht zusammenzustellen. Allmählich entwickelte sich an Bord ein eigenartiger Zustand. Ich organisierte den allgemeinen Tagesdienst, koordinierte die Tätigkeit der Mitglieder des Schiffsrates und überwachte die Einhaltung des Reiseplanes, unserer Reiseaufträge, genehmigte Barabende, besuchte Versammlungen bzw. Leitungssitzungen der gesellschaftlichen Organisationen. Alle an Bord arbeiteten ordnungsgemäß und fleißig. Nur der Kapitän kümmerte sich um nichts, nahm an nichts teil, sprach mit dem Funkoffizier und mir nur noch das Nötigste und stellte sich langsam, aber sicher, außerhalb der Besatzung.

Am 19. Dezember erreichten wir Lissabon. Als wir uns in der Nacht der portugiesischen Küste näherten, war die Sicht nicht allzu gut, das Wetter war schon tagelang trübe und regnerisch gewesen. Infolgedessen hatten wir keine astronomischen Standortbestimmungen machen können, sondern nur einen Koppelort. Aber wir konnten die Küste auf unserem Radarschirm gut erkennen. Da sich auf der Seekarte die zwei nebeneinander liegenden größeren Buchten, von denen eine Lissabon sein musste, sehr ähnlich sahen und der durch Radarpeilungen bestimmte Schiffsort uns viel zu früh erreicht schien, hielten wir die erste Bucht nicht für die Ansteuerung von Lissabon, sondern fuhren weiter. Außerdem war in der Bucht kaum Schiffsverkehr, was ebenfalls nicht auf den größten Hafen Portugals schließen ließ. Wir steuerten nach dem Radargerät die zweite Bucht an. Erst als wir der Küste näher kamen, merkten wir, dass der eine Zacken auf dem Radargerät keineswegs die Mündung des Tejo sein konnte. Also waren wir zu weit gefahren. Schleunigst gingen wir auf Gegenkurs und steuerten nun in die erste Bucht. Beim Näherkommen gerieten wir in eine sehr starke Grundsee, das Schiff krängte und in den Messen und Lasten rutschte allerlei hin und her, es gab Leergutschaden, Porzellan klirrte und alles, was nicht niet- und nagelfest war, rutschte von den Tischen. Kurz vor der Tejo-Mündung kam der Lotse an Bord und brachte uns an den Liegeplatz gegenüber von Lissabon am anderen Flussufer beim Stadtteil Barreiro. Das Anlegemanöver glückte nicht so ganz, der Fluss hatte offenbar mehr Strömung als erwartet. Kapitän und Lotse waren sich über das Manöver nicht so ganz einig. Vielleicht war auch die Verständigung zwischen Lotsen und Schlepper nicht geglückt. Sei es, wie es sei, irgendwie machten wir fest und bedauerten nur, dass die Landgänger auf die Fähre angewiesen waren.

In Lissabon besprach der Kapitän zum letzten Mal eine Schiffsangelegenheit mit mir. Er teilte mit, dass er sich entschlossen hatte, einen sogenannten Seeprotest einzulegen. Dies ist eine Erklärung vor dem Hafenkapitän oder einer anderen seemännischen Behörde, je nach Landesgesetzen, in der ein Kapitän die während der Seereise angetroffenen Wetterbedingungen oder andere Umstände schildert, sofern sie in irgendeiner Weise zu einer Beschädigung der Ladung oder des Schiffes geführt haben könnten. Der Bericht muss notariell beglaubigt werden. Ein Schiffsoffizier und ein Matrose müssen als Zeuge unterschreiben. Unsere Agentur in Lissabon leitete die Vorbereitungen dazu ein und am nächsten Tag fuhren der Kapitän und ich sowie ein Matrose mit der Fähre zum Hafenamt. Die Formalitäten waren schnell erledigt. Der Kapitän hatte den Bericht in englischer Sprache geschrieben. Wir hatten als Zeugen unterzeichnet. Aber der stellvertretende Hafenkapitän wunderte sich doch und sagte das auch ganz unumwunden. Er meinte, dass die Gefahren der See, die der Kapitän angeführt hatte, Windstärken von maximal sieben bis acht und Seegang fünf bis sechs betrafen. Dies wären nach portugiesischer Auffassung durchaus normale Wetterverhältnisse und kein genügender Grund, einen Schadensersatzanspruch anzunehmen oder überhaupt Schaden an der Ladung zu vermuten. Im

Stillen dachte ich, dass er natürlich Recht hatte. Eine so traditionsreiche Seefahrtsnation, die das Erbe Vasco da Gamas und anderer Weltumsegler des Mittelalters zu bewahren hatte, verstand unter dem Begriff „Seegefahren" etwas anderes. Den Seeprotest sozusagen als Rückversicherung zu betrachten, war ihnen unverständlich. Der stellvertretende Hafenkapitän sah den Kapitän lange nachdenklich an und meinte dann: „Nun gut, wenn Sie darauf bestehen, nehme ich den Seeprotest entgegen. Ich werde aber ausdrücklich darauf vermerken, dass diese Erklärung nach den Gesetzen ihres Landes erfolgt und nicht nach dem Seerecht der Republik Portugal." So geschah es dann auch.

Nachdem die Formalitäten beendet waren, trennten wir uns. Der Kapitän fuhr mit den gestempelten und gesiegelten Schriftstücken wieder an Bord zurück, der Matrose und ich blieben noch bis zur nächsten Fähre an Land. Ich streifte ein bisschen durch die Altstadt und erwischte, mehr durch Zufall, in einer engen Gasse, durch die gleichwohl eine eingleisige uralte Straßenbahn fuhr, ein Spezialgeschäft für maritimes Spielzeug und Schiffsmodellbaubedarf. Die Auslagen im Schaufenster waren so verlockend, dass ich hineinging, um meine Sammlung von Schiffsmodellen im Maßstab 1:1250, dem berühmten Wiking-Maßstab, um einige Ankäufe zu bereichern.

Die Löscharbeiten gingen schnell vorwärts und wir konnten Lissabon nach drei Tagen verlassen. Kaum war der Lotse von Bord, zog sich Kapitän B. wieder in seine Kammer zurück und wieder klapperte von morgens bis abends die Schreibmaschine. Keiner der Leitenden Offiziere des Schiffes hatte ein solches Verhalten jemals erlebt. Allmählich setzte sich die Erkenntnis durch, dass die Dinge noch während der Reise zu einem gewissen Abschluss gebracht werden mussten, damit wir nicht bei der Ankunft im Heimathafen dem Vorwurf ausgesetzt sein würden, vor Konsequenzen und Pflichtverletzungen zurückgewichen zu sein.

Die Parteileitung des Schiffes beraumte eine Sitzung an, zu der Kapitän B. schriftlich eingeladen wurde. Er ließ die Parteileitung wissen, dass er sie als nicht zuständig erachte und nicht erscheinen würde. Diese reagierte mit einem Beschluss zur offiziellen Eröffnung eines Parteiverfahrens. Da der Kapitän hierzu wiederum nicht erschien, wurde in seiner Abwesenheit beraten. Es wurde einstimmig beschlossen, der Vollversammlung der Parteimitglieder an Bord vorzuschlagen, dem Kapitän B. wegen grober Missachtung zentraler Beschlüsse und Statuten eine „Strenge Rüge" zu erteilen. In der wenige Tage später durchgeführten Vollversammlung wurde entsprechend verfahren. Da er auch hierbei nicht anwesend war, wurde ihm der Beschluss schriftlich zugestellt.

Am ersten Weihnachtsfeiertag 1968 ging die BOIZENBURG in der Themse-Mündung inmitten einiger verrosteter Flakinseln, die noch aus dem Zweiten Weltkrieg stammten, vor Anker. Der Lotse, den wir bei Dover an Bord genommen hatten, erkundigte sich bei Gravesend Radio per UKW, ob für unseren weiteren Weg flussaufwärts noch mit einem Lotsen zu rechnen wäre, was wegen der Weihnachtsfeiertage negativ beschieden wurde.

Die Festtage verliefen ruhig, einen besonderen Grund zur Freude gab es nicht. Immerhin konnte man vom Deutschlandsender heimatliche Grüße empfangen, Post war nicht an Bord gekommen. Der Weihnachtsbaum war schon seit August an Bord. Der Bootsmann musste ihn mit allerhand Farbe auffrischen und nachdem er mit Lametta und Kugeln geschmückt war, machte er sich samt elektrischer Beleuchtung doch ganz gut in der Mannschaftsmesse. Die Kombüse brachte gute Sachen auf den Tisch. Einige Besatzungsmitglieder baten mich, doch am zweiten Weihnachtsfeiertag noch einmal anzufragen, wann mit dem Lotsen für London zu rechnen war. Ich tat ihnen den Gefallen, blieb aber ohne konkrete Antwort.

Am 3. Januar 1969 schließlich kam der Lotse an Bord, wir liefen die Themse flussaufwärts, gingen in einiger Entfernung vom Stadtzentrum durch die Schleuse und machten an einem Liegeplatz in den Tilbury-Docks fest. Hier hatte man einen großen modernen Container-Hafen gebaut. Auch eine Reparaturwerft und Stückgut-Kais waren vorhanden. Nicht weit entfernt vom Hafentor war ein S-Bahnhof. Von dort aus konnte man für relativ wenig Geld nach London fahren. Die Londoner Hafenarbeiter rissen sich wie immer kein Bein aus. Unsere Liegezeit dauerte eine Woche. Für mich standen in dieser Zeit u.a. Besuche im Imperial War Museum und im Marinemuseum in Greenwich auf dem Programm.

Schließlich setzten wir über Antwerpen, Rotterdam und Bremen die Heimreise fort. Die Situation in der Schiffsführung und im

Dienst an Bord hatte sich nicht geändert. Nach außen hin, gegenüber Lotsen und ausländischen Behörden, trat der Kapitän offiziell in Erscheinung. Den inneren Dienst ignorierte er völlig. Er kümmerte sich um nichts, nahm an nichts teil, ging entweder mit seiner Frau an Land oder hielt sich in seiner Kammer auf. Man kann es so sagen: Die gesamte Besatzung kam ihren Dienstpflichten nach und ausgerechnet der Kapitän befand sich praktisch im Zustand der Meuterei. Das ist vielleicht seerechtlich nicht ganz korrekt ausgedrückt, aber wie anders sollte man das Verhalten bezeichnen? Es setzte sich auch in Bremen fort. Wir fuhren bis in den Überseehafen weseraufwärts. Gegenüber den Lotsen, Behörden, der Agentur und der Stauerei spielten Offiziere und Mannschaften sozusagen das Spiel mit, indem wir dem Kapitän halfen, einen normalen Dienstbetrieb vorzutäuschen – wobei allerdings ein Teil der Besatzung die Tragweite nicht übersah und auch nicht alles mitbekam, im Gegensatz zu den Offizieren, die den Ereignissen näherstanden und darüber auch besorgte Diskussionen führten. Für mich war das eine komplizierte Situation. Als offizieller Vertreter des Kapitäns war es meine Pflicht, seine Weisungen umzusetzen. Wenn aber keine Weisungen bzw. Informationen kamen, konnte ich schlecht den Oberstauer oder den Agenten fragen, was er mit dem Kapitän abgesprochen hatte. Ich musste diplomatisch vorgehen und meine Schlüsse aus dem ziehen, was ich so nebenbei mitbekam. Das Ganze war ein ziemlich unwirklicher Zustand und belastete die Nerven aller derjenigen, die an Bord Verantwortung trugen. Wir waren froh, dass der Aufenthalt in Bremen nur sehr kurz war, dann liefen wir endlich nach Rostock. Dort hatte man sich offenbar bereits mit meinem Bericht aus Kalkutta befasst. Nach den allgemeinen Einlaufformalitäten kamen der Nautische Inspektor, der Technische Inspektor, Gewerkschaftsleute und Vertreter der Politabteilung an Bord. Ziel war es, den Stand der Leitungstätigkeit zu überprüfen sowie durch Befragungen und Auswertung der entsprechenden Dokumente und Protokolle den objektiven Inhalt des Geschehens herauszuarbeiten. Zwei Aussagen standen sich diametral gegenüber. Einerseits der Bericht des Kapitäns, versehen mit allerlei Anschuldigungen gegen Offiziere und Besatzung, andererseits mein Bericht aus Kalkutta, die Protokolle und Beschlüsse der Parteileitung sowie die mündlichen Aussagen verschiedener Besatzungsmitglieder.

Die Politabteilung entschloss sich zu einem ungewöhnlichen Schritt und führte ein langes und gründliches Gespräch mit einem Parteilosen, unserem Leitenden Ingenieur Dieter Leisner. Der Chief hielt mit seiner Meinung keineswegs hinter dem Berg. Er war voller Empörung über das Verhalten des Kapitäns und vertrat voll und ganz die Auffassung, dass ohne die konsequente Haltung der Parteileitung und des I. Offiziers die Reise nicht ordnungsgemäß zu Ende gebracht worden wäre.

Bis zu einer Abschlussversammlung der SED-Grundorganisation an Bord, etwa eine Woche nach dem Einlaufen in den Rostocker Überseehafen, erfuhren wir nichts Offizielles. In der Versammlung wurde uns dann einleitend der Reisebericht des Kapitäns vorgelesen. Der Inhalt war schockierend und ich muss schon sagen, dass ich selten eine solche Konzentration von Halbwahrheiten, Verdrehungen, dreisten Lügen, ungerechten Anschuldigungen und an Beleidigung grenzenden Behauptungen gehört habe. Unter anderem behauptete Kapitän B.: Sämtliche gesellschaftliche Arbeit während der Heimreise wäre nur eine Kette von Scheinaktivitäten gewesen, um eine ordnungsgemäße gesellschaftliche Arbeit vorzutäuschen. Weiterhin behauptete er, dass insbesondere der Ladungsoffizier und der I. Offizier nicht auf der Höhe ihrer Aufgaben gewesen wären. Er versuchte, sein Verhalten herunterzuspielen und als einen nebensächlichen Ausrutscher darzustellen. Einige Dinge stritt er rundweg ab, obgleich es genügend Zeugen dafür gab. Als diese Ausführungen beendet waren, waren wir zunächst sprachlos.

Aber nach und nach äußerten wir uns zum Verhalten des Kapitäns und stellten die Wahrheit vom Kopf wieder auf die Füße. Die Diskussion dauerte etwa eine Stunde, dann wurde die Entscheidung des Flottenbereichsdirektors bekannt gegeben. Sie lautete: Kapitän Hans B. wird wegen Verstoßes gegen (nun folgte eine Reihe von Vorschriften und Paragrafen) von seiner Funktion abberufen und fristlos entlassen. Anschließend verkündete der Leiter der Politabteilung: Die Kapitän B. erteilte „Strenge Rüge" wird bestätigt. Der Flottenbereichsdirektor fügte hinzu: „Der ehemalige Kapitän B. hat innerhalb von einer Stunde das Schiff zu verlassen. Eine Übergabe an Kapitän Hübscher, der das Kommando wieder übernimmt, wird nicht für erforderlich gehalten. Der I. Offizier Peters wird bis zur Übernahme eines Kommandos als Kapitän einige Tage Urlaub erhalten, er übergibt seine Funktion an den bisherigen II. Offizier Jürgen Müller."

Am 31. Januar 1969, nach fünf Monaten und 29 Tagen auf der BOIZENBURG, musterte ich ab. Am 13. Februar wurde ich zum Kapitän ernannt und erhielt das Kommando über den 10000-Tonnen-Frachter DRESDEN. Der ehemalige Kapitän Hans B. wurde durch die Partei nicht ganz fallen gelassen. Er arbeitete bis zur Erreichung des Rentenalters als Lotse in einem der kleineren DDR-Häfen.

Zuletzt sei noch hinzugefügt, dass zur Untersuchung der Vorfälle anfangs auch ein Vertreter des Ministeriums für Staatssicherheit an Bord gekommen war. Er soll ziemlich schnell von weiteren Gesprächen Abstand genommen haben, mit der Bemerkung: „Das ist kein Fall für uns. Das kann die Reederei intern klären."

Die neue Stewardess

Die DRESDEN war das vierte Schiff der heute legendären Serie vom Typ IV. Wie so oft in der Reederei ging das ganze holterdiepolter vor sich. Eigentlich sollte ich noch Urlaub haben, aber plötzlich kam die Nachricht von der Reederei, ich hätte mich am nächsten Morgen um 9.00 Uhr bei Generaldirektor Günter Freiberg zu melden. Als ich pünktlich bei ihm erschien, wurde ich sofort in sein Dienstzimmer gebeten. Dort saß schon Direktor Heinz Werner, der damals den Flottenbereich Asien/Amerika leitete. Der Chef kam gleich zur Sache. Zunächst ein paar einleitende Fragen, wie „Geht es Ihnen gut, was macht die Familie, haben Sie sich im Urlaub ein bisschen erholt, können Sie auf Reise gehen?" Als ich das alles bejahte, eröffnete man mir: Das Motorschiff DRESDEN, fast fertig beladen, benötigt einen Kapitän. Mein Vorgänger, Kapitän L., muss abgelöst werden. Es hätten sich da einige Unregelmäßigkeiten ergeben, über die jetzt aber nicht zu sprechen sei. Ich sollte heute Nachmittag an Bord gehen, das Schiff übernehmen, keine großen Fragen stellen, ein schriftliches Übergabeprotokoll sei nicht erforderlich (was mich ein bisschen

MS DRESDEN auslaufend Rostock. Die Ladebäume sind aufgetoppt, ein Zeichen dafür, dass noch mindestens ein weiterer Kontinenthafen zum Laden aufgesucht werden soll.

Blick in den Wohn- und Arbeitsraum des Kapitäns

wunderte, denn normalerweise wurde darauf großer Wert gelegt). Alle weiteren Informationen, Reiseauftrag und Sonstiges wären mit dem zuständigen Nautischen Inspektor zu besprechen, der dazu an Bord kommen würde. Dann wurde ich mit den besten Erfolgswünschen verabschiedet. Das Ganze hatte keine halbe Stunde gedauert. Ich fuhr also nach Hause, packte meine Sachen, viel Uniformkram und wenig Zivil, dazu einige Bücher, Schreibzeug und was der Mensch so braucht, wenn er damit rechnet, ein Vierteljahr zur See zu fahren. Nachmittags begab ich mich an Bord. Kapitän L. wusste schon, dass ich komme. Er hatte ein kurzes Protokoll angefertigt. Das Schiffstagebuch und die Papiere lagen bereit. Ich unterschrieb, was zu unterschreiben war, nahm die Informationen entgegen, die er mir gab, und stellte weisungsgemäß keine Fragen. Als wir fertig waren, bestellte Kapitän L. sich eine Taxe, dann verabschiedete er sich kurz, wünschte mir Erfolg, verließ das Schiff und fuhr davon. Als erste Amtshandlung musste ich in die Kleiderkammer der Reederei, um mir eine neue Uniform verpassen zu lassen. Außerdem brauchte ich eine neue Mütze, nunmehr mit dem „Heiligenschein". Das war die spöttische Bezeichnung für den Eichenlaubkranz auf dem Mützenschirm. Außerdem musste auf meine blauen Jacketts der vierte

Ärmelstreifen aufgenäht werden. Dann machte ich mich mit dem I. Offizier bekannt. Das war Ingo Rose, der Sohn von Kapitän Gerhard Rose, einem bekannten Dozenten an der Seefahrtsschule Wustrow und Herausgeber der nautischen „Rose-Tafeln". Nach und nach lernte ich die andcren Offiziere kennen, z.B. den Chief, Klaus Lüdicke.

Zu 17.00 Uhr berief ich eine Vollversammlung der Besatzung in der Mannschaftsmesse ein. Die Besatzung war zwar noch nicht ganz komplett, aber in den letzten zwei Tagen vor dem Auslaufen kommt man erfahrungsgemäß nicht mehr zu solcher Veranstaltung. Außerdem fand ich es richtig, mich der Besatzung vorzustellen, damit man an Bord weiß, mit wem man es zu tun hat. Dementsprechend ließ ich die Zusammenkunft ablaufen. Zunächst stellte ich mich vor und vermied jeden Anflug von wegen „neue Besen kehren gut". Danach machte ich einige Bemerkungen zur bevorstehenden Kuba-Reise, die etwa drei Monate dauern würde. Dann entließ ich die Besatzung zum Abendessen und in den Feierabend, soweit sie nicht noch Wache oder Dienst hatte. Abends zu Hause musste ich meine Familie über die neue Situation informieren. Meine baldige Abwesenheit nahm man mit Fassung zur Kenntnis, denn Frau und Kinder waren inzwischen an solche plötzlichen Einsätze gewöhnt. Am nächsten Vormittag, als ich an Bord in meiner Kammer saß und die Schiffspapiere studierte, nachdem ich mir vom II. Offizier einen Überblick über den Ladungszustand hatte geben lassen, meldete sich eine sehr junge Frau als neue Stewardess an Bord. Ich bat sie, Platz zu nehmen und erkundigte mich, ob sie schon mal zur See gefahren sei. Die Antwort „Nein, das ist mein erstes Schiff" überraschte mich keineswegs. Wie das Seefahrtsbuch auswies, war sie gerade erst 19 Jahre alt, kam aus dem schönen Thüringer Land, hatte Serviererin gelernt, sich bei der Reederei beworben und kam nun gerade vom Einweisungslehrgang. Dort hatte sie die Rettungsbootsausbildung mitgemacht und ein bisschen Brandschutzausbildung, etwas über die Dienstvorschriften gehört und dann hatte man sie auf die DRESDEN beordert. Sie sah gut aus, man sah ihr an, dass sie aus einer ordentlichen Familie stammte, sie gab offene und ehrliche Antworten, ließ einen Schuss Humor erkennen und war natürlich voller Neugierde auf die große weite Welt. Offensichtlich guten Mutes machte sie aber doch große Augen, als ich ihr erklärte, dass nur sehr wenige Frauen an Bord wären, nämlich eine Schiffsärztin in mittleren Jahren, eine weitere Stewardess und zwei mitreisende Ehefrauen, so dass sich die ganze Aufmerksamkeit der jüngeren Männer an Bord dieses Schiffes, und das waren auf einem Typ-IV-Frachter nicht wenige, auf die wenigen Stewardessen konzentrieren würde.

Wenn man sein erstes Schiff als Kapitän übernimmt, so trägt man doch in gewisser Hinsicht schwer an der Verantwortung. Vor allen Dingen will man alles richtig machen. Schließlich soll die Reederei sehen, dass sie bei der Ernennung keine verkehrte Wahl getroffen hat. Außerdem hatte ich ja in der Seefahrt schon einige Erfahrungen, gerade auch in der Beziehung zwischen Männern und Frauen an Bord von Schiffen. Meine Fahrtzeiten auf der VÖLKERFREUNDSCHAFT und der HEINRICH HEINE hatten mir Gelegenheit gegeben, vieles Positive und manches weniger Schöne kennen zu lernen. Wenn man, wie ein Passagierdampfer, insbesondere Ostseereisen macht, die jeweils zwölf Tage dauern, dann empfindet der Seemann das als normal. Aber bei längerer Abwesenheit von zu Hause – und eine solche stand uns bevor – sehnen sich doch die unverheirateten Männer der Besatzung – und nicht nur diese – nach weiblicher Gesellschaft. Mir war klar, dass es unserer neuen Stewardess an Bewerbern nicht fehlen würde. Ich versuchte, ihr so taktvoll wie möglich die Situation zu erklären. Sinngemäß meinte ich, dass sie wahrscheinlich bei den jungen Männern an Bord eine Menge Chancen haben würde. Wenn ihr nun einer von ihnen gefallen würde, dann wäre dagegen nichts einzuwenden. Allerdings riet ich ihr, im Fall der Fälle eine richtige und sorgfältige Wahl zu treffen, damit sie auf keinen Fall während der Reise in die Lage käme, sich von einem möglicherweise enttäuschenden Partner abzuwenden und sich den Aufmerksamkeiten eines anderen zuzuwenden. Das könnte nämlich das Ego des Abgewiesenen empfindlich treffen und zu nicht voraussehbaren Reaktionen, ja handfesten Auseinandersetzungen führen. Ich bat sie also, sich alles sorgfältig zu überlegen. Sie lächelte ein bisschen und meinte dann: „Ja, Kapitän, ich weiß schon, was Sie meinen. Meine Mutti hat mir auch schon so etwas Ähnliches gesagt." Darüber war ich sehr erleichtert, denn mir war durchaus klar, dass in den Augen einer sehr jungen Frau das, was Mutti sagt, die höhere Autorität hat als die Meinung des Kapitäns, zumindest in solchen

Fragen. Ich wünschte ihr eine erfolgreiche und interessante Zeit an Bord und überließ sie dann ihrer weiteren Vorstellungsrunde beim Zahlmeister, dem Bereichsleiter Wirtschaft, den Mitarbeiterinnen und Mitarbeitern des Stewardbereiches und der Kombüse. Im Stillen dachte ich: Na, das ist ja ein richtig süßes Mädchen, das wird wohl nicht lange dauern, bis die jüngeren Herren der Besatzung versuchen werden, bei ihr zu landen. Aber ich verlor durch die Ereignisse der nächsten Tage die Herzensangelegenheiten der jungen Frau aus den Augen.

Es war Winter, in der Ostsee gab es Treibeis und wir hatten nicht allzu viel Stückgutladung für Kuba an Bord. Daher hatte uns die Reederei beauftragt, zunächst nach Rauma zu fahren und dort einige tausend Tonnen Zellulose zu laden. Nun besagte damals der Eisbericht für die nördliche Ostsee, dass bis zum Leuchtturm Utö, das ist ungefähr der südlichste Punkt der Aaland-Inseln, das Gewässer einigermaßen eisfrei wäre. Aber uns erreichte ein Telegramm von der Maklerei aus Rauma mit der Empfehlung, bei Utö den Lotsen an Bord zu nehmen und sich durch die Schärengewässer mit Hilfe eines finnischen Eisbrechers den Weg nach Rauma freibrechen zu lassen. Das Ganze machte mir einige Sorgen. Denn im Fachgebiet Seemannschaft hatte ich beim Vater des I. Offiziers, bei Kapitän Gerhard Rose, gelernt, dass ein Schiff mit Doppelschrauben im Allgemeinen nicht für die Eisfahrt geeignet ist, da die Propeller Steuerbord und Backbord sehr oft seitlich herausragen bzw. ungeschützt liegen und durch Schollen leicht beschädigt werden können. Auch gelten Bronzepropeller als nicht geeignet für die Eisfahrt, da das Material zu weich ist und sich leicht verbiegt oder bricht. Außerdem ist es ungünstig, so hatte man uns beigebracht, wenn ein Schiff nicht voll beladen ist, also im Wasser nicht tief genug eintaucht, so dass sich die Schrauben noch in der Nähe der Wasseroberfläche befinden und leicht mit stärkerem Eis in Berührung kommen und beschädigt werden können. Nun, die DRESDEN war nur zu 60 Prozent beladen, hatte Doppelschrauben und Bronzepropeller. Aber es half nun alles nichts. Als wir zwei Tage später ausliefen, hatten wir in der Ostsee ruhiges Wetter, aber tatsächlich, kurz vor Utö begann das Treibeis. Wir mussten auf den Lotsen und den Eisbrecher einige Zeit warten. Dann wurde ein Konvoi aus den Schiffen vor Ort gebildet, vorneweg der Eisbrecher, dann kamen wir und dann kamen noch zwei kleinere Frachter hinter uns. Der Eisbrecher gab über UKW die Weisung „Volle Kraft laufen". Man hatte nämlich dort gemerkt, dass wir langsam achteraus blieben, denn der Eisbrecher hatte kaum eine größere Breite als wir mit unseren 20 Metern, so dass wir Mühe hatten, seinem Kielwasser durch das frisch gebrochene Eis mit den vielen massiven Schollen zu folgen. Die Schiffe hinter uns waren schmaler und kleiner und mussten ihre Fahrt reduzieren, um nicht zu dicht aufzulaufen. Je weiter wir in das Schärenfeld der Aaland-Inseln hineinkamen, um so dicker wurde das Eis. Es war schon ein komischer Anblick, wenn neben uns finnische Beamte auf ihren mit Windpropellern angetriebenen Eisschlitten nebenherfuhren. Auch ein neuer Lotse wurde so in die Nähe der Bordwand gebracht. Beim Lotsenwechsel brauchte man nur „Maschinen stopp" zu kommandieren, augenblicklich stand das Schiff, eine Auslaufstrecke gab es nicht, es blieb stehen wie eine Straßenbahn auf Schienen. Der Lotse konnte dann bis an die Eiskante heranlaufen, die Lotsenleiter ergreifen und an Deck aufentern. Da stand der bisherige Lotse schon bereit. Beide Herren konnten an Deck in aller Seelenruhe ihre Übergabe machen und Informationen austauschen und noch einen kleinen Plausch halten, denn das Schiff rührte sich nicht von der Stelle. Dann stieg der bisherige Lotse die Lotsenleiter hinab, schwang sich auf den propellerangetriebenen Schlitten und verschwand. Als der neue Lotse auf der Brücke erschien, kommandierte er sofort „Alle Kraft voraus", dann hatten wir zu tun, um das Schiff wieder in Fahrt zu bekommen und hinter dem Eisbrecher hinterherzukeuchen, der sich inzwischen natürlich ein Stück entfernt hatte. Dadurch war die Eisrinne, die er gebrochen hatte, schon wieder ein bisschen schmaler geworden. Irgendwann erreichten wir Rauma, hatten aber Schwierigkeiten, am Kai festzumachen. Wir mussten in einem spitzen Winkel den Kai ansteuern und dann zwischen Schiff und Kai mit langen Bootshaken und Unterstützung durch die Festmacher die zwischen Land und Schiff herumtreibenden Eisschollen nach achtern wegdrücken, um das Schiff überhaupt längsseits an den Kai heranzubekommen und dann festzumachen. Nach einem Tag ordnete der Hafenkapitän noch eine Verholung an, weil der Rest der Ladung in einem anderen Schuppen lag und man über die schneeverwehte Straße die Ladung nicht zu uns transportieren wollte. Also hieß es noch einmal, sich mit Hilfe zweier Schlepper durch das dichte Eis des Hafens hindurchzuwühlen und die schwierige Prozedur des Festmachens zu durchlaufen. Das war nur unter vollem Einsatz der Propeller möglich. Da es in Finnland sehr kalt war und viel schneite, ging die Besatzung kaum an Land. Die Leute mochten wohl nicht den weiten Weg vom Hafen bis ins Stadtzentrum durch den Schnee stapfen und sich den eiskalten Ostwind um die Ohren pfeifen lassen.

Am nächsten Tag verließen wir den Hafen, erwischten den nach Süden gehenden Konvoi mit Eisbrecherhilfe bis Utö und wurden dann entlassen. Die Weiterreise durch die Nordsee, den Kanal und den Nordatlantik legten wir ohne besondere Ereignisse zurück. Aber als wir uns den Bahamas näherten, erwischten wir einen kräftigen Sturm aus Südwest. Während das Schiff heftig stampfte und mal mit dem Steven hoch aus dem Wasser kam und mal das Heck aus dem Wasser ragte, ergab es sich, dass Chief Klaus Lüdecke an Deck achtern am Schanzkleid stand und die See beobachtete. Als er irgendwann nach unten guckte, stellte er fest, dass ein Schraubenflügel an der Spitze verbogen war. Bei jeder Umdrehung machte der Propeller auch ein merkwürdig zischendes Geräusch. Er ging auf die andere Seite des Schiffes und stellte beim Backbordpropeller das gleiche Phänomen fest. Der Chief informierte natürlich seinen Kapitän, wir beobachteten beide diese Erscheinung und stellten fest: Aha, also haben wir doch im Eis einen Propellerschaden erlitten. Das kommt eben davon, wenn man ein Schiff wenig beladen mit Bronzepropellern ins Eis schickt.

Ich sah mich veranlasst, einige Stunden beizudrehen. Es hatte keinen Sinn, noch länger gegenan zu dampfen. Denn bei Windstärke neun bis zehn und Seegang acht tauchte die Nase tief ein und mit Donnergepolter ergossen sich einige hundert Tonnen Wasser auf das Vorschiff. Da in solchen Fällen ungeheure Kräfte freiwerden, kann es leicht zu Beschädigungen an Deck kommen. Die zu erwartende Reparaturzeit sowie die damit verbundenen Kosten stehen im Allgemeinen in keinem vernünftigen Verhältnis zu einer kleinen Verspätung. Am nächsten Vormittag hatte der Wind nachgelassen. Wir konnten die Reise fortsetzen und erreichten einigermaßen planmäßig Havanna.

Dort lagen wir etliche Tage. Die Kubaner rissen sich kein Bein aus. Und so hatte ich wieder Zeit, auch mal an die neue Stewardess

Hafenszene in Havanna

zu denken. Nun ist es an Bord eines Schiffes ganz einfach, wenn man wissen will, ob sich zwei Herzen gefunden haben. Man braucht nur nach Feierabend, wenn die Besatzung an Land geht, irgendwo an Deck gemütlich seine Pfeife rauchend die Landgänger zu betrachten. Wenn zwei junge Leute zusammen an Land gehen, na, dann weiß man, aha, die beiden sind wohl ein Pärchen. Denn sie wollen offensichtlich unter sich sein, was ja zu verstehen ist, und sie wollen ihre Freizeit an Land gemeinsam verbringen. Aber in Havanna fiel mir nichts Derartiges auf. Unsere neue Stewardess ging mal zusammen mit der anderen Stewardess, mal mit den mitreisenden Ehefrauen an Land oder auch mal in Begleitung der Frau Doktor oder es ging eine ganze große Gruppe an Land, beispielsweise das ganze Wirtschaftspersonal. Es kam auch vor, dass die Stewardessen zusammen mit der Truppe vom Bootsmann an Land gingen, kurzum, es war kein System in diesen Landgängen zu erkennen.

In Havanna begannen wir auch noch mit dem Laden von Zucker, das später in Nuevitas fortgesetzt wurde. Schließlich kamen wir wieder zurück nach Havanna und luden dort den Restanteil von insgesamt 9900 t Weißzucker.

Es blieb dabei: Unsere neue Stewardess, die ja inzwischen nicht mehr neu an Bord war, zeigte keine augenfällige Vorliebe für einen bestimmten Seemann.

Am 14. Mai 1969 gingen wir von Havanna aus auf die Heimreise. In der Nordsee fand unsere letzte Schiffsleitungssitzung statt. Ich nahm von allen Leitenden Offizieren und der Schiffsärztin ihre Zuarbeiten für den Kapitänsreisebericht entgegen, wertete die Reise

Kurs Heimat

aus, bedankte mich für die konstruktive Mitarbeit und für das gute Klima an Bord. Am Schluss der Besprechung bei einer Tasse Kaffee und einem Kognak hatten wir noch ein zwangloses Gespräch. Dabei äußerte ich in diesem kleine Kreise ein bisschen lästerlich, dass die jungen Leute von heute, insbesondere die jungen Männer, offenbar nicht mehr so ganz auf Draht wären. Schließlich sei unsere neue Stewardess doch ein richtig niedliches Mädchen, aber offensichtlich hätte keiner von den Jungs an Bord genügend Engagement gezeigt. Unsere Schiffsärztin, Frau Dr. Zentner, sah mich kurz an, lächelte und meinte dann: „Tja, Kaptän, das ist einzig und allein Ihre Schuld!" „Wieso das?", fragte ich. „Ich habe doch der Lütten nichts dergleichen verboten. Ich habe lediglich gesagt …" „Ja, ja, ja", sagte die Frau Doktor, „ich weiß, was Sie ihr gesagt haben. Die Kleine hat mir das ja erzählt." „Also", konnte ich antworten, „na bitte, dann hätte sie doch die entsprechende Möglichkeit gehabt. Aber wenn sie mit ihr darüber gesprochen haben, warum hat denn keiner der Jungs hier an Bord Gnade vor ihren Augen gefunden?" „Ja", meinte die Frau Doktor leise, „das habe ich das Mädchen auch gefragt." „Na und", wollten wir nun alle wissen, „was hat sie denn gesagt?" Sie meinte:

Seegang von vorn, das Vorschiff setzt schwer in die See ein.

„Der Kapitän hat zu mir gesagt, einen Freund kann ich an Bord haben, aber während der Reise soll ich nicht wechseln. Sonst gibt es an Bord böses Blut. Und da wäre schon einer gewesen, der mir ganz gut gefallen hätte. Aber weil ich nicht sicher war, dass die Sache bis zum Reiseende halten würde, da habe ich es gleich ganz und gar sein gelassen!" Alles lächelte und mir blieb nur noch übrig, zu sagen: „Naja, wie immer ist der Kapitän an allem schuld! Was soll man machen. Lässt man die Dinge laufen, dann heißt es, man interessiert sich nicht für die Vorgänge innerhalb der Besatzung. Versucht man, vorsichtig etwas zu dirigieren, dann bekommt man hinterher zu hören, dass es zwischenmenschlich irgendwo nicht geklappt hat."

Zwei Tage später, am 1. Juni 1969, waren wir im Heimathafen. Da hatte sich dann die ganze Sache von selbst erledigt. Ich zog jedenfalls die entsprechende Lehre daraus. Das Beste ist immer noch, wenn die Mädchen auf sich selbst aufpassen. Der Kapitän jedenfalls kann es nicht.

Äquatortaufe

Über Äquatortaufen ist schon viel berichtet, geschrieben und erzählt worden. Der Überlieferung nach soll es schon zur Hansezeit derartige Hänseleien an Bord gegeben haben. Im Übrigen kennt man ja nicht nur Äquatortaufen, manchmal heißt es auch „Linientaufe" und außerdem gibt es die „Polartaufe", wenn der Polarkreis durchfahren wird. Auf Passagierschiffen macht man natürlich zur Belustigung der Gäste an Bord alle möglichen Taufen, z.B. Schwarzmeertaufe, Mittelmeertaufe, Atlantiktaufe. Man muss also nicht unbedingt über den Äquator kommen, um an einem Taufvergnügen teilnehmen zu können.

Anders als das schaulustige Publikum nehmen Seeleute die Sache ernst. Der Ablauf der Zeremonie, Tradition seit altersher, ist schon vielfach beschrieben worden. In den meisten Fällen war sie zwar unangenehm, denn die Täuflinge bekamen allerlei schlecht schmeckende Getränke, man muss schon sagen, eingetrichtert, und mussten durch einen Luftsack kriechen. Von hinten sorgte ein kräftiger Strahl aus dem Feuerlöschschlauch für Beschleunigung und von vorne bremste zugleich ein kräftiger Strahl aus einem Feuerlöschschlauch. Kam der nach Luft schnappende Täufling dann wieder zum Vorschein, geriet er unversehens in das Taufbecken, wurde dort

Neptun-Taufe an Bord der VÖLKERFREUNDSCHAFT, Neptun (mit Dreizack) und seine Trabanten erscheinen an Deck. Die Rolle des Neptun übernahm sehr häufig der I. Funkoffizier, Alfred Schütt.

187

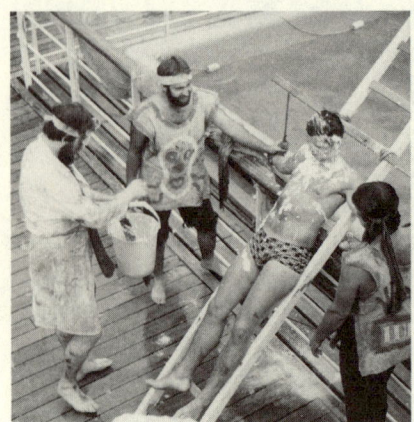

Ein Opfer ist schon eingeseift, der Barbier wird den Schaum mit einem hölzernen Rasiermesser entfernen …

rechts: Das nächste Opfer bekommt auch noch einige „Tabletten" verabreicht.

mit untauglichen Werkzeugen rasiert, unter Umständen wurden die Haare abgeschnitten. Manchmal half dagegen eine freiwillige Spende für Neptuns Trabanten in Form von einigen Kästen Bier. Abends versammelte sich die gesamte Besatzung in der Mannschaftsmesse und feierte das Ereignis gebührend. Der Kapitän hielt eine Ansprache und händigte den Täuflingen die wirklich wohlverdiente und schwer erkämpfte Taufurkunde aus. Darauf stand zu lesen, dass der Delin-

Hat der Täufling sich unter großen Mühen durch den Windsack gearbeitet und das Tageslicht wieder erblickt, so sorgen die Trabanten nun dafür, dass er in ein Fass mit einer verdächtig riechenden Flüssigkeit gesteckt wird, um einige Fragen zu beantworten, z.B. die, wie viel Kästen Bier er zu spendieren gedenkt ...

rechts: Äquatortaufe an Bord eines Frachters der DSR. Auch die weiblichen Besatzungsmitglieder werden getauft, allerdings etwas humaner als die männlichen Täuflinge.

quent vom Schmutz der nördlichen Halbkugel gereinigt und ihm die Erlaubnis erteilt wurde, nunmehr die Weltmeere befahren, besegeln oder beschiffen zu dürfen. Natürlich in gehöriger Form, mit konservativen Ausdrücken und würdevollem Abschluss. Die Unterschriften leisteten der Gott Neptun und der Kapitän. So weit, so gut. Es war nun Sache einer verständigen Schiffsführung, diese Dinge nicht ausarten zu lassen. Es konnte durchaus hier und da mal zur Tortur werden und vielen Seeleuten, die es später bis zum Kapitän gebracht haben und dann ihre Lebenserinnerung schrieben, sind böse Scherze im Gedächtnis geblieben. Gelegentlich gab es Ausrutscher, aber im Großen und Ganzen hielt sich die Quälerei der Täuflinge in Grenzen.

Beim Aufbau der Deutschen Seereederei Rostock begann dies alles eine Rolle zu spielen, als die ersten 10000-Tonner in die große weite Welt fuhren, nach Südamerika, Südafrika oder zu den Häfen Indonesiens. Wer nur bis Indien kam oder bestenfalls bis Singapur und gleich wieder nach Norden fuhr Richtung Hongkong oder Japan, der konnte um die Taufe herumkommen. Aber in der Zeit, als der Suez-Kanal geschlossen war, kam jeder zu seiner Äquatortaufe. Ende der 1960er, Anfang der 1970er Jahre begab es sich, dass an Bord des MS VOGTLAND eine Kameragruppe der DEFA aus Babelsberg, der Filmstadt der DDR, an Bord kam, um eine Reise mitzumachen. Die Dokumentarfilmer hatten den Auftrag, einen interessanten Reisebericht zu gestalten. Kapitän Kunze war ein Schiffsführer mit Verständnis für Öffentlichkeitsarbeit. Außerdem hatte die Reederei das Vorhaben genehmigt und so waren alle Voraussetzungen vorhanden, um ein ordentliches Ergebnis zu erreichen. Wie immer in solchen Fällen wurden insbesondere die wirkungsvollen Szenen gefilmt, wie beispielsweise Bugwelle, Seegang, schaukelndes Schiff, Schleusenmanöver, Lotsenübernahme, Löschen und Laden im Hafen, Arbeiten in der Luke, Arbeiten an Deck, Arbeiten hoch oben im Mast, Freizeit der Besatzung, bei Sport und Spiel usw. Ein folkloristischer Höhepunkt sollte die Äquatortaufe werden. Sie wurde unter Aufsicht des Kapitäns und des I. Offiziers nach dem allgemein üblichen Standard auch ganz ordentlich inszeniert. Und die Kamera war dabei. Unter anderem hatten sich die mit der Vorbereitung dieser Aktion beschäftigten Seeleute, natürlich solche, die schon längst getauft waren und dies auch urkundlich beweisen konnten, den folgenden Gag ausgedacht: Als die Taufzeremonie begann, sahen die Täuflinge neben den üblichen Requisiten, wie Windsack, Wasserbecken, Frisörecke, auch eine in Betrieb befindliche Feldschmiede. Das Schmiedefeuer brannte und in diesem Feuer wurde langsam ein Brenneisen zum Glühen gebracht. Schließlich wurde eine Ecke mit der Feldschmiede durch eine Persenning abgedeckt, so dass Einzelheiten von den an Deck versammelten Täuflingen nicht erkannt werden konnten. Als der ers-

Karibik-Taufe an Bord der VÖLKERFREUNDSCHAFT. Neptun (Alfred Schütt) verliest die gnädigst erteilte Durchfahrtsgenehmigung. Die schwedischen Passagiere amüsieren sich. Im Vordergrund der Autor

te Täufling die üblichen Prozeduren durchlaufen hatte, zerrte man ihn hinter die Persenning in Richtung Feldschmiede. Dort wurde er von kräftigen Seemannsfäusten mit dem Bauch platt auf eine Holzbank gedrückt, er konnte gerade noch erkennen, dass das rot-glühende Brenneisen aus dem Feuer geholt worden war, man hielt es ihm unter die Nase, damit er auch sieht, was für ein Folterwerkzeug hier auf schreckliche Weise bereit war. Und der Kamera-Mann hielt den Gesichtsausdruck natürlich mit einer Großeinstellung fest. Wie auch manches andere. Der verzweifelte Täufling versuchte, sich zu wehren und seinen Häschern zu entkommen, aber das blieb durch die Übermacht völlig erfolglos. Dann griff einer der Trabanten Neptuns die Badehose des Täuflings und zog sie dem armen Burschen in die Kniekehlen. Nun ahnte der Täufling natürlich, dass ihm ein fürchterliches Geschick bevorstand. Der für die Gegend des verlängerten Rückens zuständige Trabant griff nun allerdings in eine bereitstehende kleine Pütz voller Eisstücke. Er angelte sich ein passendes Stück Eis heraus und drückte es dem Delinquenten kräftig auf den wohlgerundeten Achtersteven. Da man in solchen Fällen in der ersten Zehntelsekunde heiß oder kalt nicht unterscheiden kann, schrie der geplagte Seemann natürlich fürchterlich auf, mit dem entsprechenden Gesichtsausdruck

191

voller Entsetzen, und die Kamera filmte das Gesicht wiederum in Großaufnahme. Allerdings wurde auch der übrige Teil der Prozedur einschließlich der Pütz mit dem Eis gefilmt. Und so ging es weiter, Mann für Mann. Entsetzte Gesichter, wahnsinnige Schreie, das glühende Brenneisen, die Feldschmiede, also die Leute von der DEFA hatten reichlich Material, um einen Horrorfilm zusammenzuschneiden. In Wirklichkeit war die Sache ja halb so schlimm, das wussten die Täuflinge allerdings erst hinterher.

Vom Bestimmungsort aus flog die Kameragruppe nach Hause, während das Schiff seine Reise fortsetzte. Zu Hause in Babelsberg schnitt der Regisseur den Dokumentarfilm so zurecht, dass das Brenneisen und die gequälten aufschreienden Gesichter zu sehen waren und somit der Eindruck einer fürchterlichen Horrorveranstaltung gewahrt blieb. Dass es sich in Wirklichkeit um Eis handelte, wurde verschwiegen. Als das Werk fertig war, wurde es der Leitung der DEFA in einer internen Erstaufführung vorgespielt. Dort wunderte man sich über die harten Jungs der VOGTLAND, fand aber nichts weiter dabei, denn schließlich weiß man, Seeleute sind traditionsbewusst und schrecken vor nichts zurück.

Wenige Tage später gab es in Berlin aus Anlass eines Staatsfeiertages für Verdiente Werktätige einen Empfang in repräsentativer Umgebung. Als die Reden gehalten waren und das kalte Büfett eröffnet wurde, stärkten sich die Spitzenfunktionäre und die eingeladenen Ausgezeichneten je nach Gewohnheit mit Sekt oder Kognak und genossen die Salate, Kanapees oder die natürlich vorhandene „warme Strecke". Bei dieser Gelegenheit, wie der Zufall es so wollte, kam der Generaldirektor der DEFA neben dem Verkehrsminister, Otto Arndt, zu stehen. Man unterhielt sich, denn in diesen Kreisen kannte natürlich jeder jeden, und der Chef der DEFA fing an, dem Minister vorzuschwärmen, was er für tolle Seeleute hätte, das wären vielleicht Kerle, Donnerwetter, die würden ja vor nichts zurückschrecken. Und er berichtete freudestrahlend von dem neuen Filmwerk, das auf der VOGTLAND gedreht worden war. So langsam wurde der Minister hellhörig. „Na", meinte der DEFA-Chef, „mit glühenden Brenneisen haben die sich gegenseitig bei der Äquatortaufe Erkennungszeichen in den Hintern gebrannt und das haben die alles ausgehalten. Also, ich muss schon sagen, deine Jungs, das sind harte Männer." „So, so", meinte der Minister, „kann man denn den Film mal sehen?" „Ja, natürlich, gern. Du hast bestimmt gelegentlich mal im Lokomotivwerk Babelsberg zu tun. Wenn du eine Stunde erübrigen kannst, brauchst du mich nur anzurufen, dann bereiten wir im Vorführraum alles vor." Merkwürdig schnell hatte der Minister für Verkehrswesen Zeit. Als er den Film ansah, dachte er zunächst: „Na, ja, das ist ja ganz nett und eine schöne, interessante Reisedokumentation." Aber als die entsprechenden Szenen von der Äquatortaufe gezeigt wurden, da war er entsetzt. Er wusste ja nichts von dem Eis und von der raffinierten Schnittleistung des Regisseurs. Er musste das Ganze, was er sah, für bare Münze nehmen. Er konnte gerade noch genug Haltung bewahren, um sich ruhig vom DEFA-Chef zu verabschieden. Kaum an seinem Berliner Schreibtisch angekommen, rief er den Generaldirektor der DSR Günter Freiberg an. Als dieser am Apparat war, ergoss sich über ihn eine fürchterliche Standpauke voller Anklagen, Vorwürfe, Wutausbrüche. Günter Freiberg wusste natürlich von nichts. Er hatte nur erfahren, dass die Reise ohne besondere Vorkommnisse über die Bühne gegangen war, und so fiel er aus allen Wolken, als er dermaßen zusammengestaucht wurde. Otto Arndt verlangte, den verantwortlichen Kapitän aus der Reederei fristlos zu entlassen: „Der Mann ist zu feuern, das ist unsozialistisch, unmenschlich und überhaupt können wir so etwas nicht dulden und ich muss mich sehr wundern, was in dieser Reederei so alles passiert!"

Freiberg konnte nur noch sagen, jawohl, ich werde das sofort überprüfen und strengste Maßnahmen einleiten. Dann hatte der Minister auch schon wutentbrannt den Hörer auf die Gabel geknallt.

Eine Woche später lief die VOGTLAND wieder in den Rostocker Überseehafen ein. Zwei Stunden nach dem Festmachen musste der zuständige Flottenbereichsdirektor mit Kapitän Kunze gemeinsam beim Generaldirektor der DSR zum Rapport antreten. Zunächst schilderte er ihm den Wutausbruch des Ministers, der normalerweise ein ruhiger, sachlicher Fachmann war, wenn auch in erster Linie für das Eisenbahnwesen. „So", meinte dann Günter Freiberg, „nun berichtet mir mal, was war denn da an Bord los. Welche Schweinerei habt ihr euch da geleistet?" Nun war es an Kapitän Kunze, vom Donner gerührt zu sein. Natürlich war er sich keiner Schuld bewusst, denn den Film hatte er noch nicht gesehen. Aber er war in der Lage, den Verdacht ganz energisch zurückzuweisen, dass jemand an Bord mit einem glühenden Eisen gequält worden sei. Es gelang ihm, den Generaldirektor davon zu überzeugen, dass das nur ein Trick der DEFA gewesen sein konnte, denn er hatte ja selbst unweit der Prozedur gestanden und hatte gesehen, dass alle nur ein Eisstück auf den Hintern gedrückt bekommen hatten, während der Kameramann ihnen die Kamera vors Gesicht hielt. Kapitän Kunze konnte ganz bestimmt aussagen, dass nicht eine einzige Verletzung oder eine einzige Tortur in irgendeiner Weise stattgefunden hatte.

„Na, ja", meinte der Generaldirektor. „Das hilft nun alles nichts. Das Kind liegt im Brunnen und ich kann den Minister jetzt nicht mehr vom Gegenteil überzeugen. Der ist so wütend, da hilft kein Argumentieren mehr. Also", er wandte sich an den Flottenbereichsdirektor, „wir müssen jetzt die Notbremse ziehen und machen Folgendes: Kapitän Kunze wird aus der Schusslinie genommen. Er gibt das Schiff an einen Nachfolger ab, den der Flottenbereichsdirektor schnellstens an Bord zu schicken hat. Und dann verschwindet er für einige Zeit und wird Dienst tun im Abnahmekommando der Warnow-Werft in Warnemünde. Wenn Gras über die Sache gewachsen ist, sehen wir weiter. Im Augenblick gibt es keine andere Lösung."
So geschah es dann auch. Nun mussten aber noch die vom Minister verlangten weiteren Maßnahmen eingeleitet werden. Also ließ der Generaldirektor ein entsprechendes Rundschreiben an alle Kapitäne der Flotte schicken, des Inhalts, dass es zur besonderen persönlichen Verantwortung der Kapitäne gehört, darauf zu achten, dass Äquatortaufen nicht ausarten dürfen, dass keinerlei Verletzungen oder würdelose Quälereien stattfinden dürfen und man sich gefälligst an die Grundregeln der sozialistischen Ethik und Moral zu halten habe. Dieses Schreiben, eingeleitet mit der üblichen Formulierung: „Aus gegebener Veranlassung wird auf Folgendes hingewiesen ..." lasen die Kapitäne natürlich mit einiger Verwunderung. Aber da sie die näheren Umstände nicht kannten, schüttelten sie den Kopf, murmelten was von Bürokraten und Landeiern, gaben das Schreiben sinngemäß auf der nächsten Schiffsleitungssitzung den Bereichsleitern zur Kenntnis. Dann wurde es abgeheftet und verschwand in einem Aktendeckel. Nun wollte es aber das Unglück, dass tatsächlich nur wenige Wochen später an Bord eines anderen Schiffes der Reederei

Äquatortaufe auf der dritten Südamerika-Reise des MS FREUNDSCHAFT, 1960. Der als Neptun verkleidete Politoffizier Otto Dau, in späteren Jahren Gewerkschaftsvorsitzender der DSR, verliest den Täuflingen den Ablauf der Zeremonie. Im Hintergrund warten die Häscher und Trabanten auf ihre Delinquenten. Bildmitte mit weißer Mütze: Kapitän Hans Fünning

eine Äquatortaufe aus dem Ruder lief. Ein junger Seemann wurde dabei erheblich an den Handgelenken verletzt und musste schnellstens nach Hause geflogen werden, um seine volle Arbeitsfähigkeit wieder herzustellen. Bevor nun ein neues Verdikt aus Berlin kam, erließen Generaldirektor und Politabteilung ein gemeinsames Verbot von Äquatortaufen. Nun gab es die entsprechenden Aufschreie nicht in Berlin, aber in der Flotte. In fast allen Reiseberichten nahmen die Kapitäne zu dieser neuen Anordnung des Generaldirektors Stellung und sparten nicht mit sorgfältig formulierter, aber wohltemperierter Kritik. An Bord wusste man wohl, dass die Seeleute nicht so scharf darauf waren, in ein Fass mit Küchenabfällen getaucht zu werden oder mit Chili angereicherte Heringslake trinken zu müssen. Aber dass nun ein legitimer Bestandteil seemännischer Tradition ganz und gar über Bord geworfen werden sollte, das leuchtete den Besatzungen nicht ein. Sicher, sie waren nicht scharf auf Schmerzen, aber sie wollten sich doch wenigstens die Tauf-Urkunde nicht entgehen lassen. Und sie musste doch einigermaßen verdient sein. Der Generaldirektor musste aber hart bleiben. Die Politabteilung reagierte – politisch. Man versuchte, der Äquatortaufe ein neues Gesicht zu geben, einen neuen politisch-kulturellen Inhalt. Das stellte man sich so vor, dass man den Kapitänen empfahl, auf die übliche Taufzeremonie zu verzichten, stattdessen aber so eine Art Wissens-Toto einzuführen oder ein Quiz, in dem diejenigen, die zum ersten Mal über die Linie fuhren, in gezielten Fragen ihr Wissen über das seemännische Brauchtum und über Traditionen und Herkommen unter Beweis stellen könnten. Und wenn sie mit ihren Antworten eine Mindestpunktzahl erreichten, dann könnte man ihnen eine entsprechende Urkunde aushändigen. Diesmal ging kein Schrei der Empörung durch die Flotte, sondern auf allen Schiffen hob allgemeines Gelächter an.

In den Folgemonaten schrieben Seeleute Briefe, machten Eingaben, äußerten sich in Versammlungen an Bord, so dass man an den Rostocker Schreibtischen nach geraumer Zeit zur Einsicht kam, etwas zu weit gegangen zu sein. Es gab letzten Endes eine neue Anweisung, dass unter Berücksichtigung des nationalen Kulturerbes, des Brauchtums und der seemännischen Tradition die Äquatortaufe wieder zugelassen wäre. Jedoch trügen die Kapitäne die persönliche Verantwortung dafür, dass irgendwelcher Missbrauch, Übertreibungen oder Quälereien unter allen Umständen vermieden werden. Sollte sich Derartiges wiederholen, würde ohne Ansehen der Person gehandelt werden. So kam denn langsam, aber sicher, die traditionelle Äquatortaufe wieder an Bord zurück. Größere Ausrutscher kamen nicht mehr vor. Die Kapitäne wussten, ihren Besatzungen ging es in erster Linie um eine Tauf-Urkunde, die sie mit dem Gefühl verbinden wollten, dieses kostbare Stück Pergament ehrlich verdient zu haben.

Nebel auf der Schelde

Vom 25. Juni 1969 bis 31. Januar 1970 hatte ich auf einer Reise nach Südostasien das Kommando über das MS BERLIN, einen 10000-Tonnen-Frachter vom Typ IV.

Die lange Reisezeit kam dadurch zustande, dass zu jener Zeit der Suezkanal wieder einmal gesperrt war und der Schiffsverkehr den Umweg über das Kap der Guten Hoffnung machen musste. Außerdem hatten wir eine ziemlich lange Liegezeit im vietnamesischen Hafen Haiphong. Erschwerend kam hinzu, dass auf der Heimreise ab dem indonesischen Hafen Banjuwangi trotz aller Bemühungen des Maschinenpersonals unter ihrem tüchtigen Leitenden Ingenieur Thomas Strache nur noch zwei der vier Hauptmotoren einsatzklar waren. So liefen wir statt der normalerweise möglichen Geschwindigkeit von 16 Knoten voll abgeladen mit Holzdeckladung nur etwas über 10 Knoten, genauso schnell wie die Teeklipper vor 120 Jahren.

Mitte Dezember 1969 erreichten wir unseren ersten Kontinenthafen Le Havre. Dort löschten wir die Deckladung Teakholz. Das dauerte einige Tage. In Paris wohnte eine Tante von mir, die jüngste Schwester meiner Mutter. Sie hatte nach dem Krieg einen in Berlin tätigen französischen Ingenieur geheiratet und war ihm nach Frankreich gefolgt. Der Aufenthalt in Le Havre gab mir Gelegenheit, meine Tante und weitere Familienangehörige von ihr an Bord begrüßen zu können. Es war ein Wiedersehen nach mehr als 20 Jahren.

Ich wusste zwar, dass man diese Art „Westkontakte" in der Reederei nicht gerne sah, aber zu jener Zeit gab es dazu noch kein ausdrückliches Verbot. Als wir in Rostock einliefen, merkte ich, dass man in der Reederei von diesem Treffen an Bord natürlich wusste. Das war auch kein großes Wunder, denn wir hatten an meine Mutter nach Berlin gemeinsam eine Ansichtskarte geschickt, die wir alle unterschrieben hatten. Ärger bekam ich keinen. Das strikte Verbot von Westkontakten wurde erst verhängt, nachdem 1974 die SED-Kreisleitung Seeverkehr und Hafenwirtschaft gegründet worden war.

Von Le Havre versegelten wir nach Antwerpen. Die Löscharbeiten dauerten ebenfalls einige Tage. So ergab sich für die Besatzung

MS BERLIN im Hafen von Antwerpen. Längsseits liegende Lastkähne übernehmen einen Teil der Ladung und transportieren sie weiter flussaufwärts in das Binnenland.

Gelegenheit für Weihnachtseinkäufe. Als wir am Abend des Auslauftages seeklar gemacht hatten und nach Passieren der Hafenschleuse auf der Schelde seewärts steuerten, war die Sicht noch gut. Der Lotse und ich standen auf der Brücke, für ihn wurde ein Abendessen serviert, ich trank zur Gesellschaft einen Kaffee mit. Wir unterhielten uns, während die BERLIN mit Fahrtstufe „Voll voraus" zehn Knoten flussabwärts lief plus der etwa 2,5 Knoten betragenden Strömung des Flusses. Nach einiger Zeit wurde die BERLIN über das UKW-Gerät angerufen. Der Lotse nahm das Gespräch entgegen und sagte mir dann: „Kapitän, die Schifffahrtsleitstelle meldet auf der Unterschelde dichten Nebel und gibt die Warnung aus, vorsichtig zu navigieren." Ich fragte ihn: „Was bedeutet das für uns?" Darauf seine Antwort: „Der Nebel ist nicht das Problem. Aber kurz vor einer Flussbiegung weiter unten arbeitet im Fahrwasser ein Bagger. Wie ich eben hörte, haben einige Schiffe es schon vorgezogen, nicht an ihm vorbeizufahren, sondern sich vor Anker gelegt. Ich bin nicht sicher, ob wir durch das Feld der Ankerlieger am Bagger vorbei hindurchsteuern sollten. Wir werden gleich im Radargerät Näheres erkennen können." Unser

Radargerät lief im Sechs-Meilen-Bereich und es dauerte nicht lange, bis wir deutlich erkennen konnten, dass sich vor und hinter dem Bagger eine Anzahl von Schiffen vor Anker gelegt hatte. Inzwischen wurde die Sicht zunehmend schlechter und nach einigen weiteren Minuten befanden wir uns im dichten Nebel. Auch unser Zimmermann, der vorn auf der Back zusätzlich Ausguck ging und bereits auf meine Weisung beide Anker klar zum Fallen gemacht hatte, meldete, dass er nichts mehr sehen könnte. Von der Brücke aus ließ sich nur noch mit Mühe und Not das Vorschiff erkennen. Auf dem Bildschirm des Radargerätes zeigte sich beim Näherkommen, dass ober- und unterhalb des Baggers rund 20 Schiffe vor Anker lagen, der Größe nach geurteilt Tankschuten, Küstenmotorschiffe und Flussdampfer.

Der Lotse blickte mich an: „Kapitän, ich schlage vor, wir gehen vor Anker." Ich nickte nur, ließ vom Wachoffizier den Zimmermann vorne wahrschauen: „Backbordanker klar zum Fallen" und nickte dem Lotsen zu. Dieser kommandierte: „Ruder hart Backbord, beide Maschinen stopp." Unser Wachoffizier bediente den Maschinentelegrafen, der Rudergänger legte das Ruder auf hart Backbord. Durch die Drehung des Schiffes liefen wir nach Backbord aus dem Fahrwasser heraus und mit dem noch vorhandenen Fahrtmoment trieben wir im Winkel von 90 Grad auf die Backbord-Böschung des Flussufers der Schelde zu. Jetzt konnte ich mich nur noch auf die Ortskenntnis des Lotsen verlassen. Für Diskussionen und Beratungsgespräche war keine Zeit mehr. Plötzlich wurde das Schiff stark abgebremst. Wir waren offenbar einigermaßen sanft gegen das aus dem tiefen Wasser heraus schnell ansteigende Ufer des Flusses gestoßen. Während der Bug sich in die Böschung bohrte, schwang unser Heck langsam weiter herum, verursacht durch die Strömung. Als das Achterschiff begann, flussabwärts einzuschwenken, kommandierte der Lotse „beide Maschinen voll zurück, Ruder hart Steuerbord" und als die beiden Propeller ansprangen, löste sich unser Steven aus dem offenbar weichen und modderartigen Untergrund. Wir glitten achteraus bis an den Fahrwasserrand zurück, dann ließen wir den Backbordanker fallen, steckten drei Längen Kette aus und als die Ankerkette ausgerauscht war und vom Zimmermann abgebremst wurde, fasste der Anker und hielt uns an der Fahrwasserkante fest. Das Heck schwang noch ein bisschen herum, zeigte flussabwärts, unser Steven zeigte

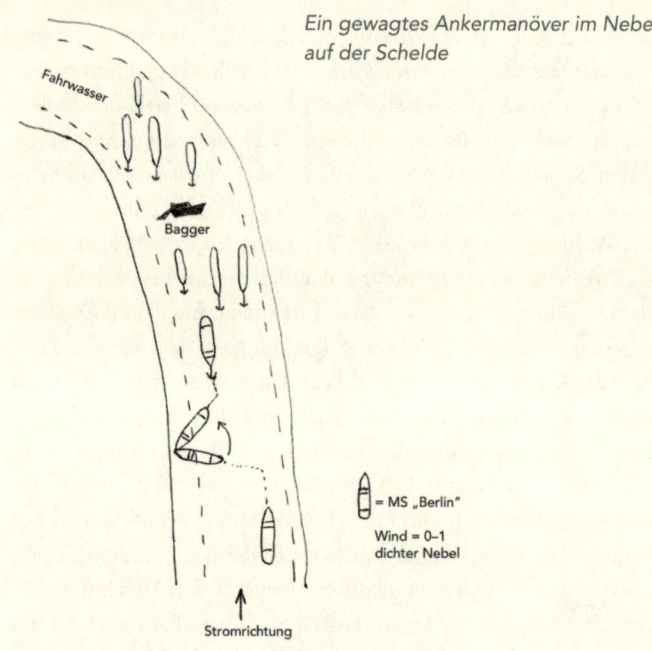

Ein gewagtes Ankermanöver im Nebel auf der Schelde

Fahrwasser

Bagger

= MS „Berlin"

Wind = 0–1
dichter Nebel

Stromrichtung

flussaufwärts, der Anker hielt. Wir setzten die vorgeschriebenen Ankerlichter, gaben Nebelsignale, holten tief Luft, nickten uns zu und die Gefahr war erst einmal vorüber. Wir wussten inzwischen, dass auch hinter uns keiner mehr kommen würde. Der Schiffsverkehr war eingestellt worden und flussaufwärts konnte auch kein Schiff mehr die Schelde hinauffahren.

Alles wartete jetzt nur noch auf ein Nachlassen des Nebels. Das allerdings konnte noch Stunden dauern und daher war es zulässig, dass der Lotse und ich erst einmal mit einem Whisky-Soda anstießen. Ich hatte nun Zeit, mir über die Situation klar zu werden. Im Fach Seerecht lernt jeder junge Schiffsoffizier, dass der Lotse lediglich Berater des Kapitäns ist. Die Verantwortung, die letzte Entscheidung für alles, was an Bord geschieht, verbleibt immer und ausschließlich beim Kapitän. Aber unser Manöver eben war ein typischer Fall dafür, dass es Situationen gibt, in denen der Kapitän sich sozusagen blind auf die Erfahrungen und die größere Ortskenntnis des Lotsen verlassen muss. In solcher Lage ist für Diskussionen, das Studium irgendwelcher Handbücher und Ähnliches keine Zeit, weil innerhalb von Sekunden Entscheidungen getroffen werden müssen. Der Lotse und ich, wir hatten eben sozusagen absichtlich eine Grundberührung herbeigeführt. Hätten nun am Ufer der Schelde an dieser Stelle Steine gelegen oder Wrackteile auf dem Grund gelauert, so wäre es zu einer erheblichen Beschädigung des Unterwasserschiffes gekommen. Streng genommen hätte ich im nächsten Hafen, in Rotterdam, einen Taucher zur Kontrolle des Unterwasserschiffes bestellen und durch einen Besichtiger die weitere Seetüchtigkeit bestätigen lassen müssen. Da es sich aber um eine weiche Berührung ohne Wahrscheinlichkeit eines Folgeschadens handelte, betrachtete ich das Ganze als einen Grenzfall und sah von weiteren Maßnahmen ab.

Als wir in den ersten Januartagen des Jahres 1970 in Rostock einliefen, informierte ich den zuständigen Nautischen Inspektor während des Einlaufgespräches über das Ereignis. Er winkte aber nur ab. Die Inspektion des Flottenbereichs Asien/Amerika war damals sowieso unterbesetzt. So war man nicht scharf darauf, den Schriftverkehr um einen Vorgang zu bereichern. Mit einer Dauer von sieben Monaten und fünf Tagen war die längste Reise meiner Laufbahn beendet. Auf Wunsch meiner Familie blieb ich nach einigen Urlaubswochen an Land und übernahm eine neue Aufgabe als Nautischer Inspektor im Flottenbereich Asien/Amerika.

Begegnungen mit Admiral „Donnergroll"

Der Spitzname passte zu ihm. Wenn der große, breitschultrige Seeoffizier ärgerlich wurde und mit seiner tiefen, durchdringenden Stimme sagte: „Ich erwarte, dass meine Befehle unverzüglich ausgeführt werden. Andernfalls mache ich von meinem Dienstgrad Gebrauch!", dann fuhr auch höheren Stabsoffizieren der Schreck in die Knochen und sie beeilten sich, ihren Vorgesetzten zufriedenzustellen.

Heinz Neukirchen wurde am 13. Januar 1915 in Duisburg als Sohn eines Gutsinspektors geboren. Nach dem Abschluss der mittleren Reife begann er eine Ausbildung als Verwaltungsanwärter. Zwischen 1932 und 1935 war er arbeitslos, abgesehen von einigen Reisen als Decksmann an Bord eines Rhein-See-Küstenschiffes. Im Juli 1935 meldete er sich freiwillig zur Kriegsmarine. Er absolvierte eine seemännische Ausbildung auf der GORCH FOCK, diente anschließend auf dem leichten Kreuzer KÖLN und nahm an Bord dieses Schiffes am Spanienkrieg teil. 1938 zum Steuermannsmaat befördert, wurde er 1940 Bootsmann. Die großen Personalverluste bei der Kriegsmarine brachten es mit sich, dass er 1944 in die Seeoffizierslaufbahn zunächst als Leutnant zur See übernommen wurde. Bei Kriegsende war er Oberleutnant zur See und Kommandant eines U-Boot-Jägers, hatte wie viele andere Marineangehörige das Pech, zum Infanterieeinsatz abkommandiert zu werden, und geriet im Mai 1945 in sowjetische Gefangenschaft.

Am 7. Oktober 1949, dem Gründungstag der DDR, wurde er aus der Gefangenschaft entlassen und im November Geschäftsführer des Landesverbandes Mecklenburg der National-Demokratischen Partei Deutschlands. Vom August 1950 an war er Vorsitzender des Landesverbandes Groß Berlin der NDPD. 1951 erfolgte seine Übernahme in die neugegründete Seepolizei der DDR mit dem Dienstgrad Chefinspekteur. Als die durchsichtige Tarnung dieser vorgeblichen Polizeiformation ein Jahr später entfiel, erhielt er den Dienstgrad Konteradmiral. Mit Unterbrechungen durch eine zeitweilige Funktion als Chef der Seestreitkräfte bzw. Studium an der Seekriegsakademie in Leningrad blieb er Chef des Stabes, auch als 1960 aus den

Konteradmiral Heinz Neukirchen, Chef des Stabes der DDR-See-streitkräfte, hält in Paradeuniform mit Schärpe und großer Ordens-schnalle anlässlich eines Staats-feiertages die Festrede.

Seestreitkräften der DDR die Volksmarine hervorging. In dieser Zeit erfolgte sein Beitritt zur SED.

Am 31. Mai 1964 erfolgte seine Entlassung mit dem Charakter eines Vizeadmirals, nachdem der Verteidigungsminister der DDR, Armeegeneral Heinz Hoffmann, erklärt hatte, dass keine ehemaligen Offiziere der Wehrmacht mehr in verantwortlicher Stellung verbleiben würden. Tags darauf wurde er vom Minister für Verkehrswesen zum Präsidenten der Direktion Seeverkehr und Hafenwirtschaft berufen. Damit war diese, selbst für die Verhältnisse der damaligen Jahre ungewöhnliche Laufbahn noch nicht beendet. Aber davon später.

Neukirchen war nach 1945 einer der wenigen Offiziere mit Kriegserfahrung gewesen, die sich für den Aufbau neuer Streitkräfte zur Verfügung stellten. Wie in vielen anderen Lebensbereichen musste auch hier bei absolut Null begonnen werden. Das verlangte allen Kommandeuren, insbesondere dem Chef des Stabes, eine ungeheure Arbeitslast ab bei gleichzeitiger Wahrnehmung einer großen Verantwortung. Umgeben von Mitarbeitern unterschiedlicher Qualifikation, ehemaligen Spanienkämpfern, KZ-Häftlingen, frisch ernannten Offizieren ohne Erfahrungen und oft genug ohne hinreichende Fachkenntnisse sowie mit zunächst kläglichem Schiffsmateri-

Während eines Flottenmanövers erläutert Heinz Neukirchen als Chef des Stabes der Volksmarine dem Minister für Nationale Verteidigung, Armeegeneral Heinz Hoffmann, den geplanten Manöverablauf. Links im Bild ein Obermeister des Flaggschiffes

al ausgestattet, hatte er eine Marine aufzubauen. Das verlangte auch einer physisch und psychisch starken Natur wie Heinz Neukirchen alles ab, was er zu geben vermochte. Die kleine DDR, schwer geschädigt durch den Krieg und die Kämpfe beim Einmarsch der Roten Armee 1945, geschwächt durch Demontage und die Entnahme von Produktionsergebnissen der Volkswirtschaft in Höhe von 18 Milliarden Dollar als Reparationsleistungen für die Sowjetunion, hatte nun noch zusätzlich bewaffnete Einheiten, auch zur See, aufzustellen. Schiffe und Boote waren nicht vorhanden und mussten beschafft werden. Hafenanlagen waren zu reparieren oder neu zu errichten, desgleichen Unterkünfte, technische Einrichtungen, Lager, und nicht zuletzt galt es, Bekleidung, Verpflegung, Munition, Treibstoff zu beschaffen und zu verwalten. Für all das lastete die Hauptverantwortung auf den Schultern vom Chef des Stabes. Kein Wunder, dass der unter diesen Umständen unnachsichtig auf die Befolgung seiner Direktiven, Richtlinien und Befehle bestand. Selbst unermüdlich von früh bis spät im Dienst, wenn es sein musste, auch nachts, erwartete er von allen nachgeordneten Kommandeuren die gleiche Einsatzbereitschaft. Schlendrian durfte nicht geduldet werden. Er ließ eine straffe Disziplin und Ordnung durchsetzen.

Konteradmiral Neukirchen bei der Leitung einer Vorübung für eine Flottenparade. So heiter gestimmt sah man den Chef des Stabes nicht allzu oft.

Als 20-jähriger Offiziersschüler der Volkspolizei See hörte ich schon in der Grundausbildung in Parow vom legendären Ruf des Konteradmirals Neukirchen. Wenn dieser zu Beratungen oder Kontrollen in unserer Dienststelle erschien, versäumte er es kaum, die neu eingestellten zwei Kompanien Offiziersschüler selbst in Augenschein zu nehmen. Dabei entging ihm nicht der kleinste Fehler, und die kritischen Bemerkungen, die er wohl gegenüber der Lehrgangsleitung gemacht hatte, erreichten uns spätestens am nächsten Tag bei der Morgenmusterung. Das Ergebnis waren scharfe Kontrolle der Anzugsordnung durch den Spieß, tadellose Einhaltung der Marschordnung und all der anderen militärischen Grundforderungen.

Das nächste Mal hatte ich in gewisser Weise schon mit ihm persönlich zu tun. Als wir 1958 an der Reihe waren, das Staatsexamen abzulegen, d.h. die Prüfung zum Seeoffizier, gelang es mir, als Absolvent der 9. Klasse in einem Lehrgang, der fast ausschließlich aus Abiturienten bestand, in allen Fächern durchweg zufriedenstellende und gute Ergebnisse zu erreichen. Im Fachgebiet Flottentaktik steigerte ich mich in der Prüfung von der Zensur „gut" auf die Bewertung „sehr gut". Allerdings bestand ich die Prüfung im Dienstsport nicht. Das bezog sich keineswegs auf die seemännisch wichtigen Fächer, wie z.B. Schwimmen, Tauchen, Tauklettern; im Kuttersegeln hatte ich als Gruppenführer meine eigene Gruppe selbst ausgebildet und gehörte zur Sportmannschaft einer nationalen 150-qm-Kreuzer-Yacht, mit der wir bei Regatten Preise errangen. Auch die militärischen Übungen, wie z.B. 40-km-Marsch, Handgranatenweitwurf, Schießen und dergleichen hatte ich mit guten Ergebnissen absolviert. Das Gleiche galt sinngemäß für Seemannschaft, Artillerie, Torpedo und Sperrwesen, die verschiedenen Zweige der Navigation usw. Auf dem Gebiet der Leichtathletik hatte ich ebenfalls alle Normen erfüllt. Meine Schwäche war das Geräteturnen in der Halle. Ich gebe zu, dass ich schon beim Eintritt in die Volkspolizei See um meine diesbezügliche Abneigung wusste. Ich hatte gedacht, mit der Zeit würde sich das geben. Aber in den vier Jahren der Ausbildung gelang es mir nicht, meine ausgesprochene Aversion gegen Reck, Barren und Pferd niederzuringen. Mir leuchtete nicht ein, warum ich meinen Körper in vorgeschriebene Windungen und Sprünge zwingen sollte, die für den Dienst an Bord sowohl in Friedenszeiten als auch im Ernstfall im Gefecht kaum Nutzen haben würden. Die Prüfungsordnung schrieb allerdings vor: Wer in einem Teil eines Faches die Note „ungenügend" hat, der hat das ganze Fach nicht bestanden. Da Dienstsport Hauptfach war, fiel ich also durch die Prüfung, ungeachtet aller sonstigen Zensuren. Übrigens stammte diese Überbewertung des Geräteturnens als alter Zopf noch aus der kaiserlichen Marine, von deren Tradition man ansonsten nichts hielt.

Jedenfalls wurden meine Lehrgangskameraden nach bestandener Prüfung zu Unterleutnanten zur See ernannt, ich dagegen erhielt den Dienstgrad Obermeister. Als ich mich in meiner neuen Uniform zum ersten Mal zu Hause vorstellte und über mein Missgeschick berichtete, war meine Tante Hilde (sie und mein Onkel waren seit Ende der 1920er Jahre Mitglieder der KPD) über diese Ungerechtigkeit und den miesen Umgang mit jungen Menschen außerordentlich empört. Ohne mein Wissen – ich hätte davon abgeraten – schrieb meine Tante eine Eingabe an den Vorsitzenden der Prüfungskommission, das war nun wieder Konteradmiral Heinz Neukirchen. Nach einigen Wochen erhielt sie ein offizielles Antwortschreiben, in dem der Chef des Stabes der Seestreitkräfte ihr sinngemäß mitteilte, dass ihr Neffe die Möglichkeiten „einer vierjähren progressiven Ausbildung nicht hinreichend genutzt hätte". Aus diesem Grunde konnte er nicht zum Offizier ernannt werden. Sollte ich unter diesen Umständen nicht bereit sein, weiter zu dienen, so würde er meine Entlassung aus dem Dienst genehmigen. Das war nun keineswegs das, was ich in der gegebenen Situation erreichen wollte. Aber da griff das Schicksal ein. Der Minister für Nationale Verteidigung, Generaloberst Willi Stoph, hatte einige Zeit zuvor die chinesische Volksarmee besucht. Welche bedeutenden Einsichten er dort gewonnen hatte, wurde uns nicht mitgeteilt. Aber kurz vor dem Ende der Seeoffiziersschulzeit hieß es, dass alle Absolventen, die als Abiturienten in die Seestreit-kräfte eingetreten waren, für ein Jahr in die „materielle Produktion" zu gehen hätten, um dort eine engere Verbindung zur Arbeiterklasse zu erhalten. Für diese Zeit wären sie aus den Seestreitkräften ohne Dienstbezüge beurlaubt und würden den Lohn erhalten, der ihrer neuen Tätigkeit entsprach. Das bedeutete, dass ein ganzer Jahrgang, also zwei Kompanien junger Unterleutnants zur See, im Herbst 1958 den für sie vorgesehenen Dienst nicht antreten würden, obgleich die Flotte und Dienststellen an Land nach jungen, gut ausgebilde-ten Offizieren geradezu schrien. Meine Kameraden gingen also auf die Werften, in Stahlgießereien, auf Großbaustellen und an sonstige Brennpunkte der Industrie, arbeiteten als ungelernte Kräfte, z.B. als Krananschläger, Baugehilfen, angelernte Schweißer und in ähnlichen Tätigkeiten. Manche kamen später als Aktivist wieder, manche hat-ten nicht schlecht verdient und es gab sogar einige, denen ihre neue Tätigkeit so gut gefallen hatte, dass sie eigentlich gar nicht wieder in die Marine zurück wollten.

Mit einem Freund, Helmut T., dem es genauso ergangen war wie mir, kam ich als Obermeister in die 1. Flottille nach Peenemünde. Dort konnte man mit uns zunächst nichts anfangen, weil die für uns vorgesehenen Minenleg- und Räumschiffe gerade in der Werft lagen, und steckte uns in die Personalreserve. Dann geschah Überraschen-des: Rund 14 Tage später wurden wir in die 1. Minenräumabteilung versetzt und als Kommandanten auf R-Boote vom Typ Schwalbe be-fohlen. Aufgrund des geschilderten akuten Mangels an jungen Offi-zieren sah sich der Chef des Stabes der Seestreitkräfte gezwungen, erfahrene Meister und Obermeister als Kommandanten von „Kriegs-schiffen IV. Klasse" einzusetzen. (Übrigens, auch wenn ich Offizier geworden wäre, hätte ich nicht mehr in die Produktion gemusst, denn als gelernter Stahlschiffbauer gehörte ich personalpolitisch gesehen zur Arbeiterklasse.) Jedenfalls kam ich nun auf eine Planstelle, die für einen Oberleutnant zur See vorgesehen war. Offensichtlich hatte es das Schicksal trotz meiner Abneigung gegen das Geräteturnen für richtig gehalten, mir den Dienst als Offizier zuzutrauen.

Irgendwann im Laufe des Jahres 1959 lief ein Minenleg- und Räumschiff der Seestreitkräfte infolge ungenügenden Navigierens in der Tromper Wiek auf eine mit großen Steinen gespickte Untiefe, riss sich den Boden auf und sank im flachen Wasser. Das Schiff wurde geborgen und der Kommandant hatte sich vor der Havariekommission der Seestreitkräfte zu verantworten. Deren Vorsitzender war Konteradmiral Neukirchen. Als Havarie-Kommissar, sozusagen als Ankläger, fungierte der damals auch schon für die Handelsflotte zuständige Kapitän zur See Friedrich Elchlepp. Zur Verhandlung waren sämtliche Kommandanten, Gruppen- und Abteilungschefs der Seestreitkräfte befohlen worden, wodurch sie gleichsam als Lehrvorführung diente. Die Verhandlungsführung durch den Konteradmiral war betont sachlich. Aber da der unglückliche Kommandant wirklich fahrlässig gehandelt hatte und beim besten Willen nichts Entlastendes zu seiner Verteidigung vorbringen konnte und weil noch weitere Missstände zutage kamen, so machte er vor dem großen Auditorium keine glückliche Figur.

Ich erinnere mich nicht mehr an die Einzelheiten des Urteilsspruchs. Aber er wurde natürlich seines Kommandos enthoben, erhielt eine erhebliche Disziplinarstrafe und wurde in die materielle Verantwortlichkeit genommen, was auf alle Fälle bedeutete, dass er drei Monatsgehälter los wurde und dass seine weitere Laufbahn doch einen erheblichen Knacks bekam.

Meine nächste Begegnung mit dem nunmehrigen Präsidenten der Direktion Seeverkehr und Hafenwirtschaft, Vizeadmiral a.D. Heinz Neukirchen, hatte ich wenige Tage vor dem 13. Juni 1970. Als zuständiger Inspektor für die Typ-IV-Schiffe des Flottenbereiches Asien/Amerika in der DSR war mir die Aufgabe zugefallen, das bisherige MS DRESDEN nach seinem Umbau zum Schiffbaumuseum der DDR anlässlich der offiziellen Eröffnung an den Rat der Stadt Rostock zu übergeben.

Während eines Rundgangs an Deck, eingerahmt vom neuen Objektleiter des Traditionsschiffes Heinz Wittkowski rechts außen und vom Autor links außen, die Ehrengäste. Von links: Heinz Neukirchen, seinerzeit Präsident der Direktion Seeverkehr und Hafenwirtschaft, Kurt Hager, Mitglied des Politbüros, Werner Lambertz, Sekretär des Zentralkomitees der SED und Harry Tisch, Vorsitzender der SED-Bezirksleitung Rostock, 13. Juni 1970. Wenige Wochen später konnte man zur Ostseewoche an Bord den 140 000. Besucher begrüßen.

Um den letzten Stand der Vorbereitung dieser Feierlichkeiten in Augenschein zu nehmen, wollte Heinz Neukirchen einige Tage vorher an Bord gehen und hatte um meine Anwesenheit gebeten. Ich begleitete ihn auf einem Rundgang und wir besprachen den Ablauf der Zeremonie, das Heißen der Flagge und weitere Details. Bei dieser Gelegenheit erfuhr ich, welche Ehrengäste aus Berlin erwartet wurden, u.a. Kurt Hager, der im SED-Politbüro zuständig für Kulturangelegenheiten war. Am Ende des Rundgangs sagte Neukirchen: „Also, Peters, als letzter Kapitän des Schiffes werden Sie dem Genossen Hager die Meldung machen, wenn er an Bord kommt." Ich sah ihn an und meinte dann: „Jawohl, Genosse Präsident, aber streng genommen bin ich ja der vorletzte gewesen, denn nach mir hat Kapitän Roland Hafenrichter noch eine kleine Reise gemacht, um aus Klaipeda eine Ladung Stahl abzufahren." „Ja", erwiderte er, „das mag sein. Aber wir wünschen das so." Sein Blick sagte mir, dass jede weitere Diskussion überflüssig war. Außerdem hatte ich das Gefühl, wenn er „wir" sagte, dann meinte er wohl nicht den „Pluralis Majestatis", sondern dass dieser Fall auf der höheren Ebene des Bezirkes Rostock so festgelegt war.

Der große Tag kam heran und wir hatten Glück mit dem Wetter: Strahlender Sonnenschein und eine schwache Brise. Viele Menschen hatten sich eingefunden. Als die Ehrengäste sich auf die neu gebaute Gangway zubewegten, ging Neukirchen ihnen entgegen und begrüßte die Spitzengruppe. Danach trat ich an Kurt Hager heran, machte meine Meldung und beendete sie mit dem offiziell gewünschten Satzschluss: „Letzter Kapitän dieses Schiffes!" Dann schritten der neue Objektleiter der DRESDEN, Heinz Wittkowski, und ich vor allen Gästen die Gangway hoch, bauten uns an Deck auf und ich kommandierte die Flaggenparade mit dem Niederholen der Reedereiflagge und dem Setzen der städtischen Rostocker Flagge. Das Ereignis endete mit einem festlichen Essen im ehemaligen oberen Zwischendeck der Luke eins, wo heute ein Restaurant eröffnete. Das neue Museum erfreute sich übrigens sehr schnell großer Beliebtheit und schon am 25. August 1974, nach knapp vier Jahren, konnte Karin Süring aus Potsdam-Golm als millionster Gast an Bord begrüßt werden. Heute ist das Schiffbaumuseum mit dem Schifffahrtsmuseum zusammengelegt und man erreicht jährlich mit Mühe und Not 20 000 Besucher. Viele Vorschläge zur Verbesserung dieser Situation, erarbeitet und diskutiert durch die sachkundigen Rostocker Vereine, ehemalige Seeleute, Museumsfachleute, Tourismusexperten und andere interessierte Gruppen, wurden in der Rostocker Bürgerschaft bedauerlicherweise entweder negiert oder zerredet. In den letzten zehn Jahren hat dies Geschehen den Charakter einer Lokal-Posse angenommen, wie es ein Schweriner Museums-Experte in einem Fachartikel beschrieb. Aber das nur nebenbei.

Nach einjähriger Vorbereitungszeit wurde am 1. Januar 1974 das Volkseigene Kombinat Seeverkehr und Hafenwirtschaft, Deutfracht/ Seereederei, gegründet. In diesem neuen Großunternehmen wurden mehrere auch bislang schon nicht kleine Betriebe zusammengefasst:

die bisherige Direktion Seeverkehr und Hafenwirtschaft, der VEB Deutfracht, die Bagger-, Bugsier- und Bergungsreederei, die Schiffsmaklerei, der VEB Schiffsversorgung und die drei Seehäfen Rostock, Wismar, Stralsund sowie die DSR als Stammbetrieb. Eine Hauptarbeitsgruppe unter Leitung von Heinz Neukirchen und mehrere Unterarbeitsgruppen hatten ein Jahr lang die organisatorische, inhaltliche und personalpolitische Planung- und Vorbereitung koordiniert. Neukirchen wurde Generaldirektor des neuen Kombinates. Am Jahresende 1973 befand ich mich gerade auf einer Vertretungsreise an Bord der VÖLKERFREUNDSCHAFT mit schwedischen Passagieren in die Karibik. Ich hatte mich damals auf Anfrage bereits einverstanden erklärt, in Neukirchens persönlichem Führungsbereich tätig zu sein. Als ich von meiner Reise am 21. Januar 1974 zurückgekehrt war und das Schiff wieder an seinen Stammkapitän übergeben hatte, trat ich meinen Dienst im Stab des Generaldirektors als „Beauftragter für die Flotte" an. Das Kombinat war – wie vorher schon die DSR – streng nach dem sogenannten Stab-Linien-System organisiert. An der Spitze standen Chefs mit großer persönlicher Verantwortung. Die nachgeordneten Leiter empfingen von ihnen die Weisungen, die der Stab des jeweils übergeordneten vorbereitet oder ausgearbeitet und mit anderen Struktureinheiten entsprechend abgestimmt hatte. Dieses Prinzip wird auch heute noch weitgehend angewandt, wenngleich man hier und da bestrebt ist, die Strukturen etwas flacher zu halten und Leitungsebenen einzusparen.

Meine Aufgabe bestand darin, alles, was sachlich-fachlich Bezug zur Handelsflotte oder Technischen Flotte hatte und über den Schreibtisch des Generaldirektors lief – falls er es wünschte – zu prüfen und dann Festlegungsvorschläge zu machen bzw. Lösungen zu veranlassen. Darüber hinaus galt es, Führungsdokumente zu sichten, gegebenenfalls Veränderungsvorschläge zu veranlassen, das persönliche Auftreten des Generaldirektors an Bord oder in den Flottenbereichen vorzubereiten, für ihn Reden, Ansprachen und Festlegungsprotokolle auszuarbeiten und ihn bei solchen Besuchen zu begleiten. Natürlich sah ich den Generaldirektor nicht jeden Tag. Im Allgemeinen ließ er mir seine Anweisungen, Wünsche, Anfragen und Aufträge wie auch Termine über den Leiter des Stabes zugehen. Nur bei diffizileren Aufträgen besprach er den Vorgang persönlich. Da er – wie alle verantwortlichen Chefs – stets unter Zeitdruck stand, kam es selten vor, dass er sich in mein Dienstzimmer bemühte. Im persönlichen Umgang war er mir gegenüber stets ruhig, sachlich und auf seine zurückhaltende Art freundlich. Man tat gut daran, auf seine Fragen präzise und konkret zu antworten. Hörte er Ausreden oder Geschwafel, redete jemand um den heißen Brei herum, dann konnte er sehr „donnergrollig" werden.

Einmal saß ich am Schreibtisch, rauchte meine Pfeife und brütete, aus dem Fenster sehend, über irgendeinem Schriftstück. Plötzlich stand Heinz Neukirchen in meinem Büro, mit einem Aktenvorgang in der Hand, um mir einen Auftrag zu erteilen. Als er mich so sitzen sah, grinste er ein bisschen und sagte dann: „So gut möchte ich es auch einmal haben. Pfeife rauchen, nachdenken und dabei aus dem Fenster sehen!" Ich hatte mich natürlich erhoben, nahm den Ordner und seine Wünsche entgegen. Es schoss mir durch den Kopf zu antworten: „Das kommt daher, dass ich für das Nachdenken bezahlt werde, sie aber für die Gesamtverantwortung." Aber ich behielt diese Bemerkung doch für mich. Seine Verantwortung war wirklich groß und erstreckte sich ungeteilt über den ganzen Bereich der DDR-Seeverkehrswirtschaft. Allerdings konnte er sehr gut unterscheiden zwischen grundsätzlichen Aufgabenstellungen und Details der Ausführung. Ersteres legte er fest, Letzteres überließ er seinen nachgeordneten Leitern.

Übrigens habe ich ihn nie auf den Schriftwechsel mit meiner Tante angesprochen. Inzwischen hatte ich in der Handelsflotte einen erfolgreichen Weg zurückgelegt und somit keine Veranlassung, ihm irgendwie gram zu sein.

Manchmal handelten wir auch in Randbereichen der Legalität. 1974 richtete die Bundesrepublik Deutschland die Fußballweltmeisterschaft aus, an der auch die DDR-Nationalmannschaft teilnahm. In Berlin hatte man festgelegt, dass zwei Sonderzüge mit Fußballfans aus Dresden und Berlin nach Hamburg fahren würden, um bei zwei im Volksparkstadion zu absolvierenden Spielen für unsere Mannschaft Stimmung zu machen. Ferner sollte den Seeleuten der im Hamburger Hafen liegenden DSR-Schiffe ein Stadionbesuch ermöglicht werden. Dazu hielt es Generaldirektor Neukirchen für erforderlich, dass ein Mitarbeiter seines Stabes nach Hamburg fährt und die erforderlichen Maßnahmen koordiniert. Das wäre eine Aufgabe für Moritz Pahnke gewesen. Dieser war lange Jahre Geschäftsführer des FC Hansa Rostock gewesen und infolgedessen ein ausgewiesener Kenner der Fußball-Szene. Aber gerade zu diesem Zeitpunkt hatte er aus irgendwelchen Gründen keinen gültigen Pass.

So entschied der Chef, dass ich nach Hamburg fahren und die Sache organisieren sollte. Ich hatte zwar auch keinen Pass, wohl aber ein gültiges Seefahrtsbuch. So ließ ich mir einen Heuerschein geben für eines unserer in Hamburg liegenden Schiffe und fuhr nach Hamburg, mit dem offiziellen Auftrag, dort als Vertretungskapitän zu arbeiten. Tatsächlich aber sollte ich dafür sorgen, dass die vom Fußballverband der DDR bereitgestellten Eintrittskarten an die in Frage kommenden Schiffsbesatzungen rechtzeitig und gerecht verteilt würden. Dazu waren zwei Reisen nach Hamburg erforderlich, bei denen ich zum ersten Mal in meiner seemännischen Laufbahn nicht mit dem Schiff, sondern mit der Eisenbahn fuhr. Die westdeutschen Grenz- und Zollbeamten waren daran gewöhnt, dass wir häufig mit der Bahn Seeleute nach Hamburg schickten oder schon in Hamburg ablösten, damit sie schneller zu Hause waren. So wurden meine Papiere ohne Kommentar zur Kenntnis genommen, nachdem ein Blick ins Fahndungsbuch, das der jeweilige Grenzbeamte bei sich hatte, ihn davon überzeugt hatte, dass ich nicht auf der Suchliste stand. Ich hatte auch selbst Gelegenheit, das berühmte Spiel der DDR-Mannschaft gegen die Nationalelf der BRD im Volksparkstadion mitzuerleben. Zufällig saß ich gar nicht weit weg von jenem Tor, in das Jürgen Sparwasser den Ball zum 1:0 schoss. Wie man weiß, rettete seine Mannschaft dieses 1:0 über die gesamte Spielzeit, so dass die DDR als Sieger hervorging. Die bundesdeutsche Mannschaft konnte sich später damit trösten, dass sie ungeachtet dessen Weltmeister wurde, und unsere Mannschaft konnte sich sagen, dass sie immerhin den Weltmeister besiegt hatte. So war für beide deutsche Staaten die Weltmeisterschaft positiv verlaufen.

Nach diesem Spiel stieg ich mit unseren Seeleuten in den von unserer Hamburger Maklerei gecharterten Bus, um alle wieder an Bord zu bringen. Als ich nach der Rückfahrt am Hauptbahnhof ausstieg, um zum Hotel zu laufen, staunte ich nicht schlecht, als ich sah, dass bereits eineinhalb Stunden nach Spielende eine Sonderausgabe der BILD-Zeitung mit der Titelzeile bzw. Bundestrainerschelte „So nicht, Herr Schön!" verkauft wurde.

Neben seiner starken dienstlichen Belastung fand Heinz Neukirchen noch Zeit, sich schriftstellerisch zu betätigen. Natürlich blieb er damit im maritimen Bereich. Sein erstes Buch mit dem Titel „Seefahrt gestern und heute" erschien 1970 bei Transpress in Berlin. Es behandelt in populärer Form sowohl die Handelsschifffahrt als auch die Seekriege gründlich und verständlich. Im Kapitel „Seefahrt heute" war die Seeschifffahrt der DDR erstmals einem internationalen Leserkreis vorgestellt. Das Werk erlebte fünf Auflagen. Weitere Bücher von ihm waren „Krieg zur See" und „Piraten". Alle drei Werke erreichten hohe Auflagen und wurden in mehrere Sprachen übersetzt. Trotz dieses Erfolgs fanden diese Bücher in manchen Parteikreisen keinen Anklang. Als ich 1997 für mein Buch über die Typ-Frachter der DSR recherchierte, empfing mich freundlicherweise auch Irmgard Neukirchen zu einem Gespräch. Dabei erzählte sie mir u.a. die folgende Begebenheit:

Für die Entwicklung und Förderung des Fußballclubs Hansa Rostock fühlte sich die Seeverkehrs- und Hafenwirtschaft in besonderer Weise zuständig und verantwortlich. So hatte Heinz Neukirchen dafür gesorgt, dass im Fußballstadion Rostock eine große Flutlichtanlage errichtet wurde und sein Bereich hatte die nicht geringen Kosten hierfür getragen. Auch als Präsident des FC Hansa Rostock unterstützte Neukirchen den Club auf vielerlei Weise. Mancher Spieler bezog in einem der Schifffahrtsunternehmen Gehalt, obwohl er mehr auf dem Rasen anzutreffen war als an seinem Arbeitsort. Als Präsident des Clubs war es für Neukirchen eine Protokollpflicht, bei wichtigen Spielen auf der Haupttribüne im VIP-Bereich die Ehrengäste zu begrüßen, an der Spitze Harry Tisch, damals 1. Sekretär der Bezirksleitung der SED. Als nun sein erstes Buch erschienen war und sich trotz des für DDR-Verhältnisse nicht geringen Preises von 25 Mark gut verkaufte, fuhr Harry Tisch Heinz Neukirchen bei einer solchen Zusammenkunft in Gegenwart aller Ehrengäste an: „Genosse Neukirchen, merk dir mal ein für allemal, die staatlichen Leiter sollen sich gefälligst um die Planerfüllung in ihren Bereichen kümmern und nicht Bücher schreiben. Das ist nicht ihre Aufgabe!" Neukirchen wurde weiß vor Wut über diese taktlose Zurechtweisung und über die Ungerechtigkeit und Geringschätzung, die damit zum Ausdruck kam, beherrschte sich aber. Seiner Frau ging diese Beleidigung aus dem Munde eines hohen Parteifunktionärs, der bisher nicht durch Literaturkenntnisse aufgefallen war, über die Hutschnur. Da sie Mitglied der National-Demokratischen Partei Deutschlands war und überdies als Ehefrau keine Rücksichten zu nehmen brauchte, konnte sie auf Harry Tisch losgehen und ihm Folgendes entgegnen: „Genosse 1. Sekretär, es gibt drei Arten von Funktionären. Die einen saufen, die zweiten huren und die dritten beschäftigen sich mit geistig anregenden Dingen. Zur letzten Sorte gehört mein Mann. Merk dir das." Alle Umstehenden, ohnehin peinlich berührt, hielten den Atem an, aber es erfolgte nichts weiter. Harry Tisch schwieg, wohl auch in der Erkenntnis, den Bogen überspannt zu haben. Kurz darauf wurde angepfiffen und die Aufmerksamkeit der Anwesenden wandte sich dem Spiel zu.

Die Retourkutsche für Heinz Neukirchen kam aber. Einige Zeit später war im Überseehafen das heute noch am Hafentor stehende hufeisenförmige Plattenbaugebäude fertiggestellt worden, übrigens ohne im Wirtschaftsplan des Bezirkes enthalten zu sein, initiiert aber von Heinz Neukirchen als sogenannter Initiativbau. Darin sollten die Mitarbeiter der Flottenbereiche der Reederei untergebracht werden, die sich bisher mit Diensträumen in Hafenbaracken begnügen mussten. Stattdessen beschloss die Bezirksleitung der Partei, dass die DSR ihre Diensträume im Haus der Schifffahrt im Rostocker Stadtzentrum zu räumen hätte und in das neue Gebäude im Überseehafen umziehen musste. Die freigewordenen Büroetagen im Haus der Schifffahrt wurden den Gewerkschaftsfunktionären des Bezirkes zur Verfügung gestellt und das Haus der Schifffahrt umbenannt in Haus der Gewerkschaft. Bald darauf wurde Harry Tisch, bisher Kandidat des Politbüros, zum Vorsitzenden der DDR-Gewerkschaftsorganisation „Freier Deutscher Gewerkschaftsbund" gewählt. Heinz Neukirchen bekam als Parteistrafe eine Rüge für den „Schwarzbau" am Überseehafen. Einige Zeit später hatte Heinz Neukirchen im Zusammenwirken mit der Leitung des DDR-Fernsehens und dem Ostsee-Studio Rostock das Projekt einer fernsehgerechten Umsetzung seines Buches „Seefahrt gestern und heute" ausgearbeitet. In monatlich 30-minütigen Sendungen wollte er den Inhalt Kapitel für Kapitel dem Fernsehpublikum vermitteln. Alle Vorbereitungen wurden getroffen und als es losgehen sollte, kam abrupt das Verbot von Harry Tisch, wieder mit der Begründung, Derartiges sei nicht Aufgabe der Leiter von Großbetrieben. Da es aber im Interesse des Fernsehens lag, das Projekt zu realisieren, wurde der Präsident der DSH gebeten, zehn geeignete und erfahrene Kapitäne, Dozenten oder verantwortliche Leiter vorzuschlagen, die an seiner Stelle die neue Sendereihe moderieren sollten. Als zehnter und letzter Kandidat kam ich damals auf die Liste und nach einer Probesendung von zehn Minuten, die wir alle selbständig zu gestalten hatten (heute nennt man das Casting), wurde ich von der Leitung des Ostseestudios für geeignet befunden und war ab Februar 1972 im Nebenberuf Fernsehmoderator der Sendereihe „Im Logbuch der Seefahrt geblättert". Als Gesprächspartner holte ich schließlich in einer Sendung über „Die großen Kanäle der Welt" Heinz Neukirchen vor die Kamera. Er war ein sehr souveräner Partner und ich bin überzeugt, wenn er die Sendereihe hätte moderieren dürfen, wäre er auch dieser Aufgabe gewachsen gewesen.

Bei einer anderen Gelegenheit erlebte ich meinen höchsten Dienstvorgesetzten auch einmal auf einer gemeinsamen Seereise. Seit Frühjahr 1972 fuhr ich mit ausdrücklicher Zustimmung des DSR-Generaldirektors Günter Freiberg mindestens zweimal jährlich als Vertretung des Stammkapitäns Gerhard Thiemann auf der VÖLKERFREUNDSCHAFT, dem Flaggschiff der Reederei. Am 18. Mai 1975 sollte die VÖLKERFREUNDSCHAFT zwischen zwei Ostseereisen eine sogenannte Tagesfahrt durchführen, quasi als Ausflugsdampfer dienen. Als Gäste waren leitende Kader, führende Mitarbeiter und verdiente Werktätige aus den verschiedenen Betrieben des Kombinates Seeverkehr und Hafenwirtschaft an Bord. Das Ziel war, Veteranen und solche Mitarbeiter, die sonst keine Gelegenheit hatten, zur See zu fahren, einen Tag lang die Atmosphäre an Bord erleben zu lassen. Das Schiff war natürlich voll besetzt. Die meisten Geladenen hatten ihre Ehepartner mit an Bord. Außerdem fuhren als Ehrengäste der Stellvertreter des Ministers für Verkehrswesen Dr. Heinz Rentner und weitere Staatsfunktionäre aus Berlin mit. Der Generaldirektor des Kombinates Seeverkehr und Hafenwirtschaft fungierte sozusagen als Reiseleiter. Dabei beschränkte sich Heinz Neukirchen aber darauf, alle Gäste an Bord willkommen zu heißen und im Übrigen das Kommando dann schnellstens wieder an den Kapitän zu geben. Da es ein schöner, erlebnisreicher Tag werden sollte, waren auch viele bekannte Künstler an Bord. Im Kinosaal wurde gesungen und getanzt, alle Bars des Schiffes waren geöffnet, der Singeclub der Betriebsschule Flotte der Reederei trat auf, im Verandacafé spielte die Bordkapelle Tanzmusik und kaum hatten wir um 9.00 Uhr morgens abgelegt, herrschte eine fröhliche, geradezu aufgeräumte Stimmung. Mein Routenplan sah vor, dass wir an der Küste entlang Kurs Nordost den Weg 1 durch die Ostsee bis kurz vor Hiddensee nehmen und dann auf Gegenkurs gehen würden, um planmäßig Punkt 17 Uhr in Warnemünde festzumachen. Aber Erstens kommt es anders und Zweitens als man denkt. In diesem Fall spielte uns das Wetter einen Streich. Am frühen Morgen war es bereits ziemlich diesig und als wir den Lotsen abgegeben hatten, wurde es regelrecht neblig. Ich musste mich daher entschließen, in gehörigem Abstand vom viel befahrenen Weg 1 auf Nordostkurs an der Küste entlangzufahren, und das mit der für Nebelfahrt vorgeschriebenen mäßigen Geschwindigkeit. Außerdem ließ ich natürlich mit dem Typhon laufend das vorgeschriebene Nebelsignal, einen langen Ton, abgeben. Ferner war der Ausguck verstärkt worden, die Maschine hatte Order, den Fahrstand besetzt zu halten, zwei Radargeräte waren in Betrieb, eins für mich und eins für den Wachleiter auf der Kommandobrücke. Denn abgesehen davon, dass wir immer auf eine möglichst hohe Schiffssicherheit zu achten hatten, durfte mit dieser „Porzellanfuhre" unter gar keinen Umständen etwas passieren.

Wie so oft im Nebel war wenigstens kaum Wind zu spüren, so dass das Schiff auch draußen auf See völlig ruhig lag, worüber sicherlich manche der weniger seefesten Passagiere glücklich waren. Da wir nur langsame Fahrt laufen konnten, ließ ich schon auf der Höhe von Darßer Ort wieder auf Gegenkurs gehen. Inzwischen war aber der Nebel im Bereich Warnemünde noch dichter geworden, man konnte kaum noch das Vorschiff erkennen und die Schifffahrtsleitstelle hatte für die Reede und den Hafen den gesamten Schiffsverkehr einstellen lassen. Es wurde auch nicht mehr gelotst. Das brachte uns insofern in Schwierigkeiten, als viele der geladenen Gäste, insbesondere auch die Berliner, darauf angewiesen waren, dass wir pünktlich am Passagierkai festmachen würden, damit sie ihren Zug noch erreichen konnten.

Auf der Kommandobrücke der VÖLKERFREUNDSCHAFT: Vizeadmiral a. D. Neukirchen und der Autor beraten auf der Reede von Warnemünde, wie das Einlaufen bei dichtestem Nebel erfolgen kann.

Die Kabinen waren schon für die nächste Reise mit frischer Bettwäsche versehen, genügend Proviant war auch an Bord. Zur Not hätten wir über Nacht auf der Reede vor Anker liegen bleiben können. Das hätte aber ein zusätzliches Abendessen an Bord bedeutet und ein zusätzliches Frühstück, Kosten also, die im Veranstaltungsplan nicht vorgesehen waren.

Ich bat Generaldirektor Neukirchen auf die Kommandobrücke, um mit ihm die Konsequenz zu besprechen. Er entschloss sich, persönlich über UKW dem Lotsenkapitän die Situation zu erklären. Dieser sah ein, dass das Flottenflaggschiff mit solch illustren Gästen an Bord nicht über Nacht auf der Reede gelassen werden konnte, und so wurde eine Ausnahmeregelung angeordnet. Ein Lotse kam an Bord. Wie üblich standen zwei Schlepper kurz vor der Warnemünder Mole in Bereitschaft, um uns wahrzunehmen. Ohne jede Landsicht, nur mit Hilfe des Radargerätes, steuerten wir in die Warnemünder Einfahrt, machten die Schlepper fest. Natürlich hatte ich beide An-

218

ker aushieven lassen, um im Notfall ein sofortiges Fallen zu gewährleisten und auf der vorderen und achteren Manöverstation einen zusätzlichen Offizier stationiert, die lediglich die Aufgabe hatten, als
Zusatzausguck zu gehen und mir beim Drehen des Schiffes zwischen
Passagierkai, Tonnenhof und Warnow-Werft – soweit dies überhaupt möglich war – ständig die Abstände zum Kai bzw. zur Fahrwassertonne und zu den Landanlagen der Warnow-Werft zu melden.
Immerhin hatte die Warnow einen leicht auslaufenden Strom, der
beim Drehmanöver und Längsseitsgehen am Kai von Warnemünde
berücksichtigt werden musste. Als wir mit dem Manöver begannen,
zog sich der Generaldirektor taktvollerweise von der Brücke auf das
Bootsdeck zurück, denn als ehemaliger Marineoffizier wusste er, dass
es in solchen Situationen das Beste ist, die Schiffsführung ungestört
arbeiten zu lassen. Als uns die Schlepper nach dem Drehmanöver
vorsichtig an den Passagierkai drückten, war der Nebel immer noch
so dicht, dass wir die Kaimauer erst erblickten, als sie nur noch etwa
fünf Meter von der Bordwand entfernt war. Die Schiffsoffiziere und
ich konnten uns nicht erinnern, jemals in Warnemünde einen so di-
cken Nebel erlebt zu haben. Punkt 18 Uhr waren wir fest. Die Gäste
konnten mit dem Gefühl von Bord gehen, dass sie ihren Zug noch
erreichen würden, wenn auch nur knapp. Alle waren guter Dinge und
in bester Stimmung. Die Reiseleitung, also Heinz Neukirchen, der
Stellvertretende Minister und einige Spitzenleute, ich war auch dazu
gebeten worden, versammelten sich in der Veranda-Bar. Neukirchen
sprach einige Dankesworte. Wir stießen mit einem Glas Sekt auf den
erfolgreichen Verlauf und das gute Ende dieser Fahrt an.

Die außerordentlich große nervliche Beanspruchung des Generaldirektors in Verbindung mit der Bildung des Kombinats Seeverkehr
und Hafenwirtschaft und verschiedene Probleme in der Anlaufphase
des Kombinates hatten bei Heinz Neukirchen im Verlaufe des Jahres
1975 einen zweiten Herzinfarkt verursacht. Sein Gesundheitszustand
zwang ihn schließlich im Februar 1976 zum Ausscheiden aus dem
aktiven Dienst. Er wandte sich nun ganz seiner schriftstellerischen
Arbeit zu, sein letztes Buch war „Mit ungewissem Kurs", ein Bericht
über seine Einsätze als Kommandant im Jahre 1945.

Admiral „Donnergroll" verstarb am 8. Dezember 1986.

Das Flaggschiff der Handelsflotte

Nach achtmonatiger Tätigkeit als Nautischer Inspektor im Flottenbereich Asien/Amerika der DSR erhielt ich – ziemlich überraschend – das Angebot, ab 1. Oktober 1970 als wissenschaftlicher Mitarbeiter in die Führungsgruppe des Generaldirektors der Reederei überzuwechseln. Nach dem Vorbild des Verkehrsministeriums und angesichts der ständig zunehmenden Aktivitäten in der DSR schuf der damalige Generaldirektor, Günter Freiberg, in seiner persönlichen Umgebung einen kleinen Kreis von Fachleuten auf nautischem, technischem und schiffbaulichem Gebiet.

Als Nautiker war ich natürlich mit den Fragen der Flotten- und Schifffahrtspolitik befasst und gleichzeitig sozusagen Berater für alle seemännisch-nautischen Fragen der Praxis. Günter Freiberg verlangte von uns sozusagen für ihn zu denken, d.h. immer das Gesamtinteresse der DDR-Handelsschifffahrt im Auge zu haben, aber die Dinge nicht von der papiermäßigen Seite her zu beurteilen, sondern die Erfahrungen der Praxis in die Leitungstätigkeit des Generaldirektors einfließen zu lassen. Somit lag es auf der Hand, von Zeit zu Zeit wieder zur See zu fahren, um auf dem Laufenden zu bleiben. Der Leiter des Sekretariats des Generaldirektors Dipl.-Ing. Jochen Hahne und ich kamen vor diesem Hintergrund überein, dem Chef vorzuschlagen, mich als Urlaubsvertreter für den Stammkapitän der VÖLKERFREUNDSCHAFT zur Verfügung zu stellen. Wir meinten, es wäre vertretbar, wenn ich dafür zweimal im Jahr jeweils vier Wochen auf See wäre.

Der Chef stimmte zu und so wurde ich für rund neun Jahre Urlaubsvertreter an Bord des Flaggschiffes der Reederei. Über die Bezeichnung „Flaggschiff" wurde in der Flotte gelegentlich etwas gelästert. Aber es gehört nun einmal zur internationalen Schifffahrtstradition, dass eine Reederei, die Passagierschiffe betreibt, das jeweils größte als ihr Flaggschiff bezeichnet. Für meinen Einsatz gerade auf der VÖLKERFREUNDSCHAFT gab es eine Reihe von Gründen.

1. Als Passagierschiff lief sie das ganze Jahr über auf der Grundlage eines auf die Stunde festliegenden Routenplanes. Daher konnte mein

Auf Anregung des DSR-Gene-
raldirektors gründete ich 1972
eine Fachgruppe Schiffsführung
als Forum für Kapitäne. Thema
der Gründungsversammlung
war: „Der subjektive Faktor im
Havariegeschehen der DSR".

Einsatz in Übereinstimmung mit meinen Dienstaufgaben an Land genau geplant werden.

2. Der Stammkapitän Thiemann war Vater von vier Kindern. Für ihn war es daher besonders wichtig, zu den Ferienzeiten im Sommer Urlaub nehmen zu können und möglichst auch zu besonderen Festtagen, wie Weihnachten oder Ostern.

3. Ich kannte das Schiff und einen großen Teil seiner Besatzung ziemlich gut aus meiner Zeit als IV. und I. Offizier. Praktisch fiel damit die Eingewöhnungszeit weg.

Nach einem Versprecher von mir während eines Fernsehinterviews zeich-
nete der Maler und Grafiker Hans Räde am 28. Dezember 1985 diese
Karikatur und sandte sie mir zu, zur Erinnerung an einen seemännischen
Fehler …

4. Passagierschiffe laufen nicht selten Häfen an, die von Frachtern nicht angesteuert werden. Das erweitert auch die eigenen nautischen Erfahrungen. So blieb man eng mit der Praxis verbunden.

5. Als ich ab Februar 1972 Schifffahrtssendungen im DDR-Fernsehen moderierte, war es wichtig, gegenüber dem Publikum als Kapitän glaubhaft zu bleiben.

6. An Bord des Schiffes war es häufig möglich, ein kleines Drehteam mitzunehmen. So habe ich mehrmals das Schiff und seine Besatzung zum Thema von Filmvorhaben gemacht. Ferner wurden verschiedene Szenen von Spielfilmen an Bord gedreht.

Allerdings ist der Dienst an Bord eines Passagierschiffes nicht jedermanns Sache. Eine Reihe von Kollegen hat mich gefragt, weshalb es mir Spaß machte, auf einem „Musikdampfer" zu fahren. Wer allein die ruhige Seefahrt mit 40 Mann Besatzung und einer Fünfmonatsreise nach Japan und zurück liebt, der wäre an Bord eines Passagierschiffes unglücklich. Man muss schon gerne unter Menschen sein, Lust dazu haben, eine große Besatzung zu motivieren und Menschen unterschiedlicher Kulturkreise, Mentalitäten sowie damals sowohl aus den östlichen als auch aus westlichen Ländern kennenzulernen. Ein gewisses Maß an Repräsentationspflichten ist dabei natürlich unumgänglich. Und wenn man sich bewusst macht, dass man für das Leben von 770 Menschen verantwortlich ist, dann gehört eine besonders große Verantwortung zum Berufsprofil.

Als wir auf meiner ersten Reise Warnemünde abends verlassen hatten, ich zu Beginn des Begrüßungsabends im Speisesaal beim ersten gemeinsamen Abendessen die Passagiere willkommen geheißen hatte und am Kapitänstisch Platz nahm, blickte ich in die Runde und sah viele heitere, erwartungsfroh gestimmte Menschen, die sich auf die bevorstehende Reise freuten. Da kam mir zum ersten Mal der Gedanke so richtig zu Bewusstsein, welche Verantwortung ich für 770 Passagiere übernommen hatte. Und ich dachte einige Sekunden lang, worauf hast du dich da eingelassen, hast du denn das nötig? Wärst du zu Hause geblieben, hättest du schon seit zwei Stunden Dienstschluss, könntest gemütlich mit der Familie beim Abendessen sitzen und einen ruhigen Feierabend genießen. Aber dann zogen die mich an meinem Tisch sitzenden Damen und Herren sowie der Oberzahlmeister und der Leitende Ingenieur ins Gespräch, launige

MS VÖLKERFREUNDSCHAFT im Sturm bei gegenanlaufender See, ein Blick aus dem „Krähennest" am Großmast

rechts: Blick nach achtern. Im Vordergrund der Schornstein mit seinen Abgasleitungen, auch für einen Seemann ein seltener Anblick

Bemerkungen würzten das Mahl, die Gäste stellten Fragen, meine Antworten führten zu weiteren Fragestellungen, schnell entwickelten sich lebhafte Gespräche. Und ich vergaß die Anwandlung von Sorge, die mich kurz zuvor noch urplötzlich überfallen hatte. Aber es gab natürlich immer wieder Momente, in denen man sich der Verantwortung durchaus bewusst wurde. Zum Beispiel bei Reiseende einer Charterreise mit schwedischen Gästen, als in der Nordsee dichter Nebel aufkam und wir aber am nächsten Morgen pünktlich in Göteborg sein wollten, damit die Gäste, die wir an Bord hatten, ihre Züge zur Heimfahrt erreichen konnten.

Wäre man vorschriftsmäßig langsam gefahren, wäre eine erhebliche Verspätung unvermeidbar gewesen. Also machte man alles, was vorschriftsmäßig war. Man übernahm selbst die Wache auf der Brücke, das Radargerät war ständig besetzt, ein zweites Radargerät war ebenfalls in Betrieb, die Schotten waren dicht, der Ausguck auf der Back wurde verstärkt und mit dem Typhon wurde regelmäßig das Nebelsignal gegeben. Nur eben die Fahrt verminderte man nicht. Praktisch verließ man sich auf die Anzeige des Radargerätes. Somit trug man allein die ganze Verantwortung für eine sichere Schiffsführung. Aber schließlich wollte man sich im Ankunftshafen vom Vertreter des Charterers nicht sagen lassen: „Ja, ja, Herr Kapitän, gewiss, sie hatten Nebel in der Nordsee. Aber wir sind gewöhnt, dass die von uns gecharterten Schiffe bei Reiseende in Göteborg immer pünktlich ankommen …" So geht es im Seemannsleben eben zu. Man tut, was man kann, um eine sichere Reise zu gewährleisten. Aber ein Restrisiko ist gelegentlich mit im Spiel. Manchmal erlebt man auch Überraschungen anderer Art. So zum Beispiel im Dezember 1973 auf einer Westafrika-Reise. Ich hatte wieder einmal das Kommando und wir waren mit 376 schwedischen Passagieren unterwegs. Beim Einlaufen in den Hafen von Tanger beriet mich der Lotse dahingehend, dass der Liegeplatz an der Pier in Rückwärtsfahrt angesteuert werden müsste. Wegen eines kräftigen von Backbord querab einfallenden Windes verlangte er, dass wir den Backbordanker fallen lassen, um das Schiff vorn festzuhalten. Dann machten wir vorsichtig Kette steckend mit der Steuerbordseite an der Pier fest. Am Ende des Manövers waren viereinhalb Kettenlängen ausgesteckt worden. Als wir am späten Nachmittag dieses Tages bei einem Ostnordost-Wind in Stärke vier wieder auslaufen wollten, war es natürlich erforderlich, während des Ablegemanövers nach dem Loswerfen der Leinen die Ankerkette wieder einzuhieven. Es mussten allerdings zwei Kettenlängen ausgesteckt bleiben, da wegen des von Backbord einfallenden Windes ein notwendiges Drehmanöver nach Steuerbord nur mit Hilfe des Ankers auf engem Raum durchgeführt werden konnte, um das Schiff auf den Kurs zur Hafeneinfahrt zu legen. Der Lotse hatte mir aber verschwiegen, dass auf dem Grund des Hafens aus früheren Zeiten eine ganze Reihe von Ankerketten kreuz und quer herum lagen, die noch niemand rausgeholt hatte. Wegen des Windes, um nicht

Auf der Wendeplatte des Überseehafens drehen Schlepper die VÖLKER-FREUNDSCHAFT auf den Auslaufkurs. In engen Häfen und ohne Schlepper war das Manövrieren eines solchen Schiffes, besonders bei Seitenwind, nicht einfach. Das heute selbstverständliche Bugstrahlruder gab es damals nur an Bord von Fährschiffen.

rechts: 30. Dezember 1978, die VÖLKERFREUNDSCHAFT hat rückwärts einsteuernd am Liegeplatz im Hafen von Nassau/Bahamas festgemacht. Rechts im Bild das Achterschiff eines italienischen Kreuzfahrtschiffes, links der Steven einer englischen Fregatte, der UNION JACK weht als Gösch.

nach Steuerbord zu vertreiben, mussten wir beim weiteren Einhieven der Kette ganz langsame Fahrt voraus aufnehmen. Dadurch hat sich der Anker offenbar mit einer Flunke an einer auf dem Grund des Hafenbeckens liegenden Kette verhakt und das Ankerspill hatte nunmehr nicht die Kraft, die Kette weiterhin einzuhieven. Hätte ich jetzt die Fahrt gestoppt, so wären wir nach Steuerbordseite mit dem Heck und womöglich mit der Steuerbordschraube gegen die Ecke der Pier geschlagen. Das Schiff musste also in Fahrt bleiben. Natürlich kam nun die Kette steif, hielt den Zug nicht aus und brach. Damit blieb der Backbordanker mit zwei Kettenlängen auf dem Grund liegen. Mit beiden Maschinen halbe Fahrt voraus konnten wir auf die Hafeneinfahrt zusteuern, die Molenköpfe passieren und die freie See gewinnen. Der Lotse ging ohne jeden weiteren Kommentar von Bord. Vermutlich wurde der Anker später geborgen und irgendwann weiterverkauft. So hatte man in Tanger zusätzliche Einnahmen. Wir liefen am nächsten Tag in Casablanca ein. Mit Hilfe eines Schwimmkranes wurde ein Reserveanker aus seiner Verzurrung gelöst und an der Backbordankerklüse an den Kettenrest angeschäkelt. Damit waren wir wieder voll seeklar. Natürlich musste ich einen ordnungsgemäßen Havariebericht machen und den Hergang mit Skizze schildern. Einige Monate später teilte mir die Seekammer der DDR mit, dass „nach Prüfung der eingereichten Unterlagen entschieden worden sei, ein Havarieverfahren nicht einzuleiten, da angesichts der Sachlage kein öffentliches Interesse an der Durchführung einer Verhandlung besteht". Was übrig blieb, war ein bloßer Versicherungsfall. Als ich wieder zu Hause war, habe ich veranlasst, dass diese unzureichende Lotsenberatung in einer Kapitänsinformation ausgewertet wurde, denn unsere Frachter im Westafrika-Dienst liefen nicht selten Tanger an. Ein weiterer Ankerverlust ist mir nicht zu Ohren gekommen.

Natürlich hat das Leben und die Arbeit an Bord eines Passagierschiffes auch heitere Seiten. Eines Tages lagen wir wieder in Warnemünde. Ich stand vormittags auf dem Sonnendeck an der Reling und blickte hinunter auf den Kai. Die Passagiere kamen teilweise vom Bahnhof Warnemünde zum Schiff angelaufen, andere wurden mit dem Taxi oder aber von Freunden oder Familienangehörigen mit dem Auto bis zur Gangway gebracht. Oben auf dem Hauptdeck warteten stets Stewardessen, um die Gäste in Empfang zu nehmen. Ein Passagierschiff wie die VÖLKERFREUNDSCHAFT ist ein kompliziertes schwimmendes Bauwerk. Es hat viele Stockwerke, die an Bord Decks heißen. Es beginnt unten mit dem B-Deck, dann kommt das A-Deck, schließlich das Hauptdeck, dann das Oberdeck, Verandadeck, das Sonnendeck, das Brückendeck und oberhalb der Kommandobrücke ist noch das Peildeck angeordnet. Es gibt zwei Fahrstühle, einen vorne im Schiff, einen achtern. Ferner gibt es unzählige Treppen, Steuerbord und Backbord, vorn und achtern, die Niedergänge heißen. Kurzum, wenn man die Gäste allein lassen würde beim Aufsuchen ihrer Kabinen, sie würden stundenlang durch die Gänge irren und ihre Kabinen nicht finden. Im Allgemeinen brauchen Gäste rund 24 Stunden, um sich an Bord einigermaßen zurechtzufinden. Aus diesem Grunde wird jeder Gast von einer Stewardess in Empfang genommen, durch das Schiff geführt und bis in die Kabine geleitet. Dabei erklärt sie natürlich auch gleich, an welchen öffentlichen Einrichtungen man vorbeikommt. Dann sagt sie z.B.: „Hier ist der Speisesaal, hier ist die Verandabar, hier ist die Milchbar, hier ist die Oberdecksbar, hier ist der Freideckstresen" usw., bis der Gast schließlich seine Kabine erreicht hat.

Ich stehe also – wie gesagt – an der Reling und blicke hinunter auf das bewegte Treiben vor dem Schiff, als ein Auto mit Berliner Kennzeichen hält. Eine ganze Familie steigt aus, um einer älteren Dame das Geleit zu geben, die offenbar bei uns an Bord die Reise mitmachen will. Zwei Stewards springen hinzu, befreien die Passagierin von ihrem Gepäck, das durch die Seitenpforte an Bord gebracht wird, damit sie es später in ihrer Kabine vorfindet. Sie klettert die Gangway hoch an Deck und wird – wie üblich – von einer Stewardess bis in die Kabine geleitet. Wie der Zufall es will, nach einer kleinen Weile, während ich noch an der Reling stehe und hinunterschaue, geht ein Deck unter mir ein Schiebefenster herunter, in der Fensteröffnung erscheint der Kopf jener Dame, die dem Berliner Auto entstiegen war, und sie ruft ihrer noch unten auf dem Kai stehenden und wartenden Verwandtschaft den schönen Satz zu: „Also, Kinda, det Eene kann ick euch sagen. Der janze Kahn is eene enzige Kneipe!" Das war ja nun nicht ganz falsch, aber die ganze Wahrheit war es eben auch nicht.

Krawall in der Schatzkammer

Gelegentlich hat man auch mal Kummer mit der Besatzung. Unsere Liegezeit in Leningrad, heute St. Petersburg, dauerte im Allgemeinen drei Tage. Das ist nicht viel, um eine große Stadt mit vielen Sehenswürdigkeiten kennenzulernen, aber die wichtigsten Dinge stehen natürlich auf dem Programm. Auch für die Besatzung ergab sich Gelegenheit, an Land zu gehen. Da sie durch das häufige Anlaufen dieses Hafens viele gute Einkaufsmöglichkeiten im Laufe der Zeit ausgekundschaftet hatte, z.B. Antiquariate, in denen man alte deutsche Bücher günstig erwerben konnte, oder die Spielzeugabteilung des großen Kaufhauses am Newski-Prospekt, wo man zuweilen sogar schöne Schiffsmodelle von Einheiten der Sowjetflotte erstehen konnte, ging man gern an Land. Auch der internationale Seemannsclub kümmerte sich um die Freizeitgestaltung der Besatzungsmitglieder von den im Hafen liegenden ausländischen Schiffen. Abends war im Interclub, wie die Einrichtung kurz genannt wurde, Tanz. Es gab Filmabende, gelegentlich auch interessante Vorträge. Aber wenn ich mich recht erinnere, dann war gegen 23 Uhr immer Schluss. Dann fuhr ein Bus vor, der die Landgänger zum Hafen zurückbrachte. Die russischen Sprachstudentinnen, die mit den Seeleuten getanzt hatten, verabschiedeten sich winkend, stiegen ihrerseits in einen Bus und fuhren davon. Mancher Seemann sah ihnen dann bedauernd hinterher … Der Interclub organisierte aber auch Besichtigungsfahrten, u.a. zum Schloss Peterhof oder nach Oranienbaum.

Gelegentlich kam es vor, dass Tatjana, eine der Mitarbeiterinnen des Interclubs, beim Einlaufen der VÖLKERFREUNDSCHAFT an Bord kam und dem Kulturoffizier verkündete: „Morgen Vormittag, 10 Uhr, steht ein Bus bereit für 25 Personen zu einer Besichtigung in der Schatzkammer der Eremitage." Das war etwas ganz Besonderes, denn Kenner wissen, in die Schatzkammer ließen die sowjetischen Behörden nur Gäste hinein, die nach ihrer Ansicht ihres Vertrauens würdig waren. Die Schatzkammer, wie der Name schon sagt, enthielt Ausstellungsstücke von unschätzbarem Wert. Da gab es goldene Tabatieren, Schmuckgegenstände aus Elfenbein, Gold, Silber, Perlen

Blick unter den Arkaden des Generalstabsgebäudes hindurch auf die Siegessäule zum Gedenken an den Krieg von 1813/14 und den Haupteingang der Leningrader Eremitage

rechts: Die weltberühmte Eremitage hat über tausend Räume, gefüllt mit Kunstschätzen von unermesslichem Wert.

und Edelsteine. Ganz besonders kostbar waren aus dünnem Golddraht hergestellte Halsketten, Armbänder und Broschen, Funde aus Skythen-Gräbern des 9. Jahrhunderts, ausgegraben irgendwo in den weiten Steppen Südrusslands. Eines Tages kam – als wir in Leningrad lagen – wieder eine solche Einladung. In den verschiedenen Bereichen des Schiffes fanden sich etwa 20 Interessenten für eine Besichtigung der Schatzkammer und der I. Offizier hatte einem jungen III. Ingenieur sozusagen die Verantwortung als Leiter der „deutschen Delegation" übertragen. Etwa zwei Stunden, nachdem die Delegation zur Eremitage abgefahren war, rief mich der Quartermeister von der Gangway-Wache an und meldete mir, zwei Besatzungsmitglieder aus der Gruppe wären an Bord zurückgekommen und hätten berichtet, dass es in der Schatzkammer zu irgendwelchen Rangeleien gekommen sei. Bei einem Handgemenge sei man gegen eine Vitrine gestoßen und goldene Schmucksachen wären in der Vitrine heruntergefallen. Daraufhin hätte die aufsichtführende Angestellte sofort den Notknopf gedrückt, eine Alarmklingel hätte sich betätigt und der Eingang wäre durch eine Sicherheitsstahltür geschlossen worden. Etwas später hätten sie die Eremitage verlassen dürfen. Alle anderen wären noch zum Bummeln in der Stadt geblieben, aber sie wären an Bord zurückgekommen, um Bericht zu erstatten. Ich sauste natürlich sofort runter zur Gangway, aber viel mehr, als ich schon wusste, war aus den beiden nicht herauszubringen.

Das war nun ein Schreck in der Vormittagsstunde. Tausend Gedanken schossen mir gleichzeitig durch den Kopf. Als junger Offizier des Segelschulschiffes WILHELM PIECK hatte ich die Schatzkammer bereits im Jahre 1961 mit unseren Kursanten besichtigen dürfen. Ich wusste um die Kostbarkeiten und dachte daran, wer wohl für den Schaden verantwortlich wäre und welche Versicherung dafür eintreten würde. Außerdem war es mir wahnsinnig peinlich, diesen Vorfall als Verantwortlicher vertreten zu müssen. Während ich mit den jungen Leuten noch an der Gangway stand und versuchte, mir ein Bild von der Sachlage zu machen, erschien zufällig ein Vizekonsul, Mitarbeiter unseres DDR-Generalkonsulats in Leningrad, an Bord, der mit unserem Politoffizier über die Vorbereitung einer gemeinsamen Veranstaltung sprechen wollte. Unter uns nannten wir ihn „Jean Gabin", da er dem bekannten französischen Schauspieler seriöser Männerrollen aufs Haar glich. Die Ähnlichkeit war wirklich verblüffend. Jedenfalls begrüßte ich ihn an der Gangway, schilderte ihm kurz die Lage und bat ihn, da er mit seinem PKW zum Kai gekommen war (er hatte seinen Trabant mitgenommen und benutzte ihn dort als Dienst- und Privatwagen – möglicherweise der einzige Trabant, der in der Sowjetunion existierte), doch sofort zum Generaldirektor der Eremitage zu fahren, dort mein Bedauern über diesen Vorfall auszusprechen und sich zu erkundigen, ob und welcher Schaden durch unsere jungen Leute verursacht worden war und wie der General-

Eine Reisegruppe der VÖLKERFREUNDSCHAFT beim Rundgang in der Eremitage. Rechts, im Hosenanzug, die Dolmetscherin

direktor die Angelegenheit beurteilte. Der Vizekonsul nickte, ging wieder von Bord, stieg in seinen Trabbi und verschwand, eine kleine blaue Wolke am Kai hinterlassend. Nervös und einigermaßen beunruhigt blieb ich zurück.

Nach etwas mehr als einer Stunde kam der Vizekonsul wieder an Bord. Während uns eine Stewardess in meiner Kammer einen Kaffee servierte, berichtete er mir, dass der Generaldirektor der Eremitage von ihm als Erstes wissen wollte, welcher von seinen Leuten es gewagt hätte, hinter seinem Rücken das Generalkonsulat der DDR zu benachrichtigen und sich über die Delegation zu beschweren. Das sei unerhört und er werde das sofort seinen Leuten klarmachen. Unser Vizekonsul konnte ihn jedoch dahingehend beruhigen, weil ihm ja niemand vom Personal des Hauses, sondern der Kapitän der VÖLKERFREUNDSCHAFT ganz zufällig eine entsprechende Meldung gemacht hätte. Er überbrachte ihm mein Bedauern und meine Besorgnis über den angerichteten Schaden. Der Generaldirektor sagte: „Ach was, das war alles nicht so schlimm. Es waren eben junge Leute und die machen manchmal Unsinn."

Es stellte sich der Vorgang wie folgt dar: Unter unserer Delegation waren auch zwei Angehörige der Brigade Kombüse, ein junger

Das Traditionsschiff der russischen Seekriegsflotte, der Panzerkreuzer AURORA. Wie alle Museumsschiffe in Europa in der Nähe des Stadtzentrums gelegen, wurde das Schiff von den Gästen der VÖLKERFREUND-SCHAFT und Delegationen der Besatzung gern besucht.

Mann und eine junge Köchin. Wie die Aufsicht an Ort und Stelle beobachtete, hielten es die beiden jungen Leute ausgerechnet während der Besichtigung in der Schatzkammer für nötig, herumzualbern und sich gegenseitig hin und her zu schubsen. Das erfolgte in der Nähe einer Vitrine, in der ganz besonders kostbarer Goldschmuck einer Skythen-Prinzessin ausgestellt war. Einer von beiden war mit dem Oberarm gegen die Vitrine gedrückt worden, diese hatte zu schwanken begonnen, war aber erfreulicherweise nicht umgestürzt. Dennoch hatte sich eine auf zwei Stützen stehende Glasplatte in der Vitrine gelockert und der kostbare Goldschmuck war zur Seite gerutscht oder vielleicht sogar von einem Fach herabgefallen. Aber es hätte keinen Bruch gegeben, weder an der Vitrine noch am Goldschmuck war Schaden entstanden.

Unser Vizekonsul hatte dies natürlich erleichtert zur Kenntnis genommen und gebeten, sich verabschieden zu dürfen, um den Kapitän schnellstens von seinen Sorgen zu befreien. Und ich muss schon zugeben, dass mir nach seinem Bericht der berühmte Stein vom Herzen gefallen war. Für mich stand jedenfalls fest, dass der Internationale

Seemannsclub unsere Besatzung wohl nicht noch einmal zur Besichtigung der Schatzkammer einladen würde.

Als wir auf der nächsten Reise, also etwa zehn Tage später, wieder in Leningrad einliefen, kam aber prompt Tatjana an Bord, noch während wir bei der Einklarierung waren, und verkündete in meiner Gegenwart dem Kulturoffizier: „Also, morgen Vormittag, 10 Uhr, ein Bus für 25 Personen, zur Besichtigung der Eremitage." Wir blickten uns beide erstaunt an, denn das hatten wir nun nicht erwartet. Das sagten wir Tatjana auch, sie lachte aber nur. „Ja, ja, ich weiß schon", sagte sie, „man muss die jungen Leute eben vorbereiten." Diesem Wink mit dem Zaunpfahl kam ich natürlich nach, ließ rund 25 Interessenten für die Besichtigung auswählen und beschloss, die Leitung dieser Delegation keinem Offizier zu übertragen, sondern diesmal selbst zu übernehmen. Während der Fahrt im Bus benutzte ich die Gelegenheit, den Vorfall von der letzten Reise gründlich auszuwerten und ersuchte meine Gang, sich in der Schatzkammer zusammenzureißen, um das unerschütterliche Vertrauen, das uns der Seemannsclub entgegenbrachte, nicht zu enttäuschen. Das klappte auch, alles ging gut. Die Besichtigungsgruppe verhielt sich musterhaft und lauschte aufmerksam den Worten der Dolmetscherin, als sie die Kostbarkeiten näher erläuterte. Nach der Besichtigung entließ ich die jungen Leute in die Stadt zum Landgang. Ich selbst verholte mich in das Antiquariat und stöberte dort nach alten deutschsprachigen Büchern. Für mich selbst zog ich aus diesem Vorfall die Lehre, dass man im Ausland nichts dem Selbstlauf und der Routine überlassen darf. Als wir wieder in Rostock waren, berichtete ich bei der Übergabe des Kommandos an Kapitän Thiemann natürlich über dieses „besondere Vorkommnis". Er hat wohl auch in Zukunft das Richtige veranlasst, denn mir ist kein weiterer derartiger Zwischenfall zu Ohren gekommen.

Feuer auf dem Ro-Ro-Schiff ASCHBERG

Im Herbst 1979 saß ich für ein Jahr im Range eines Hauptabteilungs-
leiters am Schreibtisch des Chefinspektors der Deutschen Seereederei. Der eigentliche Inhaber dieser Stellung, Kapitän Roland Hafenrichter, war für ein Jahr zu einem Zusatzstudium delegiert worden.
Als Leiter der Abteilung Schiffsführung war ich schon längere Zeit
sein Stellvertreter und mit den Aufgaben vertraut. Als ich am Morgen des 17. Oktober 1979 um kurz vor sieben Uhr mein Dienstzimmer betrat, lag auf meinem Schreibtisch ein Seefunktelegramm der
ASCHBERG mit der inhaltsschweren Information, dass um 5.37 Uhr
gemäß Meldung des Wachingenieurs an Bord im Maschinenraum
ein Feuer ausgebrochen war. Wenige Minuten später hatte man die
Hauptmaschine zum Notstop bringen müssen, das gesamte Bordnetz
war ausgefallen. Nach Auslösung eines Feueralarms hatte unter Lei-

*Während seiner Zeit als Chefinspektor führt der Autor eine Delegation
von Mitgliedern des DDR-Arbeitskreises für Schifffahrts- und Marinegeschichte während der Hafenliegezeit der VÖLKERFREUNDSCHAFT in
Warnemünde durch das Schiff. Hinter ihm ein bekannter Verfasser von
Marinebüchern: Kapitän zur See Ing. Dr. Ing. Hans Mehl*

tung von Kapitän Schütt die Brandbekämpfung begonnen. Die an Bord sorgfältig geführten Schiffs- und Maschinentagebücher erlaubten später eine genaue Rekonstruktion aller Maßnahmen. Zunächst wurde die Vollzähligkeit der Besatzung festgestellt. Ein Erkundungstrupp meldete, dass wegen starker Rauchentwicklung kein Feuerschein zu entdecken war. Im Maschinenraum wurde der Verschlusszustand hergestellt, der Kapitän befahl, für den Maschinenraum die CO_2-Anlage klarzumachen, und neben weiteren Maßnahmen der Brandbekämpfung ließ er auch die Boote klarmachen zum Ausschwingen und beorderte die restliche Besatzung auf die Stellplätze am Oberdeck. Um 6.40 Uhr hatte der Kapitän eine Sofortmeldung über Rügen Radio an die Reederei abgesetzt. Was ich las, war einigermaßen beunruhigend. Aber zunächst brauchte ich nähere Informationen über das Schiff. Zu diesem Zeitpunkt hatte die Reederei etwa 170 Schiffe mit 1,8 Millionen Tonnen Tragfähigkeit im Dienst. Nicht alle davon kannte ich aus eigener Anschauung. Deswegen griff ich zunächst zum Schiffstypenkatalog der Reederei. Dort fand ich für die ASCHBERG folgende Angaben:

Baujahr 1972, erster Name BORE IX, gebaut auf der Schiffswerft Rauma Repola in Finnland, Einschrauben-Ro-Ro-Schiff, geeignet für den Transport von rollender Ladung. Länge: 113,46 m, Tiefgang: 6,24 m, Dienstgeschwindigkeit: 16 Knoten, Ladefähigkeit: 5050 tdw. Klassifikation als DSRK KM Ice 1 aut 24 Ro-Ro-Schiff.

Das Schiff hatte drei Fahrzeugdecks mit einer Fläche von 5230 m² für den Transport von Fahrzeugen. Die ASCHBERG war mit allen damals modernen Navigations- und kommunikationstechnischen Anlagen ausgerüstet. Die Antriebsanlage bestand aus zwei Hauptmaschinen, es waren 4-Takt-Dieselmotoren zu je 3000 PS. In den Wohnkabinen konnten insgesamt 32 Personen untergebracht werden. Alle übrigen Anlagen, wie Rettungsbootseinrichtungen, Feuerlöschanlage, Hilfs- und Decksmaschinen und anderes mehr entsprachen den damaligen Anforderungen der Technik.

Schließlich führte ich über Rügen Radio ein Seefunkgespräch mit Kapitän Schütt. Ich erfuhr, dass die ASCHBERG von Hull, England, kommend bei westnordwestlichem Wind in Stärke vier, Seegang drei in Richtung Ostsüdost trieb. Die Sicht war gut. Mein Eindruck war, dass der Kapitän die Situation mit seiner Besatzung beherrschte. Ich

Das Roll-on-Roll-off-Schiff ASCHBERG steuert die Reede von Warnemünde an.

hatte an seinen Maßnahmen nichts auszusetzen. Es bestand für das Schiff keine unmittelbare Gefahr mehr. Für mich ergab sich nun die Aufgabe, zunächst alle relevanten Dienststellen und Institutionen über die Lage an Bord zu informieren. Das betraf u.a. das Ministerium für Verkehrswesen, den OP-Dienst der Volksmarine, die Deutsche Auslands- und Rückversicherungs-Aktiengesellschaft bzw. deren Kontor in Rostock, das Seefahrtsamt der DDR, die Deutsche Schiffsrevisions- und Klassifikations-Gesellschaft und die Seekammer der DDR. Zudem ließ ich den Havarie-Stab zusammenrufen. Dazu gehörten u.a. die entsprechenden Fachleute aus der Reederei, ferner der Havarie-Kommissar der Volksmarine, der damalige Kapitän zur See Dr. jur. Friedrich Elchlepp und weitere Spezialisten. Ich schilderte dem Stab die Situation, informierte über die eingeleiteten und geplanten Maßnahmen des Kapitäns. Auch der Havarie-Stab kam zu der Überzeugung, dass keine unmittelbare Gefahr für das Schiff bestand. Aber wir waren beunruhigt darüber, dass bis auf

Am Ro-Ro-Kai des Überseehafens Rostock werden PKWs vom Typ Skoda über die Heckrampe an Bord der ASCHBERG für den Export nach England verladen. Der Küstentanker MINOL 11 hat zur Treibstoffübergabe längsseits festgemacht.

Ein Blick in das Hauptdeck der ASCHBERG während der Verladung von Skoda-PKWs

Weiteres mit einer Wiederaufnahme des Hauptmaschinenbetriebes der manövrierunfähigen ASCHBERG nicht zu rechnen war. Da in ihrem Seegebiet eine Reihe von Ölbohrplattformen stationiert waren, richteten wir unsere ganze Aufmerksamkeit darauf, eine Kollision mit einer solchen Ölbohrinsel zu vermeiden. Damals hatte man allgemein noch nicht viel Erfahrung mit den Folgen einer solchen Kollision. Aber wir, die wir Fachleute waren, konnten uns die damit verbundene Katastrophe sehr wohl vorstellen.

Zunächst verzichteten wir darauf, einem der in verschiedenen Nordseehäfen stets in Bereitschaft liegenden internationalen Bergungsschlepper einen Schleppauftrag zu erteilen. Der Grund dafür waren die zu erwartenden hohen Kosten in frei konvertierbaren Devisen. Da der Kapitän in mehreren Gesprächen im Laufe des Tages die Lage an Bord seines Schiffes als stabil bezeichnete, beorderte ich zunächst nur das Küstenmotorschiff MS TESSIN (494 BRT) zur ASCHBERG, um gegebenenfalls Schlepphilfe zu leisten.

Um 15.09 Uhr war die TESSIN bei der ASCHBERG eingetroffen. Beide Schiffe hatten UKW-Verbindung. Um 17.10 Uhr wurde an Bord der ASCHBERG ein Brand im Zwischendeck entdeckt, der sofort bekämpft wurde. Es war, wie sich später herausstellte, ein Containerbrand, der mit Handfeuerlöschern nicht zu löschen war. Im Zwischendeck musste daher Verschlusszustand hergestellt werden. In der Zwischenzeit wurde das Motorschiff TESSIN durch das MS ZÜSSOW (299 BRT) abgelöst. Der Kapitän hatte angewiesen, den Brand im Zwischendeck durch den Einsatz von CO_2 zu bekämpfen. Es gab eine starke Rauchentwicklung, auch in den Aufbauten, und einen Ausfall im Stromnetz. Die Besatzung musste sich ins Freie zurückziehen. Inzwischen war klar, dass dieser Havarie-Fall sich über einen längeren Zeitraum erstrecken würde. Ich wies an, dass der Havarie-Stab so lange besetzt und entscheidungsfähig bleiben sollte, bis das Schiff außer Gefahr war. Das bedeutete für einige Mitarbeiter und für mich, in den nächsten Tagen rund um die Uhr am Arbeitsplatz zu verharren.

In der Zwischenzeit hatten wir den Kapitän des MS KLOSTERFELDE, eines Frachters unserer Reederei von 3098 BRT, angewiesen sich zur ASCHBERG zu begeben. Um 18.16 Uhr wurden wir informiert, dass sich die KLOSTERFELDE bis auf 20 Seemeilen

Auf der Kommandobrücke des MS ASCHBERG

rechts: Rettungsmanöver an Bord der ASCHBERG. Zur Übung ist das Steuerbord-Motorrettungsboot zu Wasser gelassen worden. Über das Funksprechgerät Walkie-Talkie bekommt der Bootssteuerer vom Kapitän seine Anweisungen. Die beiden Bälle am Signalmast zeigen an, dass das Schiff treibt und vorübergehend nicht manövrierfähig ist.

angenähert hatte. Ich beabsichtigte, den Frachter mit der Inschleppnahme zu beauftragen. Denn gegen 18.30 Uhr wurden wir darüber informiert, dass die ASCHBERG nur noch sechs Seemeilen von einer Bohrinsel entfernt war, auch wenn es danach aussah, dass man an der Insel vorbeitreiben würde. Um 19.00 Uhr traf Kapitän Schütt die Festlegung, dass das Zwischendeck und der Maschinenraum für die nächsten zwölf Stunden nicht betreten werden durften – wegen der Benutzung von CO_2 zur Erstickung des Feuers. Gleichzeitig meldete die ASCHBERG, dass der CO_2-Vorrat aufgebraucht war. Gegen 19.40 Uhr war die KLOSTERFELDE auf der Position der ASCHBERG eingetroffen. Auf meine Weisung hin begannen die Besatzungen beider Schiffe mit der Vorbereitung einer Schleppverbindung. Um 20.45 Uhr war die Verbindung erfolgreich hergestellt. Allerdings

Auf dem Vorschiff bedient der Schiffszimmermann die Ankerwinde, deren seitliche Trommeln auch zum Durchhieven der Festmacherleinen benutzt werden können. Auf dem kleinen Vorschiff fanden zwar alle notwendigen technischen Einrichtungen Platz, aber die Decksfläche eines normalen Frachters war gleichwohl eng begrenzt.

war auf der ASCHBERG inzwischen die Ruderanlage unklar. Das bedeutete, dass das Schiff im Schlepp nicht auf Kurs gehalten werden konnte, im Seegang nach beiden Seiten wechselnd ausscherte, das Schleppgeschirr stark beanspruchte und hart in die See einsetzte.

Uns kam es aber zunächst darauf an, unter allen Umständen eine weitere Annäherung an die Bohrinsel zu verhindern, was auch gelang. Eine Viertelstunde vor Mitternacht brach allerdings die Schleppverbindung, da Wind und See zugenommen hatten. Da der Abstand zur nächsten Bohrinsel „Ban-Ölfeld" 13 Seemeilen betrug und an Bord der KLOSTERFELDE die Besatzung infolge der schweren Arbeit erschöpft war, wurde beschlossen, mit der Herstellung einer neu-

Belegen der Festmacherdrähte an Poller beim Anlegemanöver auf dem Vorschiff

en Schleppverbindung bis zum Tagesanbruch zu warten. Auf dem kleinen Achterschiff der KLOSTERFELDE war das Arbeiten mit schweren Drähten bei heftigem Seegang, noch dazu mit einer kleinen Decksbesatzung, außerordentlich anstrengend und gefährlich. Selbst für die erfahrene Besatzung eines Bergungsschiffes ist das Inschleppnehmen eines größeren Schiffes auf hoher See, vor allem bei schlechtem Wetter, Regen und Seegang, eine äußerst schwierige Arbeit. Wie jeder Seemann weiß, muss sich der Schleppende dem treibenden Fahrzeug mit langsamer Fahrt relativ dicht annähern, damit zunächst eine dünne Wurfleine hinübergeworfen werden kann. Drüben muss dann die Besatzung diese Leine fangen und möglichst schnell durchholen. An der Wurfleine ist eine stärkere Leine, aber immer noch aus dünnem Tauwerk, angesteckt. Die wird ebenfalls flott durchgeholt. Dann folgt der erste dünne Draht. Ist auch dieser durchgeholt, kommt eine dickere Leine und dann erst wird die starke Schleppleine hinübergegeben. Mit Hilfe der Ankerwinde wird sie durchgeholt und mit einem besonders großen Schäkel auf der Back des geschleppten Schiffes in einer vorbereiteten „Auffangschlinge" befestigt und zusätzlich belegt und gesichert. Die Auffangschlinge ist eine überdimensionale Schlaufe aus starkem Draht, die an mehreren Pollern befestigt ist, um die Kraft der Schleppleine aufzunehmen.

Wenn dann das Abschleppen beginnt und das schleppende Schiff langsam, zunächst sehr langsam, mit der Fahrt angeht, dürfen auch im Seegang keine Ruckbelastungen auf die Schleppleine kommen. Da beide Schiffe annähernd 3000 Tonnen wiegen, kann man sich vorstellen, dass die Leine einen solchen Ruck nicht aushalten kann. Sie muss daher so lang bemessen sein, dass sie auch im Seegang nicht steif kommt, sondern immer durchhängt. Bei kleineren Fahrzeugen erreicht man diesen Effekt, indem womöglich in der Mitte der Schleppleine ein Reserveanker angeschäkelt wird, der durch sein Gewicht gewissermaßen dämpfend auf die Ruckbelastung wirkt. Wie schon gesagt, die geringen Decksflächen normaler Frachter, die für derartige Schleppmanöver nicht vorgesehen sind, erschweren die Vorbereitungsarbeiten und die Durchführung des Manövers außerordentlich. Ich hatte die Kapitäne mehrfach darauf hingewiesen, dass sie keinerlei Personalverluste riskieren dürften, sondern außerordentlich auf die Sicherheit ihrer Männer bedacht sein müssten. Ferner gab ich ihnen den Hinweis, dass Materialverluste immer ersetzbar wären, aber Menschenleben natürlich nicht. Damit wollte ich keineswegs den Kapitänen irgendwelchen Leichtsinn oder eine latente Missachtung der Sicherheitsbestimmungen unterstellen.

Ganz im Gegenteil. Ich wusste, dass es sich um zuverlässige Seeleute handelt. Aber meine eigenen Erfahrungen als Kapitän in verschiedenen schwierigen seemännischen Situationen hatten mich zu der Erkenntnis gebracht, dass unsere Seeleute, Bootsleute, Matrosen, Decksleute gerade bei außerordentlich schwierigen seemännischen Manövern ihren ganzen Ehrgeiz und ihren ganzen Stolz darin setzen, unter allen Umständen den gewünschten Erfolg zu erzielen. In ihrem

Eifer, sich für das Schiff und dessen Erhaltung zu engagieren, waren sie geneigt, auch ein gewisses Risiko beim vollen Einsatz ihrer Person in Kauf zu nehmen. Da die Kapitäne während der Durchführung des Manövers natürlich die Schiffsführung nicht aus der Hand geben konnten und daher auf der Kommandobrücke verbleiben mussten, war die Leitung der seemännischen Arbeiten auf dem Vorschiff bzw. auf dem Achterschiff dem I. Offizier zu übertragen. Dieser musste vom Kapitän entsprechend meiner Intentionen angewiesen werden. Auch im „Eifer des Gefechtes" durfte kein Risiko zugelassen werden, denn die entsprechenden Erfahrungen aus der Reederei und aus der Volksmarine besagten, dass bei einem ähnlichen Abschleppmanöver ein Matrose, der in seinem Eifer die eigene Sicherheit ungenügend beachtet hatte, von der Schlepptrosse außenbords gezogen und innerhalb von Sekunden nach schwersten Verletzungen ertrunken war. Und was die zu erwartenden Materialverluste an Leinen, Tauwerk, Überanspruchung von Schleppgeschirr und dergleichen, ferner Umwegskosten, erhöhte Treibstoffkosten, Aufwendungen für Überstunden usw. anbetraf, so musste ich natürlich angesichts der Mithörmöglichkeit durch ausländische Funkstellen daran denken, nur in Andeutungen zu sprechen. Bei einem erfolgreichen Schleppmanöver nach der sicheren Ankunft im Heimathafen würde – das war mir von Anfang an klar – die Reederei natürlich sämtliche Kosten und Aufwendungen der Versicherung gegenüber bei Lloyd's in London geltend machen. Die zu erwartende Versicherungszahlung würde selbstverständlich in Englischen Pfund erfolgen, damit in frei konvertierbaren Devisen. Das bedeutete für uns nicht gerade einen Freibrief zur Verschwendung, aber auf eine gebrochene Drahtleine mehr oder weniger kam es bei einem solchen Schleppmanöver in der Tat nicht an.

Es dauerte bis in die Mittagszeit des 18. Oktober 1979, bis die Schleppverbindung wieder hergestellt werden konnte. Man benutzte dabei fünf Kettenlängen der Ankerkette und 42 mm starken Draht. Das war eine hervorragende seemännische Leistung, denn nach 9 Uhr morgens hatte der Wind weiter zugenommen. Gegen Mittag betrug die Windstärke Westnordwest acht, Seegang sechs. Außerdem gelang es im Laufe des Nachmittags auf der ASCHBERG die Ruderanlage klar zu haben, so dass die Situation an Bord gesichert war, zumal keine Ladungsteile verrutscht waren. Natürlich konnte die KLOSTERFELDE angesichts von Wetter, Seegang und Windstärke sowie ihrer relativ geringen Maschinenleistung beim Schleppen nur eine geringe Fahrt laufen. Dabei hatte sie zu berücksichtigen, dass die Schleppleine unter keinen Umständen einer zu starken Belastung ausgesetzt werden durfte. Nachdem die in der Nähe befindlichen Bohrinseln passiert waren, sollte das Schiff sozusagen quer über die Nordsee Richtung Skagerrak geschleppt werden. Bei der langsamen Fahrt würde das sehr lange dauern und da eine Besserung der Wetterlage zunächst nicht in Aussicht war, erwogen wir im Havarie-Stab, möglichst bald eine Ablösung der KLOSTERFELDE durch ein Schiff mit stärkerer Maschinenleistung in Angriff zu nehmen. Ein Blick auf die Lagekarte zeigte, dass das Massengutschiff WEIMAR aus Murmansk kommend, mit einer vollen Ladung Apatit an Bord, ebenfalls Kurs auf die Einfahrt zum Skagerrak hatte. Die WEIMAR, Baujahr 1977, war ein großes Schiff mit 23308 tdw, 176,5 m lang, 22 m breit und ihre Hauptmaschine (Typ MAN K8Z 70/120 E, hergestellt im Dieselmotorenwerk Rostock) mit einer Leistung von 11200 PS ermöglichte eine Dienstgeschwindigkeit von 16 Knoten. Dieses große, voll abgeladene Schiff lag natürlich auch in bewegter See wesentlich ruhiger als die viel kleinere KLOSTERFELDE. Also wurde die WEIMAR von mir angewiesen, ihren Kurs zu ändern und einen Treffpunkt mit dem Schleppzug anzusteuern.

Am 19. Oktober 1979 gegen 1.15 Uhr in der Nacht erreichte die WEIMAR die Position des Schleppverbandes. Im Morgengrauen begann die Besatzung mit dem Klarmachen des Schleppgeschirrs auf dem Achterschiff. Das ging nicht ohne Schwierigkeiten vonstatten, da an Bord der ASCHBERG nochmals ein Ausfall der Rudermaschine infolge Ölmangels erfolgte, was die komplizierte Übergabe des Schleppgeschirrs von der KLOSTERFELDE nicht eben erleichterte. Es dauerte bis 14.15 Uhr, bevor die WEIMAR die Schlepptrosse übernommen hatte und vorsichtig antauen konnte. Eine Besserung der Situation trat um 18.20 Uhr ein, als die ASCHBERG ihre Ruderanlage wieder klar hatte. Das wiederum erlaubte es, die Schleppgeschwindigkeit ein wenig zu erhöhen. Am nächsten Morgen, gegen 3.30 Uhr, erreichte auch der Bergungsschlepper EISVOGEL des VEB Bagger-, Bugsier- und Bergungsreederei Rostock den Schleppverband. Da die seemännische Situation zu diesem Zeitpunkt keine Übergabe des Schleppgeschirrs erforderlich machte, lief der Schlepper fortan als Sicherungsschiff nebenher. Um 11.00 Uhr am 20. Oktober passierte der Schleppverband Skagen Leuchtturm und lief weiter auf südöstlichem Kurs durch das wesentlich geschützter liegende Gewässer des Kattegat. Nach menschlichem Ermessen und der allgemeinen seemännischen Erfahrung war damit der schwierigste Teil der Schleppfahrt nach Rostock geschafft. Die Schleppgeschwindigkeit konnte wiederum ein wenig erhöht werden und bei weiterem vorsichtigen Navigieren und sauberen Steuern beider Schiffe auf dem Zwangsweg durch den Großen Belt in die Ostsee war die weitere Heimreise, wie ich allen interessierten Stellen meldete, im Grunde nur noch eine seemännische Routinesache.

Aber an einem Punkt griff ich noch einmal in das Geschehen ein. Durch Weiterkoppeln der zu steuernden Kurse und der Geschwindigkeit des Schleppverbandes wurde klar, dass dieser den Kurs der zwischen den beiden dänischen Häfen Korsör und Nyborg verkehrenden Fährschiffe während der Dunkelheit passieren würde. Diese Fährschiffe verkehren in relativ dichter Reihenfolge Tag und Nacht zwischen beiden Häfen und schneiden das Hauptfahrwasser im Winkel von 90 Grad. Die Fährschiffe sind daran gewöhnt, dass der gesamte Schiffsverkehr im Großen Belt auf sie Rücksicht nimmt und Ausweichmanöver rechtzeitig und großzügig einleitet. Da sie einen sehr engen Fahrplan zu bewältigen haben, können sie sich Zeitverluste nicht leisten. Ihre hochmodernen Radargeräte gestatten es ihnen, auch in der Nacht ihre Kurse so zu wählen, dass sie bei voller Geschwindigkeit knapp hinter dem Heck eines Schiffes passieren, wenn sie ausweichpflichtig sind, andernfalls erwarten sie natürlich, dass ihr Wegerecht von ausweichpflichtigen Schiffen ebenfalls respektiert wird. Der Schleppzug wäre hierzu natürlich völlig außerstande gewesen. Die mehrere 100 Meter umfassende Schleppverbindung plus der Länge der beiden Schiffe machte Ausweichmanöver so gut wie unmöglich. Außerdem bestand Gefahr, dass andere Schiffe nicht bemerken würden, dass hier zwei größere Einheiten durch eine Schleppleine verbunden waren, und womöglich mit ihren Schrauben in die Schleppleine geraten könnten. So wies ich Kapitän Schütt an, in einem Gespräch mit der dänischen Küstenfunkstelle Kalundborg

Radio auf die Situation hinzuweisen mit der Bitte, eine entsprechende Navigationswarnung für den Großen Belt bekanntzugeben. Kapitän Schütt, der als Schleppzugführer die Verantwortung für den Schleppzug trug, handelte dementsprechend.

Am 22. Oktober gegen 5.00 morgens konnte die Schleppverbindung auf der Reede von Warnemünde gelöst werden. Um 8.30 Uhr war die ASCHBERG im Überseehafen fest. Nun untersuchten Fachleute die Brandursache, was hier im Einzelnen nicht erörtert werden soll. Verschulden von Besatzungsangehörigen lag jedenfalls nicht vor. Damit hatte eine schwierige Bergungsaktion ein erfolgreiches Ende genommen. Erwartungsgemäß erwirkte die DDR-Versicherungsfirma DARAG (Deutsche Auslands- und Rückversicherungs-Aktiengesellschaft Berlin) bei Lloyd's in London durch die Vorlage der notwendigen Unterlagen – Havariebericht, Bergungsbericht, technische Gutachten, Verhandlungsprotokolle der Seekammer und der Großen Seekammer usw. – den Nachweis, dass eine wesentliche Schadensminderung eingetreten war, die Zahlung eines erheblichen Betrages als Ersatz für die Aufwendungen der beteiligten Schiffe, Besatzungen, Materialien, also praktisch aller durch den Havarie-Fall aufgetretenen Kosten in frei konvertierbaren Devisen. Die Devisen erhielt die Staatsbank. Der Reederei wurde der Betrag in DDR-Mark gutgeschrieben. Die Besatzungsmitglieder der beteiligten Schiffe erhielten durch die Leitung der Reederei vom Kapitän bis zum Matrosenlehrling bzw. bis zur Stewardess eine nicht unerhebliche Prämienzahlung, je nach Verantwortung und Leistung abgestuft. Diesmal fiel sogar für die Mitglieder des Havarie-Stabes und auch für mich als den verantwortlichen Leiter eine erfreuliche Geldprämie an, selbstverständlich in Mark der Notenbank der DDR.

Bei einer so erfolgreichen Unternehmung ergibt sich natürlich am Schluss die Frage, worin denn nun mein seemännischer Fehler lag?

Den machte mir der Havarie-Kommissar bei der Seekammer der DDR, der damalige Kapitän zur See, Dr. jur. Friedrich Elchlepp, im Rahmen einer Auswertung des Havarie-Falles einige Wochen später kollegial, aber unmissverständlich klar. Er kritisierte, dass ich gegen das Seerechtsprinzip der „Beschränkten Reederhaftung" verstoßen hätte. Dieses Prinzip besagt, dass der Reeder eines Schiffes frei von jeder Verantwortung und von jeder Haftung ist für die Handlungen eines Kapitäns, der bekanntlich die alleinige Verantwortung in der seemännischen Führung des Schiffes hat. Dies begründet sich darauf, dass er an Ort und Stelle den besten Überblick über die Gefahrensituation hat und folglich auch am besten in der Lage ist, entsprechende Maßnahmen einzuleiten bzw. Entscheidungen zu treffen. Der Reeder, an seinem weit entfernten heimatlichen Standort, kann dies nicht, sondern muss dem verantwortungsbewussten Kapitän die entsprechenden Entscheidungen überlassen. Wenn der Reeder aus der Ferne in die Entscheidungsbefugnis des Kapitäns eingreift und dem Kapitän Weisungen erteilt, durchbricht er das Prinzip der beschränkten Haftung und haftet in solchen Fällen voll für die Folgen der von ihm erteilten Weisung. In der Verhandlung der Seekammer wurde mein Verhalten als Leiter des Havarie-Stabes in Bezug auf die beschränkte Reederhaftung durch den Kammervorsitzenden nicht kritisiert. Aber natürlich hatte Elchlepp mit dem von ihm vertretenen Standpunkt Recht. Die konsequente Beachtung der beschränkten Reederhaftung hätte allerdings in diesem Fall bedeutet, den Kapitän auf seinem in der Nähe von Bohrinseln treibenden Ro-Ro-Schiff mit allen Problemen allein zu lassen.

Ich vertrat den Standpunkt, dass, wenn es schon einen Havarie-Stab gibt, der mit vielen Vollmachten ausgestattet ist, es auch dessen oberste Pflicht wäre, dem Kapitän nicht nur schlaue Ratschläge zu geben, sondern ihm auch die Richtigkeit von getroffenen Maßnahmen sofort zu bestätigen und ihm Hinweise zu geben. Denn immerhin steht der Kapitän unter dem Druck der Situation und des Bewusstseins seiner Verantwortung. Da ist man dankbar für Ratschläge und auch für Hilfen in Form von Direktiven und Handlungsmöglichkeiten. Außerdem war es mir wichtig, allen beteiligten Kapitänen das Gefühl der Sicherheit zu vermitteln, dass die zu treffenden Maßnahmen, d.h. also die Übergabe des Schleppgeschirrs an das jeweils größere Schiff und damit die Verbesserung der Bergungsaussicht im Interesse der Reederei waren. Ferner ist auch fraglich, ob in solchen oder ähnlichen Fällen die Autorität des Kapitäns eines havarierten Schiffes ausreicht, um von sich aus solche komplizierten und auch schwierigen, nicht ohne Gefahren durchzuführenden Schleppmanöver von Kapitänen anderer Schiffe anzufordern. Wenn ich also auch im streng juristischen seerechtlichen Sinne die Grundsätze der beschränkten Reederhaftung nicht eingehalten hatte, so erkannte ich die Kritik zwar als berechtigt an, war und bin aber auch heute noch der Meinung, im Sinne der Kapitäne und der Aufgabenerfüllung im Interesse der Reederei richtig gehandelt zu haben. Diesen Standpunkt vertrat ich auch damals gegenüber dem Havarie-Kommissar, und es hat uns beide nicht daran gehindert, weiterhin freundschaftlich-kollegial miteinander umzugehen.

Übrigens haben auch die erfahrenen Hausjuristen von Lloyd's die eingereichten Unterlagen der DSR voll akzeptiert. Wahrscheinlich sagten sie sich, dass es billiger ist, Aufwendungen für Schleppleistungen zu bezahlen als womöglich für die Folgekosten einer Kollision mit einer Bohrinsel aufzukommen. Da hätte leicht ein Totalverlust eintreten können. Der wäre viel teurer geworden.

Der Vorführeffekt

Fast das ganze Jahr 1980 über lag die VÖLKERFREUNDSCHAFT wegen größerer Reparaturen in der Mathias-Thesen-Werft in Wismar. Infolgedessen wurde ich als Urlaubsvertreter für den Stammkapitän nicht gebraucht. So konnte ich mich anderen beruflichen Aufgaben widmen. Da mein Chef, Kapitän Roland Hafenrichter, nach seinem Zusatzstudium die Funktion des Chefinspektors der DSR wieder übernommen hatte, entsprach ich einem Wunsch des Generaldirektors und übernahm die Aufgaben des Leiters der Abteilung Presse und Öffentlichkeitsarbeit im Kombinat Seeverkehr und Hafenwirtschaft, Deutfracht/Seereederei Rostock. Damit fiel mir die Verantwortung für die gesamte Presse- und Öffentlichkeitsarbeit nicht nur der DDR-Handelsflotte, sondern auch der Technischen Flotte, für die drei Seehäfen und weitere Kombinatsbetriebe zu. Obgleich es eine Abteilung Wirtschaftswerbung gab, die für alle Werbeaktivitäten im In- und Ausland einschließlich der Bundesrepublik tätig war, so oblag mir doch gemäß Funktionsplan die Verantwortung für die fachliche Richtigkeit aller Aussagen in den Werbebroschüren, -filmen, -annoncen sowie auf Ausstellungen und Messen. Dass meine Abteilung auch zuständig war für die tägliche Erarbeitung der sogenannten Funkpresse, d.h. die Zusammenstellung von politischen, Wirtschafts- und Kombinatsnachrichten auf jeweils dreieinhalb Seiten, die über Rügen Radio an alle Schiffe ausgestrahlt wurde, sei nur am Rande erwähnt.

Es gab also genug zu tun. Zum Sommerbeginn 1980 war für mich noch nicht zu erkennen, ob ich meinen Jahresurlaub zum gewünschten Zeitpunkt würde nehmen können. Darum nutzten Jutta und ich wenigstens die Pfingsttage für einen Kurzurlaub in einem Ferienheim in Bliesenrade am Bodstedter Bodden. Es war ihre Idee und ich gebe zu, dass mir der Vorschlag hauptsächlich deshalb gefiel, weil uns dort eventuell ein Segeldingi zur Verfügung stehen würde. Gleich am ersten Morgen nach dem Frühstück, bei bedecktem Himmel war es nicht allzu warm, verführte uns eine mäßige Brise dazu, das Dingi auszuleihen und auf den Bodden hinauszusegeln. Da derartige

Kleinfahrzeuge im Allgemeinen für den Transport von drei Personen
ausgelegt sind, konnte man das mit einem Steckschwert und einer
Segelfläche von etwa 5 qm versehene Dingi zu zweit gut segeln. Ich
saß an der Pinne und führte die Großschot. Eine Fock gab es nicht,
so dass Jutta es sich im Vorderteil des Dingis bequem machen konnte. Vergnügt schipperten wir bei leicht achterlicher Brise über den
Bodden. Bei der herrschenden westnordwestlichen Windrichtung
konnten wir einen Kurs nach Bodstedt gut anliegen. Als wir näher
kamen, war festzustellen, dass nur wenige der dort beheimateten
Zeesboote (ehemalige Fahrzeuge der Boddenfischer, die inzwischen
zu Charakteryachten bzw. Traditionsseglern umgewandelt worden
sind) im Hafen lagen. Also entschlossen wir uns zum Einsteuern und
machten am niedrigen Holzbollwerk an der Luvseite des Hafens fest.
Das Segel wurde aufgetucht und wir gingen an Land, um ein wenig
herumzubummeln.

Als wir nach einer guten Stunde wieder an Bord gehen wollten,
zögerte Jutta einen Augenblick, da ihr die Schaukelbewegungen des
Dingis nicht so recht gefielen. Mit meiner ganzen seemännischen
Autorität als Kapitän auf großer Fahrt bemühte ich mich, ihre Be-
sorgnisse zu zerstreuen und erklärte großartig: „Also, pass auf, ich
zeig dir mal, wie man vom Bollwerk oder Steg aus so ein kleines Din-

gi betritt." Ich machte die Achterleine des Dingis los, so dass das Boot nur noch mit dem Vordersteven am Bollwerk fest war und somit klar zum Segel setzen genau im Wind stand. Dann setzte ich einen Fuß auf das sehr kleine Vorderschiff und im Bestreben, mich schnell um den Mast herum zu bewegen, um in die Mitte des Bootes zu gelangen, war ich nicht schnell genug: Das Boot legte sich blitzartig auf die Seite und um sein Kentern zu vermeiden, musste ich den Mast, an dem ich Halt gesucht hatte, loslassen und klatschte rückwärts in das Hafenwasser, während das Dingi sich wieder aufrichtete, als sei nichts geschehen. Zu meiner Überraschung betrug die Wassertiefe an dieser Stelle nicht einmal einen Meter, so dass ich kurz darauf neben dem Boot im Wasser stand. Es gelang mir, am Bollwerk eine Stelle zum Hochklettern zu finden und so stand ich dann triefend und erbärmlich frierend wieder an Land. Beim zweiten Anlauf, auf alle Tricks und Kunststücke verzichtend, gelang es mir, vom Bollwerk aus gleich in die Mitte des Bootes zu treten und Jutta ebenfalls an Bord zu bekommen. Dann setzte ich das Segel, wir warfen los und verließen den Hafen. Glücklicherweise hatte so gut wie niemand mein Missgeschick beobachtet. So segelten wir denn wieder auf den Bodden hinaus, um die Rückfahrt anzutreten. Eine kleine Winddrehung hatte aber bewirkt, dass wir nun nicht einen graden Kurs steuern konnten, sondern aufkreuzen, also einen Zickzack-Kurs gegen den Wind steuern mussten. Der Wind hatte klein wenig aufgefrischt, gelegentlich gab es ein paar Regentropfen und da ich nun vor Kälte und Nässe zitternd am Ruder saß, war die Rückfahrt keine vergnügliche Angelegenheit. Als wir in Bliesenrade ankamen, blieb uns nur noch übrig, das Boot wieder abzutakeln und an Land auf einer Wiese vorschriftsmäßig zu lagern. Dann konnte ich mich endlich in unseren Bungalow zurückziehen. Jutta versorgte mich schnellstens mit heißem Tee und einer warmen Mahlzeit, steckte mich zum Aufwärmen ins Bett und diese sorgfältige Pflege bewirkte, dass ich mir nicht einmal einen Schnupfen holte.

Als Jutta mich triefend in dieser für mich peinlichen Situation fotografierte, war ich nicht gerade begeistert und brachte das auch zum Ausdruck. Damals ahnten wir nicht, dass wir 30 Jahre später über dieses Foto lachen würden.

Segeln mit der SIVA

1981 nahmen wir unseren Jahresurlaub im Juni, eine schöne Jahreszeit für die Ostseeküste. Die meisten Leute liegen gern in der Sonne, machen lange Strandspaziergänge, pflegen ausgiebig zu baden, tanzen zu gehen, an ruhigen Abenden die Seele baumeln zu lassen. Mit langen Spaziergängen und Baden habe ich keine Probleme, aber stundenlanges Braten in der Sonne ist mir zu langweilig. Und wenn ich vom Ufer aus Segelboote sah, wünschte ich mir immer sehnlichst, dort an Bord zu sein und die Pinne in der Hand zu haben. Wenn man kein eigenes Boot hat, bleibt einem nur übrig, nach einer Mitsegelgelegenheit bei Freunden zu suchen oder sich ein Boot auszuleihen. Aber das Anheuern ist immer mit allerlei Unwägbarkeiten verbunden und wer verborgt schon sein Boot ausgerechnet in der schönsten Jahreszeit? Das Chartern einer Segelyacht war zu DDR-Zeiten nicht möglich, denn es gab keine Charterfirmen. Aber wir suchten eine Möglichkeit auf privater Basis und fanden schließlich in einem Segelclub in Neuruppin den Sportsfreund S., der sich bereit erklärte, uns seinen 30-qm-Küstenkreuzer SIVA für drei Wochen gegen eine Entschädigung von 1000 Ostmark auf der Müritz zu überlassen. In jahrelanger Arbeit hatte er das Boot selbst aus Stahl gebaut. Der Name SIVA bedeutete nun nicht etwa, wie man vielleicht vermuten könnte, eine indische Gottheit, sondern, wie uns der Eigner erklärte, es waren die Anfangsbuchstaben des Satzes „Segeln ist vorerst Arbeit!" Das Boot war acht Meter lang, hatte einen Tiefgang von 1,10 m, 30 qm Segelfläche, vier Kojen, eine kleine Kombüse und besaß einen eingebauten Wartburg-Zwei-Takt-Motor ohne Wendegetriebe. Beim Anlegen musste man demzufolge zeitig auf „Stop" gehen, um die Fahrt aus dem Boot zu bekommen.

Alles in allem eine schöne handliche kleine Yacht, geeignet für die Küstenfahrt. An einem Wochenende brachte der Eigner mit seiner Frau das Boot über die Kanäle und Seen von Neuruppin zur Müritz und wir übernahmen es im Yachthafen des Segelvereins Rechlin. Gemeinsam stellten wir den langen Holzmast auf. Ich ließ mich in die Besonderheiten der Yacht einweisen. Dann wurde Familie S. von

Die 30-m²-Stahlkreuzeryacht SIVA am Steg des Segelvereins Röbel/
Müritz

Freunden mit dem Auto abgeholt. Am nächsten Tag setzten wir Segel
und verließen Rechlin mit Kurs Röbel. Vor uns lagen drei schöne
Segelwochen. Davon sollten auch meine beiden Söhne etwas haben.
Der ältere, Dirk, 19 Jahre, stand kurz vor dem Abitur und der jüngere, Hendrik, damals 13 Jahre, hatte noch keine Ferien. Daher konnten wir sie nur zum Wochenend-Segeln einladen. Am 20. Juni 1981,
sehr früh am Morgen, entstiegen beide am Bahnhof Waren-Müritz
dem D-Zug Rostock–Berlin. Jutta und ich holten sie mit unserem
Familien-Wartburg vom Bahnhof ab.

Die SIVA lag im Segelclub Röbel längsseits an einem Steg. Während Jutta ihre in der Röbeler Kaufhalle getätigten Provianteinkäufe
an Deck stellte, um sie dann für die schnelle Zubereitung eines Früh-
stücks zu verwenden, nutzte ich die Gelegenheit, noch auf dem Steg
meine beiden Jungen in das Verhalten an Bord einer gecharterten
Yacht einzuweisen. Punkt 1 war das Anbordgehen. Die SIVA besaß –
wie die meisten seegehenden Yachten – eine sogenannte See-Reling.
Sie bestand aus Relingstützen, die durch rostfreien Draht miteinander verbunden waren. Ich wies darauf hin, dass es beim Anbordgehen
bei einem längsseits des Stegs liegenden Boot zweckmäßig ist, die
See-Reling mit einem großen Schritt zu übersteigen, um dann, in-

Bei abnehmender Brise geht es langsam zurück in den Hafen von Röbel. Von rechts: Sohn Dirk, mittschiffs am Ruder Sohn Hendrik, links der Skipper

dem man sich am Großbaum festhielt, den nächsten Schritt in die Plicht hinein zu tun. Dabei kam es mir darauf an, deutlich zu machen, dass man sich möglichst nicht an den Relingstützen festhalten sollte und dass diese auch nicht dazu da sind, um das Boot dichter an den Steg heranzuziehen oder sich bei anderer Gelegenheit vom Dalben abzustoßen. Wenn man das tut, stehen sie bald nicht mehr so schön senkrecht wie die Zinnsoldaten, sondern verbiegen bald nach allen Seiten und die See-Reling kriegt das Aussehen eines vernachlässigten Gartenzauns. Ich wollte also den Jungs das richtige Anbordgehen vormachen, schwang mich vom Steg aus mit einem Bein über die Reling, setzte den Fuß ins Cockpit auf die Backskiste – es machte knacks und ich war in eine 12er-Packung mit frischen Eiern getreten. Ich hatte Mühe, nicht abzurutschen und suchte fluchend nach einem Halt. Die Jungs grinsten über mein Missgeschick, Dirk schwieg, aber Hendrik konnte es sich nicht verkneifen mich zu fragen: „Papa, willst du wirklich, dass wir sooo an Bord kommen?"

Jedenfalls war es der typische schiefgegangene Vorführeffekt. Da einige Eier heil geblieben waren, stand einem Frühstück nichts im Wege. Meine Bootsschuhe und die Backskiste wurden feucht abgewischt und der Schaden war beseitigt. Aber noch eine ganze Weile grübelte ich darüber nach: von wem hat der Junge nur diesen Hang zur Ironie?

Aber abgesehen davon wurden es zwei schöne Segeltage. Wir kreuzten ausgiebig auf der Müritz, beiden Jungs überließ ich das Ruder. Der Gerechtigkeit willen wurde alle Stunde ein Wachwechsel durchgeführt. Die Jungen waren begeistert und da sich herausstellte, dass die väterliche Autorität nicht nennenswert gelitten hatte, kamen wir überein, die Sache am nächsten Wochenende zu wiederholen. Da aber Dirk an jenem Wochenende nicht konnte, sprang unsere Tochter Anke, damals 17 Jahre, ein und wurde voll in den „Bord-Wach-Dienst" mit stündlicher Ablösung „eingegliedert". Sie zeigte sich genau so anstellig wie die Jungen. Es gelang mir, an diesem Wochenende irgendwelche negativen „Vorführeffekte" zu vermeiden.

Auf eigenem Kiel

Nach mancherlei Überlegungen und langem Suchen konnte ich im Sommer 1985 endlich ein eigenes, küstentaugliches Segelboot kaufen. Das auf dem Schweriner See beheimatete Boot, ein stählerner Kimm-Kiel-Kreuzer vom Typ Heinrichs 24, war 7,50 m lang, 2,40 breit und hatte einen Tiefgang von 0,85 cm. Es war 1972 auf einer Bootswerft in Wildau bei Berlin gebaut worden. Die Werft hatte zwölf stählerne Bootsrümpfe hergestellt, die für den Export nach Großbritannien gedacht waren. Dort in den Küstengewässern herrschen hohe Gezeitenunterschiede zwischen Ebbe und Flut, so dass ein Kimmkieler, d.h. eine Segelyacht mit zwei schräg nach unten stehenden Kielen, bei Ebbe mühelos auf den Grund aufsitzen kann ohne zu kentern. Bei eintretender Flut hebt sich das Boot vom Grund ab, schwimmt auf und kann weitergesegelt werden. Wie es hieß, haben die Engländer die Rümpfe aus irgendeinem Grunde nicht abgenommen, so dass sie nacheinander als Segelyachten fertiggebaut bzw. an einzelne Sportsfreunde abgegeben wurden, die den Rumpf selbst ausbauten und so relativ preisgünstig zu einem Küstenkreuzer kamen. Ab Werft kostete damals das komplett fertiggestellte Boot segelklar 30000 Ostmark. Der Verkäufer des Bootes, ein Schweriner Sportsfreund, der das Geld brauchte, um sich mit einer kleinen Siebdruckerei selbständig zu machen, akzeptierte die Bezahlung des Kaufpreises in drei Raten.

Der Autor an Bord seines stählernen Kimmkielers SEA ROVER auslaufend aus Lauterbach

257

Wir vereinbarten, dass ich das Boot im September 1985, nach Zahlung der zweiten Rate, übernehmen konnte. Die Überführung an die Küste geschah mit der Eisenbahn. Zwischenzeitlich war ich Mitglied der Sektion Segeln in der Betriebssportgemeinschaft Motor Barth geworden (heute Barther Segelverein e.V.). Dieser Standort war für uns sehr günstig, denn vom Wohnort Rostock aus zu segeln hätte die Notwendigkeit bedeutet, einen sogenannten Erlaubnisschein PM 18 beantragen zu müssen, um damit auf See innerhalb der 3-Meilen-Zone die Küste längs segeln zu dürfen. Als Inhaber eines gültigen Seefahrtsbuches hätte ich den Schein vielleicht bekommen, aber Jutta mit ihrer weitverzweigten Westverwandtschaft, zu der auch ein Bruder gehörte, der die DDR – wie es damals hieß – ungesetzlich verlassen hatte und als Physikprofessor in Brasilien arbeitete, für sie wäre wohl ein solcher Antrag aussichtslos gewesen. Von Barth aber hatte man das ganze Segelrevier der sogenannten inneren Seegewässer der DDR von Ribnitz-Damgarten über den Greifswalder Bodden bis nach Ueckermünde zur Verfügung. Noch heute bin ich der Sportgemeinschaft dankbar, dass sie mich damals aufnahm und mir einen Liegeplatz zur Verfügung stellte, obgleich ich kein Barther war.

Segelyachten mit Kimmkielen sind äußerst praktisch für flache Gewässer wie Haff und Bodden. Da, wo Kielyachten mit ihren tiefen Kielen auf das betonnte Fahrwasser angewiesen sind, sind einem Kimmkieler so mancherlei Abkürzungen außerhalb des Fahrwassers möglich. Und wenn man mal „aufbrummt", so kann man – vorausgesetzt, dass das Wasser nicht zu kalt ist – aussteigen und das Boot von der Untiefe herunterschieben. Wie ich aber bald lernen sollte, hat das Segeln mit einem Kimmkieler seine Besonderheiten. Wegen der im Wasser unvermeidlichen Reibungsverluste sind Kimmkieler im Allgemeinen etwas langsamer als Yachten mit nur einem Kiel. Außerdem sind alle Stahlyachten unter zehn Meter Länge konstruktiv bedingt etwas schwerer als gleichlange Segelboote aus Holz oder Kunststoff. Es kommt immer auf den Zweck an, für den eine Yacht konstruiert ist. Das Ergebnis einer Boots- oder Schiffskonstruktion ist stets eine Summe von Kompromissen.

Im Verlaufe unseres Urlaubes waren wir am 23. Juli 1986 in den kleinen Seglerhafen von Ralswiek eingelaufen. Wegen Dauerregens konnten wir nicht viel unternehmen und so beschlossen wir, am 25.

nach Hiddensee zu versegeln. Das Wetter war nicht sehr verlockend. Das Barometer zeigte 995 Millibar, der Wind wehte böig aus Südwest mit Stärke fünf bis sechs, der Himmel war zu neun Zehnteln bewölkt, zeitweise gab es Sprühregen. Aus diesem Grund hatten wir das Großsegel gerefft (in der Fläche verkleinert) und die normale Fock gesetzt. Nach dem Mittagessen hatten wir Ralswiek verlassen, um etwa bei nordnordöstlichem Kurs zügig über den Jasmunder Bodden hinwegzukommen. Wir machten eine rauschende Fahrt. Aber auf dem Breeger Bodden, auf dem das ausgetonnte schmale Fahrwasser annähernd in Ostwestrichtung verläuft, hatten wir den Wind beinahe von vorn und mussten uns mit kurzen Kreuzschlägen den Weg nach Westen, Richtung Hiddensee, mühsam erkämpfen. Wir hatten nicht nur den Wind von vorne, sondern auch die Wellen und die Strömung gegen uns. Dabei war jeder Kreuzschlag kaum länger als 40 Meter durchzuhalten. Dann musste die nächste Wende erfolgen. Besonders Jutta hatte mit der Fock heftig zu kämpfen, um sie nach der Wende schnellstens wieder durchzusetzen, da ich sonst hätte zu sehr abfallen müssen. Ich konnte ihr kaum helfen, denn ich musste ständig die Fahrwassertonnen im Auge haben, da wir nicht riskieren durften, aus dem Fahrwasser herauszulaufen. Es war eine mühevolle und anstrengende Geschichte und wir quälten uns den ganzen Nachmittag ab, um Schlag für Schlag nach Westen Raum zu gewinnen.

Es erwischte uns dann beim Tonnenpaar 28 und 29 an der Südseite des Fahrwassers. Eine Wende klappte nicht, das Boot ging mit der langsamen Fahrt, die wir in dem Moment drauf hatten, in der steilen Welle nicht durch den Wind, fiel zurück auf den Kurs, der uns aus dem Fahrwasser herausführte. Ich versuchte noch einmal, Fahrt aufzunehmen und die Wende zu wiederholen, aber ein sanfter Ruck ging durch das Boot und wir saßen mit einem Kimmkiel auf relativ weichem Sandgrund fest mit einer Schlagseite von etwa 20 Grad. Nun war guter Rat teuer. Ich versuchte alles Mögliche, um das Boot wieder frei zu bekommen, benutzte den Staken, fierte das Großsegel auf, bemühte mich, das Großsegel herunterzubekommen, was aber nicht gelang. Mehrere Motorboote kamen in der Zwischenzeit vorbei, nahmen jedoch von meiner Lage keine sonderliche Kenntnis und ich mochte sie auch nicht heranwinken und um Hilfe bitten. Schließlich saß ich einigermaßen ratlos im Cockpit, aber zu meiner Verblüffung blieb Jutta völlig – wie man heute sagen würde – „cool". Sie sah mich an und sagte: „Weißt du was, wenn wir schon hier festsitzen und nicht weiterkommen, dann werden wir erstmal Kaffee trinken!" Sie verschwand in der Kajüte, goss uns aus einer Thermoskanne eine kräftige Muck Kaffee ein, drückte mir ein großes Stück Napfkuchen in die Hand und so saßen wir einträchtig auf der Luvseite in der Plicht – in der einen Hand eine Tasse, in der anderen Kuchen.

Die Besatzungen von zwei nach und nach vorbeikommenden Motorbooten müssen sich ganz schön gewundert haben als sie uns da so scheinbar seelenruhig Kaffee trinken sahen mit erheblicher Schräglage. Ein im flachen Wasser festgekommenes Boot mit flatternden Segeln und zwei Typen im Cockpit, die den Eindruck hervorriefen, als ginge sie das alles gar nichts an.

Wir konnten die Stärkung allerdings gut gebrauchen. Mit neuem Elan versuchte ich, das Boot wieder in Fahrt zu bringen. Ich gab kräftig Lose in die Großschot, drückte den Baum noch ein wenig weiter nach Lee und merkte, dass das Boot anfing, sich aufzurichten. So warf ich auch schnell die Fockschot los und mit wild flatternden Segeln, aber ohne irgendwelchen Druck im Segel, richtete sich das Boot auf und fing an, nach Lee allmählich zu vertreiben. Ein Blick ins Wasser sagte mir, wir schwammen wieder frei. Vorsichtig nahm ich das Großsegel dichter, jede Krängung sorgfältig vermeidend. Das Boot nahm Fahrt auf. Es gelang mir, es mit vorsichtig durchgeholter Fockschot allmählich in Fahrt voraus zu bringen und nach wenigen Metern waren wir wieder im Fahrwasser. Wir nahmen die Segel dicht und das weitere Aufkreuzen im Fahrwasser Richtung Hiddensee nahm seinen mühsamen Fortgang. Es dauerte bis 18.50 Uhr, dann waren wir fest am Seglersteg im Hafen von Vitte auf Hiddensee. Erst nach dem Festmachen hatte ich Zeit, darüber nachzudenken, wieso wir plötzlich vom Grund freigekommen waren. Aber dann wurde mir Folgendes klar: Auf der Seite liegend, zeigt der eine Kimmkiel fast senkrecht nach unten, während der andere sozusagen zur Luvseite zeigt. Wenn das Boot sich nun aufrichtet, verringert sich gewissermaßen der Tiefgang und wenn man mit dem einen Kiel nicht allzu tief in den Sand hineingebuddelt ist, erfolgt tatsächlich ein Aufschwimmen des Kimmkielers und man kommt wieder frei. In diesem Fall hatte der Kreuzer sich sozusagen selbst vom Grund befreit und mir eine

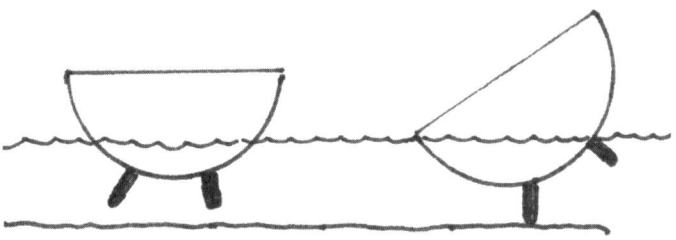

Nach einer Grundberührung bei Schräglage schwimmt der Kimmkieler auf, wenn das Boot aufgerichtet wird.

wichtige Lehre erteilt. Ich bin in den folgenden Jahren noch einige Male kurzzeitig auf Grund gekommen, aber glücklicherweise immer mit einer gewissen Neigung. Ich brauchte dann nur Lose in die Segel zu geben, damit sich das Boot aufrichtet und wir waren frei vom Grund und konnten Fahrt aufnehmen. Manöver dieser Art klappen aber nur, wenn man beim Kreuzen auf Grund gerät. Wenn man z.B., wie es mir während einer Regatta auf dem Barther Bodden passierte, auf ebenem Kiel mit Großsegel und Spinnaker in rauschender Fahrt auf eine flache Stelle auffährt, dann ist das anders. Unser Vorsitzender sah von Land aus meine vergeblichen Bemühungen, wieder frei zu kommen und eilte mit seinem Motorboot zu Hilfe. Es dauerte eine ganze Weile, bis er mich mit seiner starken Maschinenkraft von der Untiefe freigeschleppt bekam. Auf diese Weise wurde ich „letztes Boot der Wettfahrt" und bekam bei der Preisverteilung einen aufziehbaren Wecker geschenkt, am Band mit einer entsprechenden Aufschrift. Es gelang mir, bei der Entgegennahme des Preises Haltung zu bewahren und in das allgemeine Lachen einzustimmen eingedenk des alten Spruches „Wer den Schaden hat …"

Motorstop im Nord-Ostsee-Kanal

Seit dem 1. Januar 1989 als freier Journalist auf den Gebieten Schifffahrt, Marinewesen und Segelsport tätig, hatte ich nach der deutschen Währungsunion am 30. Juni 1990 große Mühe, mich beruflich unter den neuen Bedingungen der Marktwirtschaft zu behaupten. Meine bisherigen Autoren- und Moderatorenverträge beim Rundfunk und beim DDR-Fernsehen liefen aus. Die westdeutsche Fachpresse war in festen Händen und Autoren aus den neuen Bundesländern hatten es zunächst schwer, da sie in den Redaktionen nicht sehr bekannt waren. Es gelang mir schließlich bei einigen in Rostock tätigen Umschulungsunternehmen als Dozent für Kommunikation, Rhetorik und ähnliche Themen beschäftigt zu werden. Von unserem Kimmkieler, der übrigens SEA ROVER hieß, nun aber in erster Linie ein Zeit- und Kostenfaktor geworden war, musste ich mich leider trotzdem trennen. Ich konnte einfach nicht die Zeit aufbringen für die notwendigen Reparatur- und Überholungsarbeiten und unter den damaligen Umständen war es mir auch nicht möglich, einen neuen Außenbordmotor anzuschaffen. Der alte noch aus DDR-Zeiten stammende Motor vom Typ Forelle war inzwischen schrottreif geworden. Ich verkaufte das Boot an unseren Freund Peter, Inhaber eines Hamburger Ingenieurbüros. Beruflich war er gut beschäftigt und außerdem ein Mann mit beneidenswerten handwerklichen Fähigkeiten. Peter konnte einfach alles. Er konnte schweißen und brennen, er beherrschte alle Metallarbeiten, als Dipl.-Ing. für Elektrotechnik war ihm die Bootselektrik natürlich kein Geheimnis, außerdem konnte er phantastisch tischlern und um das Bild abzurunden, wusste er alles über Computer, ihre praktische Anwendung und Installation. Bisher hatte er gesurft. Nun wollte er zum Fahrtensegeln übergehen. Er brachte das Boot während des nächsten Winters wieder in Schuss, besorgte sich einen neuen Motor samt Zusatztank und Handschaltung. Aber als er im Frühjahr segeln wollte, erhielt er einen sehr lukrativen Auftrag, der ihn für mehrere Monate in die USA führte. Er bat uns deswegen, von Zeit zu Zeit nach dem Rechten zu sehen. Im Übrigen könnten wir das Boot in unserem Jahresurlaub auf einer Tour in die dänische Südsee nutzen. Davon machten wir gern Gebrauch. Zu Beginn des Urlaubs war das Boot zunächst von Hamburg durch den Nord-Ostsee-Kanal in die Ostsee zu überführen. Bei schönstem Wetter segelten wir elbabwärts, gingen in Brunsbüttel durch die Schleuse und lagen über Nacht im Yachthafen Brunsbüttel. Am nächsten Tag setzen wir mit dem Motor die Fahrt durch den NOK fort.

Auf Empfehlung von Peter hatte ich den Zusatztank voll aufgefüllt und auf seinen ausdrücklichen Wunsch hin ließ ich die Maschine mit voller Drehzahl laufen. Stunde um Stunde zogen wir bei schönstem Frühsommerwetter ostwärts durch den Kanal, achteten auf die großen Frachter, die uns entgegenkamen bzw. überholten, denn wir liefen nur 4,5 Knoten. Jutta staunte, wie dicht man als eine kleine Yacht den großen Schiffen im Kanal begegnet. Draußen auf See würde man es nicht wagen, so nahe an Seeschiffe heranzufahren. Plötzlich, mitten im Kanal, fing der Motor einige Male an mit der Drehzahl herunterzugehen, spuckte und knatterte ein wenig und dann ging er aus. Das war nun fatal. Unsere Segel waren zwar klar zum Heißen, aber gemäß Kanalordnung ist das Segeln im Kanal eben wegen der dichten Annäherung an die Berufsschifffahrt verboten. Nach einer Minute stand das Boot und wir trieben in der schwachen Brise in etwa zehn Meter Abstand vom Kanalufer steuerlos durch die Gegend. Zunächst kontrollierte ich den Zusatztank und siehe da, er war leer. Blitzartig wurde mir klar, dass der Motor angetrieben mit der hohen Drehzahl natürlich auch den entsprechenden Spritverbrauch zur Folge hatte. Also füllte ich ihn auf. Dann wollte ich den Motor wieder starten, aber es rührte sich nichts. Glücklicherweise war uns in einem Abstand von etwa 800 Metern eine andere Yacht gefolgt, ebenfalls mit Kurs auf Kiel, und als sie näher kam, winkte ich ihr zu, der Skipper kam dicht vorbei, stoppte seine Maschine. Ich erklärte ihm mein Missgeschick und bat ihn, uns zunächst abzuschleppen. Ich hatte die Schleppleine schon klargemacht. Er war einverstanden, ich übergab die Leine und wir setzten im Schlepp der anderen Yacht unsere Fahrt durch den Kanal fort. Ich saß am Ruder und haderte mit meinem Schicksal. Ich konnte nicht begreifen, weshalb der Motor, der bis eben noch tadellos gelaufen war, nicht anspringen wollte, obgleich der Tank wieder voll gefüllt war. Das beschäftigte mich eine ganze

Weile und nach etwa einer halben Stunde fiel mein Blick auf den Handschalter. Der stand immer noch auf voraus. Gemäß Betriebsanleitung sollte man ihn eigentlich nur bei laufendem Motor bedienen. Aber ich riskierte es nun doch und stellte den Hebel auf Leerlauf. Dann übergab ich Jutta das Ruder mit der Anweisung, genau in der Kiellinie unseres Vordermannes zu steuern, griff zur Reißleine, zog den Schock, betätigte den Drehgriff und riss den Motor wieder an. Beim zweiten Reißen sprang er tatsächlich an, schnell drückte ich den Schock wieder rein und ließ den Motor einige Minuten laufen. Zu meiner großen Erleichterung lief er einwandfrei und nachdem er wieder richtig warm geworden war, legte ich den Schalthebel auf voraus und gab etwas Gas. Der Propeller arbeitete und ich war wieder voll motorisiert und manövrierfähig. Ich ließ Jutta am Ruder, ging aufs Vorschiff, winkte unserem freundlichen Vordermann zu und gab ihm zu verstehen, dass er die Schleppleine wieder loswerfen könnte. Das tat er, ich holte die Leine schnellstens wieder an Deck, rief noch einige Dankesworte, dann ging er wieder auf volle Pulle und wir konnten mit eigener Kraft die Fahrt nach Kiel-Holtenau fortsetzen. Jedenfalls hatte ich meine Lektion gelernt und im weiteren Verlaufe unseres Segelurlaubs in der dänischen Südsee kam ich mit dem Motor ohne besondere Ereignisse zurecht.

Als Charteryacht-Skipper

Anfang der 1990er Jahre war ich auch mal als Charteryacht-Skipper tätig. Und das kam so: Im Laufe des Jahres 1991 hatte die in Köln ansässige Unternehmensberaterfirma Software-Union in den neuen Bundesländern Zweigstellen errichtet, so auch in Berlin, Leipzig und Rostock. Zum neuen Personal dieser Geschäftsstellen gehörten auch einige ehemalige Offiziere der Volksmarine, die nach ihrer Entlassung aus dem Dienst eine Manager-Umschulung, auch auf dem Gebiet der EDV, durch die bekannte Umschulungsfirma Tannheim erhalten hatten. An der Spitze der Rostocker Vertretung standen die Gebrüder Michael und Herbert F.

In Übereinstimmung mit der Firmen-Philosophie hatte man zum Jahresende 1991 beschlossen, dass die Firma im Sommer 1992 drei Segelyachten chartern wollte, um in der westlichen Ostsee eine einwöchige Rundreise zu machen. Ziel war die seglerische Erholung, Förderung des Teamgeistes, näheres Kennenlernen aller Teilnehmer und Stärkung des Gemeinschaftsgefühls. Bei der näheren Organisation dieser drei Yachten-Reise stellte sich heraus, dass aus den eigenen Reihen nur zwei Skipper gestellt werden konnten. Da mich die Brüder kannten, fragten sie an, ob ich Zeit hätte, eine Woche als Skipper einer Segelyacht vom Typ Bavaria 38 auszuhelfen. Ich sagte gerne zu. Die Boote wurden in Rostock-Marienehe gechartert. Wir machten eine schöne Reise auf der Route Rostock, Darßer Ort Hafen, Saßnitz, Klintholm, Guldborg, Gedser und zurück nach Rostock. Für mich war es interessant, dass sich sehr schnell zeigte, dass die seglerischen Leistungen der beiden Boote mit einer Crew aus den neuen Bundesländern gegenüber dem dritten Boot mit einer Crew aus den alten keineswegs nachteilig abschnitt. Auch auf den längeren Seetörns zwischen zwei Häfen blieb keine der Yachten zurück, sondern wir erreichten alle unseren für den Abend vereinbarten Bestimmungshafen im Abstand von wenigen Minuten. Für mich war es besonders spannend, Erfahrungen in der Führung einer solchen großen modernen, mit allen technischen Raffinessen ausgerüsteten Yacht zu gewinnen. Für den Segelsommer 1993 wurde eine gleiche Aktion beschlossen.

Wieder wurde ich von der annähernd gleich starken Crew (sechs Personen) als Skipper einer 42-Fuß-Yacht angeheuert. Die Routenführung war: Rostock, Lemkenhafen auf Fehmarn, Kiel/Olympiahafen, Dyvig auf der Insel Alsen, Aeroköping auf der Insel Aero, Bagenkop auf Langeland und schließlich wieder Warnemünde. Jedenfalls war das die geplante Route. Für das von mir geführte Boot kam es etwas anders. Wie üblich hatte ich bei der Übernahme in Warnemünde den an Bord vorhandenen Seekartenbestand geprüft. Ich fand, dass für die Routenführung ausreichend Kartenmaterial einschließlich Handbücher und Verzeichnisse an Bord waren. Leider war mir nicht aufgefallen, dass sich an einer Stelle die Kartenausschnitte nicht überlappten, so dass ausgerechnet für die Ansteuerung des Hafens Aeroköping auf der Insel Aero nur eine Seekarte im wesentlich größeren Maßstab vorhanden war, die keine Einzelheiten enthielt. Alles Weitere ging dann auch prompt nach dem alten Spruch: Was schiefgehen kann, das geht auch schief.

Wir waren mit allen drei Booten planmäßig früh am Morgen aus Dyvig ausgelaufen, bei schwachem Wind nördlich um die Insel Alsen herumgekreuzt, liefen dann auf Südostkurs bei mäßiger Brise Richtung Aerö. Zweimal waren wir in einem Flautenloch hängengeblieben, so dass die andern beiden Yachten nach und nach erheblichen Vorsprung gewannen. Langsam wurde es dämmerig und wir hatten den Hafen von Soby gerade eben Steuerbord querab. Eine schonergetakelte Traditionsyacht war im Begriff, in den Hafen einzusteuern und ich spielte mit dem Gedanken, es ihr gleichzutun, denn bis Aeroköbing war es noch ein ganzes Ende. Ich verwarf diesen Gedanken aber. Mein Ehrgeiz war es, keinesfalls hinter den anderen beiden Booten zurückzustehen und den Bestimmungshafen am Abend noch zu erreichen.

Als wir in der Ansteuerung von Aeroköbing standen, war es mittlerweile stockdunkel. Irgendwelche Tonnen waren nicht mehr zu erkennen. Nur im Hintergrund leuchteten einige trübe Lichter etwa dort, wo der Hafen sein musste. Mit eingeschaltetem Echolot und unter Ausnutzung des Yacht-Radars tasteten wir uns langsam in die Einfahrt hinein. Nun wäre eine Spezialkarte äußerst nützlich gewesen, aber sie war nicht an Bord. Schließlich bemerkte ich mit einem Blick zurück, dass die Abendfähre aus Svendborg im Begriff war, ebenfalls in das Fahrwasser einzusteuern. Ich beschloss, mich hintenan zu hängen, ging zunächst auf Gegenkurs, ließ die Fähre vorbeilaufen, drehte hinter ihr wieder auf Gegenkurs und steuerte in ihr Kielwasser ein. Im Abstand von 50 Metern liefen wir nun hinter der Fähre her. Plötzlich aber geschah Folgendes: Nicht weit entfernt von ihrem Fährbecken ging die Fähre plötzlich auf Stopp, drehte nahezu auf der Stelle auf Gegenkurs, um dann rückwärts fahrend vorsichtig in ihr Fährbecken hineinzusteuern. Während des Drehmanövers mussten wir natürlich wieder etwas Abstand gewinnen, um die Fähre nicht zu behindern. Als sie schließlich in ihrem Hafenbecken fest lag, konnte ich nicht erkennen, auf welcher Seite die Einfahrt in den alten Hafen, also in den Hafen für die Berufsschifffahrt war, oder wo sich die Abzweigung zum Ansteuern des Yachthafens, der Marina, befand. Ich hatte lediglich einen nur mit einer weißen Laterne beleuchteten aus drei Pfählen bestehenden Dalben erkannt. Aber ohne Spezialkarte wusste ich nicht, wie ich den Dalben passieren sollte. Ich entschloss mich für eine Steuerbordpassage und drehte das Boot mit ganz langsamer Fahrt in Richtung der von mir vermuteten Einfahrt. Nach wenigen Metern blieb das Boot stehen. Wir waren auf Grund gelaufen. Es wehte nur eine mäßige Brise, die Wellen waren nicht nennenswert und so gelang es uns, mit der Maschine auf „voll zurück" nach wenigen Augenblicken wieder freizukommen. Nunmehr entschloss ich mich, auf das Einlaufen bei Dunkelheit zu verzichten, drehte wieder auf Auslaufkurs und lief nach einer guten halben Stunde um die nördlich von Aerököbing liegende Landzunge herum in die Bucht von Revkrog. Dort gingen wir hundert Meter vom Strand entfernt auf drei Meter Wassertiefe vor Anker. Unsere Freunde auf den anderen Booten hatten unser Manöver beobachtet, konnten sich aber zunächst nicht erklären, warum ich den Spuren der einlaufenden Fähre nicht gefolgt war. Über UKW verständigten wir uns, dass wir auf das Einlaufen endgültig verzichten und uns am nächsten Abend in Bagenkop wieder zusammenfinden würden. Das geschah auch so und die weitere Heimreise der drei Yachten nach Warnemünde verlief ohne besondere Ereignisse. Da wir unsere Grundberührung auf weichem Sand hatten, rechnete ich mit keinerlei Folgen, machte aber beim Einlaufen in Warnemünde dem Vertreter des Vercharterers gegenüber eine entsprechende Bemerkung und gab einen ordnungsgemäß gefertigten Bericht über diese Grundberührung ab. Obgleich der Taucher keinerlei Schäden am Kiel der Yacht feststellen konnte, nahm die Charterfirma dies doch zum Anlass, die vorher von der Besatzung eingezahlte Kaution nicht zurückzuzahlen mit der Begründung, dass ein Schaden eingetreten sei, der durch eine Werft hätte beseitigt werden müssen. Da ich nicht der Charterer war, hatte ich gegenüber dem Vercharterer keinerlei Einspruchsmöglichkeit. Wir teilten also den Schaden unter uns sechs Crewmitgliedern auf und ließen die Sache auf sich beruhen.

Für mich zog ich folgende Lehren:

1. Niemals einen Hafen anlaufen, für den man keine genaue Seekarte an Bord hat.

2. Niemals einen nicht genügend ausgetonnten Hafen, den man nicht kennt, bei völliger Dunkelheit anlaufen.

3. Sicherheit geht vor Erreichen des Tagesziels.

4. Zur Klärung eines angeblichen Schadens immer einen unabhängigen Gutachter hinzuziehen.

5. Eine Haftpflichtversicherung beruhigt sehr.

Daran habe ich mich bis heute gehalten.

Kapitänsmarotten

Auch in der Deutschen Seereederei kreisen viele Anekdoten um bestimmte Kapitäne und ihre herausragenden Marotten. Gemeint sind bestimmte Eigenheiten oder Vorlieben, nicht immer verstanden von ihrer Umwelt. Natürlich bekamen zuerst die Offiziere die Marotten ihres Herrn und Meisters mit. Das konnte nicht anders sein, waren doch die Offiziere dem Kapitän näher als die Seeleute vom Bootsmann oder Storekeeper abwärts. Die Herkunft oder die Begründung für solche Eigenheiten blieb manchmal verborgen. Jedenfalls gab es nur selten Erklärungen dafür. Manchmal schob man es auf verborgene Komplexe, der eine oder andere Schiffsarzt glaubte, das Ganze unter dem Begriff Neurose einordnen zu müssen, wieder andere sahen in einer Kapitänsmarotte nichts weiter als den Ausdruck einer gewissen Langeweile oder auch Selbstgerechtigkeit bzw. Eigensinn. Wenn beispielsweise ein Kapitän unwirsch wurde, weil jemand auf der Kommandobrücke pfiff und in die übliche Kritik mit den Worten ausbrach: „Merken Sie sich, an Bord eines Schiffes pfeift nur der Bootsmann oder der Wind!", so konnte dies auch ein Anzeichen für verborgenen Aberglauben sein. Fest steht jedenfalls für mich: Die Stellung eines Kapitäns ist auch in der modernen Seefahrt juristisch immer noch die eines „Masters next God", also eines Herren nach Gott. Das hängt mit den großen Vollmachten und der weitreichenden Verantwortlichkeit des Kapitäns zusammen. Vor etwa 100 Jahren, als die Schiffe noch nicht mit Funkanlagen ausgerüstet waren, war der Kapitän nach dem Verlassen des Heimathafens für den Rest der Reise völlig auf sich allein gestellt. Anweisungen, Ratschläge, Befehle, Instruktionen oder Wünsche des Reeders konnten ihn frühestens im Bestimmungshafen erreichen und das auch nur dann, wenn es eine überseeische Kabelverbindung dahin gab. Er hatte grundsätzlich allein zu entscheiden und allein zu verantworten. Heute genügt ein Tastendruck und er kann von jedem Punkt des Erdballs mit seiner Reederei ein Telefongespräch führen. Aber die Erfahrung hat schon manchen Kapitän gelehrt, dass man von diesen Möglichkeiten nur sehr sparsam Gebrauch machen sollte. 10000 Seemeilen entfernt in einem ruhigen Chefsessel sehen die Dinge anderes aus als in der harten Praxis des Lebens an Bord unter den schwierigen Umständen, unter denen Kapitäne und Besatzung heutzutage zur See fahren. Und im Ausland kommen die Hafenbehörden aller Art immer zuerst auf den Kapitän zurück. Ihn und seine Besatzung treffen eventuelle Sanktionen zuerst. Der Sitz der Reederei ist weit entfernt. Sicher kann der Kapitän sich auch Rat holen vom I. Offizier, vom Leitenden Ingenieur oder gegebenenfalls auch vom Schiffsarzt oder vom Zahlmeister. Aber die letzte Entscheidung bleibt immer bei ihm und damit die Verantwortung. Abgesehen davon, wenn der Kapitän ein deutscher Staatsbürger ist, der I. Offizier aus Litauen stammt, der Leitende Ingenieur aus Polen, die Kombüsengang aus Malaysia und die Decksbesatzung von den Kiribati-Inseln, dann ist das mit den Ratschlägen der engsten Mitarbeiter so eine Sache.

Die meisten Kapitänsmarotten sind im Übrigen harmlos. Hierzu einige Beispiele aus der Geschichte der Deutschen Seereederei. Da gab es den Kapitän, der seine ganze Liebe und Aufmerksamkeit den Fischen in seinem Aquarium schenkte. Er war stolz darauf, dass sie vortrefflich gediehen, sorgte für regelmäßige und ausreichende Fütterung, artgerechte Wassertemperatur und Sauberkeit des Wassers. Dieses Hobby konnte er wenigstens allein betreiben. Ein Kapitän, der ein leidenschaftlicher Skatspieler war, brauchte natürlich Mitspieler. Auf einem Massengutschiff unter Führung von Kapitän T. gehörten regelmäßig der I. Offizier und der Leitende Ingenieur zur Skatrunde des Kapitäns. Dass nicht nur gespielt, sondern auch diskutiert wurde, machte Durst und so kam dabei der Alkohol zu seinem Recht. Als der Präsident der Volkskammer der DDR mal eine Reise mitfuhr, konnte der I. Offizier vom Skatspielen befreit werden, der Volkskammerpräsident war als leidenschaftlicher Skatspieler bekannt und so freute sich die Reederei, dass er an Bord gleich die richtigen Partner fand. Kapitän Queisser vom Fracht- und Lehrschiff HEINRICH HEINE hingegen saß, wenn man seine Kammer betrat, gerufen oder ungerufen, ganz egal, immer am Schreibtisch und schrieb. Indessen ist nie bekannt geworden, was er eigentlich zu Papier brachte. Tagebücher, Memoranden oder Dienstanweisungen? – Ein Ergebnis dieser Beschäftigung trat nicht zu Tage. Kapitän M., der ebenfalls auf der HEINRICH HEINE fuhr, war einige Jahre früher schon, noch als

Nicht nur im Ruderhaus eines Fracht- und Lehrschiffes gab es reichlich Gelegenheit, das Messingputzen zu üben. Hier ein Matrosenlehrling am Ruder beim Steuern nach Kompass

I. Offizier dieses Schiffes, bekannt unter dem Spitznamen „Messing-M". Das kam daher, dass er besonderen Wert darauf legte, dass alle Messingbeschläge, Armaturen und alles, was sonst aus Messing hergestellt war, auf der Kommandobrücke, aber auch an Deck stets blank

271

geputzt zu sein hatte. Wenn dies nicht so war, gab es kritische Bemerkungen für den I. Offizier. Als Kapitän der HEINRICH HEINE entwickelte er ein besonderes Interesse für die Ausstattung des Offizier-Clubraumes und der dazugehörigen Bar. Abgesehen davon, dass dort tatsächlich auch interessante Veranstaltungen stattfanden, legte Kapitän M. Wert darauf, dass die Bar ein gewisses internationales Flair bekam. So ging er persönlich durch die Kammern und Wohnräume der Besatzung und schaute, wo beispielsweise ein Aschenbecher mit einer internationalen Werbeaufschrift vorhanden war, ganz egal ob in Deutsch oder Englisch, Hauptsache der Aschenbecher warb für Becks-Bier, Hempels Farben, die Zigarettenmarke HB oder Black-and-White-Whisky. Es gelang ihm fast immer, dem Eigentümer des Prunkstücks dessen Besitztum „abzuschnacken", denn wer verweigert einem Kapitän schon diesen kleinen Gefallen, und so konnte er glücklich seine Beute in die Bar tragen. Alles, was Werbeaufdrucke trug, fand sich nach und nach dort an. Das galt auch für Plakate, Vasen, Gläser, Wandkalender und die Ganzkörper-Portraits sparsam bekleideter Damen. In London sah Kapitän M. eine Möglichkeit, der Bar noch ein Glanzlicht aufzusetzen. Er drückte mir einige Englische Pfunde in die Hand und wies mich an, dafür im Schiffsausrüster-Geschäft, in dem man auch Reederei-Uniformenteile englischer Schifffahrtsbetriebe verkaufte, geflochtene Schulterstücke, Fangschnüre und gestickte Effekten für Mützen zu kaufen. Diese Dinge musste sich zukünftig der 1. Steward, der abends Dienst in der Bar hatte, auf seine weiße Barkeeper-Jacke montieren. Er wirkte dann wie der Chef-Adjutant des Maharadschas von Lahore.

Wer die Fernsehserie „Traumschiff" regelmäßig sieht, muss den Eindruck gewinnen, dass der Kapitän eines Kreuzfahrtschiffes nichts weiter zu tun hat, als den lieben langen Tag charmant zu plaudern und elegant auszusehen, weil der ganze Dienstbetrieb quasi von allein läuft. Dass es noch Offiziere gibt, die z.B. auf der Kommandobrücke Dienst tun und dafür sorgen, dass das Schiff sicher geführt wird und dass es einen großen Bereich Maschine gibt, wo hochqualifizierte Ingenieure und ein ganzer Stab von Technikern dafür sorgen, dass die Propeller sich drehen und immer heißes Wasser und elektrischer Strom vorhanden sind, wird selbst in guten Reportagen selten erwähnt. Darüber habe ich schon so manchen bitteren Kommentar aus

Kapitän Heinz Bräunig am Kopfende der Kaffeetafel im Kreise von Besatzungsangehörigen, Gästen und ihren Ehefrauen in den Gesellschaftsräumen der FRITZ HECKERT

diesen Berufsgruppen gehört. Selbstverständlich nimmt an Bord eines solchen Schiffes, alles, was mit Repräsentation zusammenhängt, im Aufgabenbereich des Kapitäns einen breiten Raum ein. Mitunter werden allerdings gewisse Nebenwirkungen vom Kapitän nicht gern in Kauf genommen. An Bord des DSR-Urlauberschiffes FRITZ HECKERT war beispielsweise Kapitän B. dafür bekannt, dass er ganz gerne im Salon erschien, mit den Gästen auch charmant zu plaudern wusste, dass er aber er nicht gerne tanzte. Und so amüsierten sich alle Stewardessen und die Musikkapelle, dass jedes Mal, wenn der Kapellmeister eine Damenwahl ankündigte, dem Kapitän einfiel, dass er auf der Kommandobrücke dringend zu tun hatte und eilenden Schrittes aus den Gesellschaftsräumen verschwand. Das genaue Gegenteil davon war Kapitän Hans-Albert Wachtel an Bord der VÖLKERFREUNDSCHAFT. Er tanzte nicht nur gut, sondern auch gerne und unterhielt dabei nicht selten die Damen mit kleinen Geschichten aus seiner langen Fahrenszeit. Er sprach natürlich gut Englisch, etwas Niederländisch und hatte sich schon in jungen Jahren norwegische, schwedische und dänische Sprachkenntnisse angeeignet. Mit Gästen aus dem Norden sprach er stets in einem Gemisch aus diesen drei Sprachen. Die Gäste lächelten gewöhnlich und meinten, der Ka-

273

Kapitän Artur Friedrich führte u.a. das Segelschulschiff WILHELM PIECK, das MS SCHWERIN und das Fracht- und Lehrschiff HEINRICH HEINE. Das Foto entstand an Bord des Segelschulschiffes WILHELM PIECK der Gesellschaft für Sport und Technik.

pitän spräche skandinavisch. Sie haben ihn aber immer verstanden. Wenn er zu später Stunde in der Verandabar seines Schiffes noch gut aufgelegt war und merkte, dass die Stimmung noch nicht abebbte, verschwand er kurz, kehrte mit der Gitarre unter dem Arm zurück und sang Seemannslieder, sich selbst auf der Gitarre begleitend. Die Passagiere fanden das amüsant und meinten immer: „Ja, so wie Herr Wachtel, so muss ein Kapitän sein!" Die Bar-Keeper lächelten still in sich hinein, wussten sie doch, dass an solchen Abenden der Umsatz und damit auch das Trinkgeld stieg.

Eine gänzlich anders strukturierte Persönlichkeit war Kapitän Artur Friedrich. Er führte einige Jahre die Schonerbrigg WILHELM PIECK, das Segelschulschiff der Gesellschaft für Sport und Technik. In der Deutschen Seereederei Rostock war er später Kapitän auf dem Fracht- und Lehrschiff HEINRICH HEINE und an Bord von Frachtern in der Mittelmeerfahrt. Wie alle Kapitäne, deren Laufbahn in den 1920er Jahren begonnen hatte, war er auf Segelschiffen gefahren und Offizier an Bord von deutschen Handelsschiffen in der Vorkriegszeit sowie im Krieg gewesen. Eine ausgereifte Persönlichkeit, der ideale Kapitän für Schulschiffe. Er kümmerte sich gern selbst um

Titelseite der DSR-Reedereizeitung vom September 1961: Kapitän Herbert Schickedanz erklärt an Bord des Fracht- und Lehrschiffes THEODOR KÖRNER einem zukünftigen Matrosenlehrling die Laufbahnmöglichkeiten.

die Ausbildung und war ein ausgesprochener Mann der Praxis. Natürlich sprach er Englisch, aber auch fließend Französisch, das er sich während des Krieges angeeignet hatte. Übrigens konnte er auch perfekt türkisch fluchen, wie Seeleute zu berichten wussten, die an Bord Zeuge davon waren, wie er von Deck aus türkische Stauer unten in der Luke in ihrer eigenen Landessprache anbrüllte, wenn sie verbotenerweise rauchten. Stellte er während eines Schiffsrundganges fest, dass aus irgendeiner Rohrleitung Flüssigkeit austrat, so schreckte er nicht davor zurück, einige Tropfen davon auf seine Hand zu nehmen und vorsichtig daran zu lecken. So konnte er sofort feststellen, ob es sich um Süßwasser, Seewasser, Dieselöl, Schweröl oder Hydrauliköl handelte. Gelegentlich soll er auch schon mal eine lecke Abwasserleitung auf diese Art und Weise erwischt haben …

Ein besonderer Fall unter den Marotten der Kapitäne waren die von Kapitän Herbert Schickedanz, dem langjährigen Kapitän der Fracht- und Lehrschiffe THEODOR KÖRNER und GEORG BÜCHNER. Zu dienstlichen Anlässen erschien er immer in vorgeschriebener Uniform, sei es blaue Uniform, sei es die Khaki-Garnitur oder in kubanischen Gewässern ganz in Weiß. Selbstverständlich trug

Karikatur auf Kapitän Herbert Schickedanz im Hinblick auf seine Vergangenheit als Leutnant zur See der Kriegsmarine und seine Fahrenszeit an Bord von Segelschiffen in den Vorkriegsjahren (Bildnis eines unbekannt gebliebenen Meisters)

er dann vorschriftsmäßig die Kapitänsmütze mit „Heiligenschein", also mit gesticktem Eichenlaub auf dem Mützenschirm und entweder blauem oder weißem Bezug. Aber bei kühlem Wetter erschien er an Deck entweder mit einem blauen Pudel auf dem Kopf oder mit einem weißen Pudel. Diese Kopfbedeckung war ihm angenehmer und beide Pudel, fürsorglich gestrickt von seiner Frau, lagen immer bereit auf dem sogenannten Leitungstätigkeitsbrett. Dies war ein extra von ihm angebrachtes Brett am Rande seines Schreibtisches, auf dem stets – wie berichtet wurde – sein Notizbuch lag. In den Augen seiner Kollegen und Besatzungsmitglieder hatte er noch eine zweite Marotte. Festgemacht an einem schwarzen Bändsel trug er in der linken Brusttasche außen stets ein sogenanntes Einglas, auch Monokel genannt. Wenn er Einzelheiten auf der Seekarte erkennen wollte oder – wie ich es selbst erlebt habe – während eines Kapitänstreffens in seiner Kabine, als er die Platte mit den Sandwiches daraufhin prüfte, ob er zulangen sollte oder nicht, dann klemmte er sich das Monokel ins Auge. Wir jüngeren Offiziere bzw. Kapitäne kannten dies natürlich und dachten immer, diese Marotten stammten noch aus seiner Zeit während des Krieges, als er, junger Leutnant zur See in der Kriegsmarine, Dienst als Transportoffizier in verschiedenen Häfen tat. Erst nach seinem Tode, als ich seine Familie um Angaben für eine Kurzbiografie bat, die ich in einem meiner Bücher verarbeiten wollte, erzählte man mir, dass er tatsächlich eine kleine Augenschwäche hatte und dieses Monokel benötigte. In diesem Punkt hatten wir also einen falschen Eindruck gewonnen. Diese kleinen Eigenheiten waren kein Hindernis dafür, dass es ihm immer gelang, die Zuneigung seiner Besatzung und besonders der Lehrlinge zu gewinnen. Er liebte „seinen Jungchens“, wie er sie immer nannte, und sie liebten ihn. Viele Anekdoten rankten sich um seine Persönlichkeit und sind heute noch bei manchem Seemannstreffen Gegenstand liebevoller, heiterer Erinnerung.

Nun wird man sich natürlich fragen, hatte der Autor dieses Buches, als Kapitän oder Skipper an Bord von Yachten, keine Marotte? Doch, er hatte gleich mehrere. Die erste Marotte drehte sich um Flaggen und Stander. An Bord von großen Schiffen, also Frachtern und dem Passagierschiff VÖLKERFREUNDSCHAFT legte ich bei An- und Ablegemanövern in Häfen, auch in der Nacht, Wert darauf, dass vor Beginn des Manövers die Reedereiflagge am vorderen Mast gesetzt wurde. Ich befahl das ausdrücklich auch in der Nacht, wenn normalerweise keine Flaggen geführt werden. Mancher der Offiziere schüttelte darüber den Kopf. Ich nutzte die Gelegenheit, um dem I. Offizier zu erklären, dass ich diese Flagge brauche, um jederzeit die Windrichtung erkennen zu können. Besonders beim Manövrieren auf engsten Raum, also beim Drehen des Schiffes auf der Stelle mit oder ohne Schlepperhilfe ist die Windrichtung und natürlich die Windstärke sehr wichtig, da sie die Drehung des Schiffes entweder unterstützt oder hemmt. Denn die hohen Aufbauten eines Passagierschiffes wirken natürlich als Angriffsfläche für Wind oder Brise. Das hat Auswirkungen auf die Ruderlage oder auf die benötigte Maschinenkraft.

An Bord meiner Segelboote führte ich immer einen ganz altertümlichen Clubstander oder den Stander der Kreuzerabteilung des Deutschen Seglerverbandes am Flaggenstock an der Spitze des Mastes vorgeheißt. An Bord vieler Yachten kann man heutzutage beobachten, dass sie als Windanzeiger einen kleinen schwarzen Pfeil im Top des Mastes führen. Ich bevorzuge den konservativen Stander, der auf die kleinste Veränderung der Windrichtung reagiert und die genaue Windrichtung anzeigt. An Bord vieler Segelyachten und auch Motoryachten bleibt die achtern wehende Nationalflagge der Bundesrepublik über Nacht hängen bleibt. Mitunter wird sie ununterbrochen den ganzen Sommer gezeigt. Das ist natürlich stillos. Eine

Zu den Marotten des Autors gehörte das Führen eines klassischen Standers.

alte Regel sagt, dass die Nationalflagge dem Mond und den Sternen nicht gezeigt wird. Sie wird gesetzt von morgens 8.00 Uhr bis abends zum Sonnenuntergang, jedoch möglichst nicht später als 20.00 Uhr. Dort, wo ich als Yachtskipper fuhr, war es für mich selbstverständlich, diese Regel einzuhalten, auch wenn meine Besatzung gelegentlich darüber mit den Augen gerollt hat. Meine zweite Marotte – nun, ich bin ein ausgesprochener Museumstiger. In allen ausländischen Häfen, in denen sich interessante Schifffahrts- oder Marinemuseen befanden, wie z.B. London, Göteborg, Leningrad, Lissabon usw. habe ich diese Einrichtungen selbstverständlich besucht, allein oder in Begleitung. Das hat mir übrigens später viel geholfen, als ich Mitglied des wissenschaftlichen Beirates im Schifffahrtsmuseum Rostock wurde. Wenn ich im Auftrage des Museums Ausstellungskonzeptionen zu erarbeiten hatte, standen mir die Gestaltungsvarianten der anderen Museen sozusagen vor dem geistigen Auge und ich konnte so manche gute Idee verwenden. Allen ausländischen Schifffahrtsmuseen, die ich im Laufe meiner Fahrtzeit besuchte, war gemeinsam, dass sie erkennbar bemüht waren, die jeweiligen nationalen Schifffahrts- bzw. Marinetraditionen in ihrem historischen Ablauf zu schildern. In keinem dieser Museen, wcdcr in London noch in Leningrad, weder in Schweden noch in Antwerpen, nirgendwo habe ich es angetroffen, dass man die eigene maritime Geschichte ausschließlich negativ darstellt, eigene Niederlagen betont und wichtige Elemente der eigenen Schifffahrts- und Marinegeschichte verfälscht oder gänzlich weglässt. Dergleichen erlebt man nur in Deutschland.

Und weil wir immer noch bei meinen Marotten sind, will ich auch gerne gestehen, dass ich in so mancher Hafenstadt auch gerne Antiquariate durchstöbert habe. So manches interessante alte Buch zur Geschichte der Seefahrt fand sich da und häufig war es auch bezahlbar.

Abschließend noch folgende Bemerkung:

Seefahrt kann man als Beruf betrachten oder als Passion. Für mich war sie immer Letzteres.

Kapitän Gerd Peters

- Geb. 1934 in Berlin-Neukölln
- 1949 Eintritt in die Jugendabteilung der Tourensegler Sportgemeinschaft Berlin-Schmöckwitz
- 1950–1953 Lehre als Stahlschiffbauer in der Yachtwerft Karl Mathan, Berlin-Köpenick
- 1952 Segelschein „B" für ortsnahe Küstenfahrt der Sektion Segeln. Bewerbung zur Offiziersschule der Volkspolizei-See, abgelehnt wegen Verwandtschaft in Westberlin und Frankreich
- 1953 Lehrer für Fachkunde, Fachrechnen und Fachzeichnen an der Betriebsberufsschule des VEB Yachtwerft Berlin; Instrukteur für Seesport der GST-Kreisleitung Berlin-Mitte
- 1954 Zweite, erfolgreiche Bewerbung zur Volkspolizei-See, Schüler an der Seeoffizierslehranstalt Stralsund
- 1958 Staatsexamen, Obermeister (Oberfeldwebel) der Seestreitkräfte, danach Kommandant eines Minenräumboots
- 1960 ehrenhafte Entlassung aus der Volksmarine
- 1960/61 II. Nautischer Offizier und I. Offizier, Segelschulschiff WILHELM PIECK
- 1963 Seefahrtschule Wustrow, Sonderlehrgang A 6
- 1963 IV. Nautischer Offizier, MS VÖLKERFREUNDSCHAFT
- 1964 III. Nautischer Offizier, MS BERLIN; II. Nautischer Offizier, Fracht- und Lehrschiff HEINRICH HEINE
- 1965–1968 I. Offizier auf den MS HEINRICH HEINE, VÖLKERFREUNDSCHAFT und BOIZENBURG
- 1969 Kapitän, MS DRESDEN und MS BERLIN
- 1970 Nautischer Inspektor Flottenbereich Asien/Amerika
- 1970 Wissenschaftlicher Mitarbeiter in der Führungsgruppe des Generaldirektors der Deutschen Seereederei Rostock
- ab 1971 Mitglied der Schiffercompagnie zu Stralsund
- 1972–1981 ständiger Urlaubsvertreter als Kapitän des MS VÖLKERFREUNDSCHAFT
- 1973 Oberinspektor für Schiffsführung beim Chefinspektor der Deutschen Seereederei Rostock und Arbeitsgruppenleiter im

Organisations-Stab zur Bildung des Kombinats Seeverkehr und Hafenwirtschaft
- 1974 Kapitän im Stab des Generaldirektors des Kombinats Seeverkehr und Hafenwirtschaft
- 1974 Gründungsmitglied des DDR-Arbeitskreises für Schifffahrts- und Marinegeschichte beim Schifffahrtsmuseum Rostock
- 1977 Leiter der Abteilung Schiffsführung in der Chefinspektion der DSR
- 1978 Hauptabteilungsleiter und Chefinspektor der Reederei, in Personalunion Leiter des Havariestabes der DSR
- 1980 Abteilungsleiter für Presse- und Öffentlichkeitsarbeit der DSR, in Personalunion Pressesprecher des Kombinats Seeverkehr und Hafenwirtschaft
- 1988 Auf eigenen Wunsch Entlassung aus der DSR und Abberufung als Kapitän der Handelsflotte durch den Minister für Verkehrswesen der DDR
- ab 1989 Freier Journalist für Schifffahrt/Marinewesen/Segelsport
- ab 1991 Vorstandsmitglied der Deutschen Gesellschaft für Schifffahrts- und Marinegeschichte
- 1995 Buchveröffentlichung „Der Nord-Ostsee-Kanal"
- 1998 Buchveröffentlichung „Typ IV – die legendären Frachter der DSR"
- 1998 Mitglied im Typ-IV-Verein e.V. und Gründungsmitglied des Deutschen Journalisten-Verbandes in Mecklenburg-Vorpommern
- 2005 Buchveröffentlichug „Vom Urlauberschiff zum Luxusliner"

Nebenberufliche Tätigkeit

- 1972–1991 Moderator und Autor im Fernsehen der DDR, Sendereihe „Logbuch der Seefahrt" und „Musik und Snacks vorm Hafen"
- 1972 Fachberater und Mitautor der zehnteiligen DDR-Fernsehspielfilm-Serie „Zur See"

Bild links: Kapitän Gerd Peters. Ölbild/Spachteltechnik von Alfred Frisch, Zwickau (1932–1981)

- 1974 Dokumentarfilmszenarist und Moderator von „Hart am Wind", 45-Minuten-Film über die Großsegler-Regatta Kopenhagen–Gdynia der Sail 1974
- 1975 „Dunkle Segel am Sund", 45-Minuten-Film über die letzten Segelfischer (Zeesboote) auf den Boddengewässern Mecklenburg-Vorpommerns
- 1976 Auszeichnung mit dem „Goldenen Lorbeer" des DDR-Fernsehens
- 1984 „Silberner Lorbeer"
- 1986 Fachberater für die Dreharbeiten der DEFA in der Gemeinschaftsproduktion mit der Schweizer CSM Kabel-TV-Vertrieb AG „Sansibar oder der letzte Grund", Regie Berhard Wicki
- Fachbeiträge in der Schifffahrts- und Segelsportpresse

Glossar

Ankerspill	Vorrichtung zum Herablassen und Aufhieven der Anker
Auffieren	Lockern einer Leine
Auftoppen	Senkrechtstellen
Ausgleichskreuzer	klassenabweichende Yacht, die bei Regatten einen Zeitbonus oder -malus erhält
Barkasse	größeres Motorboot
Baumschere	klappbare Stütze des Großbaumes
Dalbe	in den Grund gerammter Pfosten zum Festmachen von Wasserfahrzeugen
Dingi	kleines Beiboot
Ducht	Sitzbank in offenen Booten
Fieren	Tau ablaufen lassen, herablassen
Flunke	Schaufel des Ankers
Fock	Vorsegel
Freibord	Abstand zwischen Wasserlinie und Deckshöhe
Gaffelgetakelt	konservative Segelart, bei der das Segel durch einen schräg vom Mast nach oben geführten Baum, die Gaffel, gehalten wird
Gaffelslup	einmastige Yacht mit Gaffelsegel
Gösch	kleine rechteckige Nationalflagge am Bug
Großschot	Flaschenzug (Talje) zum Bedienen des Großsegels
Jolle	kleines einmastiges Boot
Klampe	Holz- oder Metallstück zum Festmachen von Tauen
Klaufall	eines der Taue zur Bedienung des Gaffelsegels
Krähennest	Ausguck am Schiffsmast
Krängung	seitliche Neigung des Schiffes
Lafette	Untergestell für Geschütze
Last	Vorratsraum
Lee	dem Wind abgewandt
Luv	dem Wind zugewandt

Marssaling	Plattform als Abschluss des Untermastes
Maststuhl	Vorrichtung zum Aufstellen bzw. Legen des Mastes
MS	Motorschiff
Oesen	Entfernen von Wasser aus kleinen Booten
Pardune	Tau, das die Masten oder Stangen nach hinten hält
Persenning	Schutzbezug
Piekfall	eines der Taue zur Bedienung des Gaffelsegels
Pinne	Hebelarm am Steuerruder
Plicht	offener Sitzraum hinten im Boot
Pütz	Eimer
Quartermeister	bewährter Vollmatrose im Rang eines Unteroffiziers, der als Rudergänger und zum Brückendienst eingesetzt ist
Reihleine	Leine zum Festhalten des Großsegels am Mast
Riemen	Ruder
Rollen	Schwingungen des Schiffes um seine Längsachse
Royalrah	oberste Rah (Querstange) am Mast
Schäkel	eiserner Schraubbügel zum Verbinden von Tauen und Ketten
Schapp	Schrank oder Fach
Scherdrache	Stahlkörper zum Führen eines Minensuchgerätes
Schott	wasserdichte Trennwand
Skythen	nordiranisches Reitervolk
Stag	Tau zum Verspannen eines Mastes
Staken	Stange zum Schieben von Flößen und Kähnen
Stander	kurze dreieckige Flagge
Stelling	an Seilen hängendes Brettgerüst zum Arbeiten an der Bordwand
Steven	balkenartiger aufrechter Endträger des Schiffes
Stropp	kurzes Tau mit Ring oder Schlinge
Tabatiere	Schnupftabakdose
Tampen	Tau- oder auch Kettenende
Vertenskreuzer	Nationaler 30-m²-Einheits-Kreuzer des DSV, konstruiert 1936 von Karl Vertens
Vorreiber	Hebel zum Verschließen des Schotts

Außerdem lieferbar

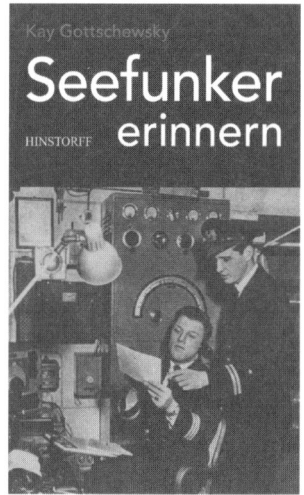

Anke Peters | Kapitäne erzählen | 216 Seiten | 40 s/w-Fotos | Euro 14,99
ISBN 978-3-356-01151-7
Kay Gottschewsky | Seefunker erinnern | 208 Seiten | 30 s/w-Fotos | Euro 12,95
ISBN 978-3-356-01455-6

Hans-Hermann Diestel | Bootsleute erzählen | 208 Seiten | 54 s/w-Fotos | Euro 12,95
ISBN 978-3-356-01454-9
Hans-Hermann Diestel | Schiffsingenieure berichten | 208 Seiten | 36 s/w-Fotos | Euro 12,99
ISBN 978-3-356-01337-5

Bildnachweis:
Die Fotografien auf den Seiten 46, 49, 60, 81 und 87 stellte dankenswerterweise Peter-Paul Schnaugst, Rostock, zur Verfügung. Alle anderen Bilder und Skizzen: Archiv des Autors

Liebe Leserin, lieber Leser, wie hat Ihnen die Lektüre gefallen? Wir freuen uns über Ihre Bewertung, z. B. auf amazon.de, lovelybooks.de, thalia.de und hugendubel.de.

Die Deutsche Bibliothek verzeichnet diese Publikation in der Deutschen Nationalbibliografie, detaillierte bibliografische Daten sind im Internet über http://dnb.ddb.de abrufbar.

© Hinstorff Verlag GmbH, Rostock 2012
Lagerstraße 7, 18055 Rostock
Tel. 0381 / 4969-0
www.hinstorff.de

2. Auflage 2013

Herstellung: Hinstorff Verlag GmbH
Lektorat: Dr. Florian Ostrop
Druck und Bindung: GGP Media GmbH, Pößneck
Printed in Germany
ISBN: 978-3-356-01481-5